Genderhinweis

Zugunsten einer besseren Lesbarkeit wird in dem vorliegenden Buch darauf verzichtet, bei Personenbezeichnungen sowohl die weibliche als auch die männliche und diverse Form zu nennen. Das generische Maskulinum adressiert alle Leserinnen und Leser und gilt in allen Fällen, in denen dies nicht explizit ausgeschlossen wird, für alle Geschlechter.

Richard P. Löwenstein

Neulich in Deutschland…

Kommunen

Klüngel

Kaos

…und den Rest erledigt das Finanzamt.

Impressum

tredition

Druck und Distribution im Auftrag des Autors: Richard P. Löwenstein

tredition GmbH, Heinz-Beusen-Stieg 5, 22926 Ahrensburg, Germany

ISBN-Hardcover 978-3-384-24390-4

ISBN-Paperback 978-3-384-24389-8

ISBN-E-Book 978-3-384-24391-1

tredition GmbH,
Abteilung "Impressumservice",
Heinz-Beusen-Stieg 5,
22926 Ahrensburg

Deutschland

Inhalt

Danksagungen

Dieses Buch ist dem ehemaligen Bürgermeister und dem Gemeinderat der Kleinstgemeinde Seitz, dem Landkreis Havelburg, der ARGE und den Wasserwerken der Stadt Berndal gewidmet. Allesamt haben sie die Begriffe „Korruption" und „Vetternwirtschaft" auf eine völlig neue Ebene gebracht.

Besondere Anerkennung geht auch an das Finanzamt Weißenberg, welches unermüdlich und mit größtem Einsatz im „Sinne der Steuerzahler" Existenzen, Arbeitsplätze und Vermögen vernichtet.

Nicht unerwähnt darf die Deutsche Darlehnsbank (DDB) Chemnitz bleiben, welche durch lächerliche Kreditvergaben das Vermögen ihrer Kunden und Anleger leichtfertig aufs Spiel setzt.

Ohne diese Persönlichkeiten und Institutionen, wäre dieses Buch nicht möglich gewesen und unser Land wäre nicht auf einem so guten Weg zu einer ausgemachten Bananenrepublik. Unser aller Dank ist ihnen gewiss.

Prolog

(Einleitender Teil eines Dramas)

Dieses Buch ist leider keine Fiktion, sondern beruht auf nachweisbaren Fakten und Tatsachen, welche vom Autor nach eingehenden Recherchen und Interviews mit dem Hauptbetroffenen und anderen Mitwirkenden niedergeschrieben wurden. Lediglich die Namen der Beteiligten wurden zum Schutz des Einzelnen und aus datenschutzrechtlichen Gründen vom Verfasser geändert.

Inhaltlich beschreibt dieses Buch die desaströsen, verwerflichen und möglicherweise strafrechtlich zu würdigenden Zustände in kommunalen Strukturen - gesteuert von nur einer Handvoll von Akteuren - und zum anderen, die teilweise mit Blindheit geschlagene Welt der regionalen Finanzpolitik. Explizit die der Banken, Finanzämter und selbsternannten Finanzdienstleister. Aber - wo kein Kläger, da kein Richter. Bis jetzt…

Auch wenn der Schreibstil teilweise amüsant, zynisch oder ins philosophisch Abschweifende gehalten ist, verdrängt es nicht den Ernst der Tatsache, dass alte Seilschaften aus ehemaligen Tagen ostdeutscher Staatsstrukturen mehr als gegenwärtig sind. Das Handeln einzelner Persönlichkeiten im Rahmen von kommunalen Kompetenzen - gewählt oder berufen - legt sich nicht nur wie ein Schatten auf ganze Landkreise, sondern versetzt Einheimische und regionale Kleinunterunternehmer in den betroffenen Regionen in Angst und Schrecken. Sie haben oftmals keine andere Wahl, als im Sumpf dieser kommunalen Machenschaften ums eigene Überleben zu kämpfen, indem sie sich den perfiden Manipulationen ihrer „demokratisch gewählten" Führungsriege unterwerfen. Ansonsten war's das nämlich mit öffentlichen Aufträgen und sicheren Verwaltungsjobs.

Ob globale Finanz- oder Wirtschaftskrise, der Dilettantismus einzelner Finanzinstitute reicht bis in die untersten und damit regionalen Strukturen. Nicht nur befleißigen sich örtliche Banken der Teilhabe an der regionalen Schattenwirtschaft ihrer Kommunalfürsten, sie verschleudern darüber hinaus grob fahrlässig das Vermögen ihrer Anleger und das der Steuerzahler. „Aufschwung Ost“ hieß die Devise und ermöglichte fast Jedem in den Genuss von Krediten für marode Ost-Immobilien zu kommen. Sorgfaltspflichten gegenüber Kunden und Anlegern waren Fremdworte – von der Handhabe der Abwicklung ganz zu schweigen. Warum auch – Geld genug war und ist ja da. Die offensichtlich minderbemittelten Kunden werden mit überhöhten Gebühren und Provisionen abgezockt und dem Steuerzahler bleibt nichts anderes als mit anzusehen, wie sein Geld zur Rettung der „strukturell wichtigen Finanzinstitutionen“ vernichtet wird. „We're walking on sunshine“, oder ob sie „den Weg frei machen“, oder „gemeinsam mehr erreichen“, oder „die Bank an ihrer Seite“, mit „Leistung aus Leidenschaft“ – mit diesen Attitüden werden die Kunden geködert und über den Tisch gezogen, um die eigenen perfiden, hochspekulativen Machenschaften zu finanzieren.

...und damit sich der Kreis dann auch schließt, tun einzelne Koryphäen in den Finanzämtern ihr Übriges – Stichworte „Cum Ex“ oder das berühmte „Umsatzsteuerkarussell“.

Mit Sicherheit hat fast jeder von uns schon eigene zweifelhafte Erfahrungen mit der Institution „Finanzamt“ gemacht oder zumindest davon gehört (so wenige Finanzamtkoryphäen können es also auch nicht sein). Unternehmen und Individuen werden rücksichtslos vernichtet, sobald es auch nur ein einziger Paragraf im endlosen Regelwerk der Gesetzlichkeiten zulässt. Schon im grauen Mittelalter gab es das staatliche Abkassieren und gelegentlich wurde jemand zum Schafott geführt, wenn einer oftmals unbegründeten und subjektiven Zahlungsaufforderung der Steuereintreiber nicht nachgekommen wurde. Wahrscheinlich fühlte sich aber der gemeine Bürger damals etwas besser bei der Steuerfestsetzung als der einfache „Michel“ heute, denn er konnte sich selbst mit der Tatsache „trösten“, dass er ja eigentlich beraubt und bestohlen wurde – so wie es damals üblich war.

Bis heute hat sich allerdings nicht sehr viel daran geändert - außer, dass man aus humanitären Gründen nicht mehr zum Schafott geführt wird. Es reicht ja auch der wirtschaftliche Exitus. Begründet im „Ermessen“ und der Anwendung einschlägiger Paragrafen, befindet der zuständige Sachbearbeiter im Finanzamt über die Schicksale vieler kleiner Unternehmen, deren Mitarbeiter und Familien und über ganz natürlichen Personen.

Ein Käffchen am Morgen mit dem Kollegen und nach der Pflichtlektüre „Bildzeitung“, kann der Tag ja auch ruhig und gemächlich angegangen werden. Das Radio dudelt leise und ein paar „Sündenböcke“ liegen schon gestapelt auf dem Schreibtisch - und der Nachschub kommt automatisch. So lässt es sich arbeiten. Zwischen Wochenenden, Urlaub, Feiertagen, Kur und sporadischer Krankheit werden locker mal 170 Tage Anwesenheit im Jahr verbucht, wobei die erfolgreich bearbeitenden Fälle das Maß aller Dinge sind. „Kuck mal Chef – im Keller brennt Licht – und ICH weiß wer's angemacht hat...“. Ohne Rücksicht auf Verluste werden Bescheide, Verfügungen, Androhungen und Vollstreckungen ausgeführt, ohne sich auch nur im Geringsten über dessen Auswirkungen im Klaren zu sein. Hauptsache die Beförderung ist wieder ein Stückchen näher gerutscht. Und wenn man den Enddienstgrad erreicht hat, kann man es ohnehin noch etwas gemächlicher angehen lassen – denn wofür haben wir Dienstaltersstufen, welche das Gehalt kontinuierlich ansteigen lassen. Und diese Leute werden auch noch von uns Steuerzahlern dafür bezahlt, dass sie Menschen wirtschaftlich zugrunde richten und ganze Familien zerstören. Das ist ähnlich wie mit dem Schwein, das die Messer für den Schlachter selbst wetzt. Ist schon eine Ironie des Schicksals.

Wie dem auch sei, eine Gesellschaft muss sich verwalten können. Regeln und Gesetze sind notwendig, um gerechte, soziale und geordnete Strukturen zum Wohle Aller überhaupt umsetzen zu können. In Deutschland stehen wir mit einem Netzwerk sozialer Grundsicherungen, im Vergleich zu den meisten Ländern dieser Welt, äußerst gut da. Auch das wird nur allzu oft vergessen – besonders dann, wenn man keinen Vergleich hat. Die mit unserem System verbundene Bürokratie steht dazu allerdings in keinem Verhältnis und ruiniert zu viele Menschen durch angewandten

Egoismus einzelner Beamter und ist meist gepaart mit falsch verstandener Pflichtbesessenheit. Auch wenn prozentual nur Wenige in die ungerechten Mühlen der öffentlichen Bürokratie geraten, sind diese für den Betroffenen jedoch in aller Regel wirtschaftlich fatal. Nicht nur für den Leidtragenden selbst, sondern auch für sein direktes und indirektes Umfeld. Diese „Umlaufrendite“ können und müssen wir uns sparen – nicht nur im Sinne des Einzelnen – sondern auch im Sinne massiver volkswirtschaftlicher Verluste für die Allgemeinheit.

Dieses Buch beschreibt einige dieser kommunalen Machenschaften und schreienden Ungerechtigkeiten und zeigt die verheerenden Folgen, verursacht durch das Zusammenspiel aller schon erwähnten Personen und Institutionen. Der geneigte Leser könnte die hier beschriebenen Vorgänge auch als Lehrbuch verstehen, um entsprechende Vorbereitungen im eigenen Sinne treffen zu können oder als groteske Unterhaltung im Sinne von unglaublichen Begebenheiten in einem Land auf dem Weg in eine echte Bananenrepublik. In jedem Fall wird genügend „Unterhaltungswert“, in welche Richtung auch immer interpretiert, erfahren werden – so viel ist sicher.

Kapitel Eins

Zurück ins Tal der Tränen

Da war er nun wieder. Nach über 20 Jahren in den USA kehrte Georg zurück ins „Tal der Tränen" - nach Deutschland. Grundlegende Philosophie, welche ihn zur Rückkehr bewegte, war u.a. seine Überzeugung, dass man, wenn man langfristig an einem Ort oder in einem Land leben möchte, sich auch mit Diesem, bzw. seiner Gesellschaft identifizieren musste. Auch wenn er die Vereinigten Staaten in über 20 Jahren „lieben und schätzen" gelernt und viele Freunde zurückgelassen hatte, konnte er sich dennoch nicht mit den sozial-politischen und gesellschaftlichen Grundsätzen des Landes anfreunden.

Im Arbeitsleben interessierte es ihn wenig, ob in dem Land wo er lebte die Todesstrafe angewendet werden konnte und der Waffenkauf für Jedermann auf sechs Waffen pro Monat beschränkt wurde – im privaten Leben konnte er jedoch mit diesen Fakten nur sehr schlecht umgehen. Und die Doppelmoral der Amerikaner störte ihn zunehmend in gleichem Maße. Es würde niemals auf einer Illustrierten oder im Fernsehen eine nackte Person für eine Seifenwerbung zu sehen sein – weil es unmoralisch ist und die Jugend verdirbt. Hinter den amerikanischen Kulissen eines fast jeden Hauses, sah die Wirklichkeit aber ganz anders aus – moralische Verwerflichkeit, Dekadenz und Egoismus.

Die über alles gestellte Freiheit in den USA erlaubt den Waffenbesitz mit 16 Jahren, ein Auto zu fahren und auch in den Krieg zu ziehen. Ein Bierchen in der Kneipe zu trinken ist jedoch bei Strafe verboten und wird erst ab 21 gestattet. Unvereinbar mit der Würde des Menschen ist dem Amerikaner ebenso ein vom Staat diktiertes Sozialnetz für die weniger fortunen Mitmenschen. Krankenversicherungen können sich in den Vereinigten Staaten auch nur diejenige erlauben, die ein entsprechendes Portemonnaie haben – alle anderen haben, dank Reagan, einfach nur Pech gehabt. Gleiches gilt für die Altersversorgung. Und viele weitere Beispiele hätte er noch aufzählen können, welche zu seinem Unbehagen im Land der unbegrenzten Möglichkeiten beigetragen hatten.

Nach dem Einsturz der Türme in New York 2001, war dann die vorläufige Entscheidung getroffen – zurück nach Deutschland, dem Land des Friedens und uneingeschränkter Gerechtigkeit in jeder Lebenslage. Jammern auf hohem Niveau, was dem Deutschen als unausweichliches Attribut auf der ganzen Welt nachgesagt wird, wollte er dafür gerne in Kauf nehmen. Und dass ihm viele Dienstleistungen aus den USA fehlen würden, war ihm auch klar – doch alles in allem ein sehr kleiner Preis im Gegensatz zu dem, was ihn in den USA so irritierte. Zwar dauerte es noch weitere 5 Jahre bis zu seiner endgültigen Rückkehr in die Heimat, doch die Entscheidung festigte sich zunehmend – auch nach grundsätzlich positiven Erfahrungen nach seinem Umzug 2002 von New York nach Washington D.C. – in die Schaltzentrale der Macht.

Wie sehr er sich doch mit der vermeintlichen Glückseligkeit durch einen Umzug zurück nach Deutschland getäuscht haben sollte, konnte Georg nicht einmal im Ansatz ahnen. Keine 10 Jahre sollten vergehen, dass ihn die Sehnsucht in das Land der Freiheit und sozialen Ungerechtigkeit zurückziehen würde. Aber leider war das einfacher gesagt als getan.

Doch nun mal der Reihe nach.

Georgs beruflicher Werdegang war nichts Außergewöhnliches. Als durchschnittlicher Schüler schaffte er gerade mal mit Ach und Krach sein Fachabitur, ging im Alter von 17 Jahren für zwölf Jahre zur Bundeswehr und kam mit dem „Grünen Verein“ schon bald erstmalig in die USA. Der Grundstein für sein Leben im Ausland war damit gelegt.

Im Laufe seiner Dienstjahre wurde ihm ein Studium der Ökonomie ermöglicht und als 12-Ender hatte der die Möglichkeit, auch nach der

Dienstzeit auf Kosten der Bundeswehr zu studieren. Das weiterführende Studium in den USA war berufsbegleitend erfolgreich und schloss mit einer Promotion ab. Es folgten mehrere berufliche Stationen auf der ganzen Welt und nur sein Wissen um das „Tagesgeschäft" in Deutschland blieb beschränkt auf internationale Nachrichten aus der Ferne. Kurzurlaube in der Heimat zeigten ihm ein Land, in welchem der Wohlstand, im Vergleich zu anderen Ländern die er besucht hatte, gepachtet war. Auch wenn Deutschland von vielen Krisen geschüttelt wurde, war der Wohlfahrtsstaat für ihn und den Rest der Welt das Land von Sicherheit und sozialer Unversehrtheit. Kein Mensch muss unter der Brücke wohnen und Keiner muss verhungern. Bürokratie - na klar, aber was soll's - ein doch so kleines Übel. Wissend und beruhigt, dass er mit seinem deutschen Pass jederzeit nach Hause kommen konnte, tummelte sich Georg auf dem wirtschaftlichen Weltparkett im Auftrag deutscher und amerikanischer Auftraggeber.

Inzwischen stolzer Vater geworden, pendelte er seit 1997 im 2-Wochentakt zwischen Amerika, Asien und dem Sauerland, seiner eigentlichen Heimat, hin und her. Sein Sohn war ihm einfach zu wichtig, als dass er nicht enge Tuchfühlung halten wollte. Das brauchte er auch, denn außer der Bindung zu seinem Sohn, war das private zwischenmenschliche Glück, insbesondere das mit der Mutter seines Jungen, alles andere als rosig.

Da er davon ausging, dass sein berufliches Leben im Sauerland keine Zukunft und Meriten finden und das „Pendeln" zu seinem Sohn auf absehbare Zeit nicht enden würde, entschloss er sich 2001 ein großzügig angelegtes Landhaus zu bauen, welches als Ruhepol in seinem allzu hektischen Leben dienen sollte.

Eine neue berufliche Herausforderung hatte er nach seiner Rückkehr aus den USA in Dresden gefunden. Als Geschäftsführer einer landeseigenen Gesellschaft hatte er die Aufgabe, internationale Firmen in Sachsen anzusiedeln. Es lag nun abermals in der Natur der Sache, dass er ausschließlich international agierte und daher unermüdlich alle außereuropäischen Metropolen dieser Welt bereiste.

Das Leben schien nichtsdestotrotz in Ordnung. Mit dem Ersparten der letzten 10 Jahre und einem relativ guten Gehalt, konnte sich Georg ein opulentes Zuhause leisten. Die Beziehung zur Mutter seines Sohnes war jedoch mit der Fertigstellung des Anwesens beendet - sofern es sie je gegeben hatte - und der Pendelverkehr „Dresden - Sauerland" wurde sehr rege zu Gunsten seines Sohnes fortgesetzt. Und mit Dresden kam dann auch die vermeintliche „Liebe seines Lebens" - Charlotte. Gemeinsam schmiedeten sie schon nach kurzer Zeit Pläne für eine gemeinsame Zukunft als „Patchwork-Familie" - und die Welt war einfach nur schön.

Soweit die Vorgeschichte, um das Bild abzurunden. Und an dieser Stelle beginnt der erste Akt des eigentlichen „Dramas".

* * *

Die „blühenden Landschaften des Ostens" blühten auch 2009 noch nicht wie erhofft. Auch gut 20 Jahre nach der Wende wurden noch jährliche Transferleistungen in Milliardenhöhe in die neuen Bundesländer gepumpt und auf den Förderlisten der EU in Brüssel stand der deutsche Osten ganz weit oben. Der „Aufschwung Ost" wurde nach wie vor immens gefördert und musste auch weiter gehen, wenn man eine weitere Massenabwanderung der Bevölkerung vermeiden wollte. Hauptsächliche Boom-Branchen im Osten waren Dienstleistungen jeder Art und natürlich, neben allgemeinen Industrieansiedlungen im Bereich Logistik, Solar und Automobil, die Baubranche. Trotz aller erdenklichen Anstrengungen kam der industrielle und wirtschaftliche Aufschwung nur in den größeren Metropolen, den Leuchttürmen des Ostens, an. Leipzig, Dresden, Chemnitz, Erfurt, Eisenach in erster Linie, Magdeburg, Jena, Rostock, Schwerin, Bautzen, Görlitz bestenfalls in zweiter Reihe. Alle anderen Regionen profitierten nur ganz peripher - wenn überhaupt - vom Boom in den neuen Ländern. Als Folge dessen, war die ländliche Abwanderung ungemindert mit dem Ergebnis einer flächendeckenden Überalterung der regionalen Ost-Gesellschaft.

Guter Rat war also im wahrsten Sinne des Wortes teuer. In manchen Regionen war sogar mancher Landrat teuer, wie böse Zungen behaupteten.

Da jedoch gerade in den ländlichen Regionen die wirtschaftliche Kraft fehlte, wurde seitens der Kommunen eine unsägliche Kreativität an den Tag gelegt, um die marode Infrastruktur und damit die regionale Wirtschaft, zu beflügeln.

Die Banken des Ostens taten ebenfalls ihr Bestes, um potenzielle Investoren mit üppigen Immobilienkrediten zu versorgen, welche wiederum für notwendige Bau- und Sanierungsmaßnahmen in den Regionen verwendet wurden. Zielsetzung war natürlich, die regionalen Handwerksunternehmen mit Aufträgen zu versorgen, um wenigstens ein Mindestmaß an Arbeitsplätzen und Kaufkraft zu erhalten.

Ausdrücklich muss erwähnt werden, dass die Finanzinstitute hinsichtlich der freizügigen Kreditvergaben keinen Mutter-Theresa-Komplex adaptiert hatten, um die armen Leute des Ostens zu retten, sondern vielmehr aus reinem Kalkül und eiskalter Berechnung, um ihre eigene Lebensberechtigung im Osten sicherzustellen. Und dazu war fast jedes Mittel recht. Die großen Bankkonzerne hatten von vornherein Kreditausfälle in nicht geringem Maße in ihren Bilanzen vorgesehen. Durch „billiges" Geld der Zentralbanken und durch Förderprogramme im Rahmen „Aufschwung Ost", sollte die Rechnung aufgehen. Für die möglichen finanziellen Ausfälle kamen die regionalen Prollos durch Zahlungen überhöhter Gebühren für Klein- und Überziehungskredite, sowie unverschämten Kontoführungsgebühren schon auf. Und im Übrigen war bei den Investoren, sollte tatsächlich mal was schief gehen, ja auch noch was zu holen - vielleicht mal 'ne Landhausvilla im Sauerland oder ähnliches.

Inzwischen schrieben wir das Jahr 2010. Georg lernte den für ihn bisher unbekannten Osten, insbesondere Dresden, sehr zu schätzen. Eine kleine Großstadt oder eine große Kleinstadt – wie man es auch betrachtete, Dresden war ein Ort zum Wohlfühlen. Die Oper, die Theater, Museen und Konzerthallen, Messen und Sportereignisse – für die Hochkultur konnte nicht besser gesorgt werden. Auch das alltägliche Leben abseits feudaler und hochkarätiger Veranstaltungen war in Dresden bestens vertreten und bot unzählige Möglichkeiten der Kurzweil. Kabaretts, Varietés, verrauchte Kleinkunstbühnen – es gab nichts, was zu wünschen übrig wäre. Auch von den Menschen dieser Region war er sehr angetan. Viele Klischees über die Ossis, die er nur vom Hörensagen kannte, wollten sich nicht bestätigt finden. Ganz im Gegenteil. Die Menschen empfand er als überaus freundlich, hilfsbereit und fleißig. Mehr noch stellte er fest, dass viele Ossis mit einer Bauernschläue ausgestattet waren, die er noch nirgendwo auf der Welt in diesem Maße so positiv erfahren hatte. Es war wahrscheinlich noch ein Überbleibsel aus ehemaligen Tagen wo Nichts und Garnichts fortgeschmissen wurde und die Menschen, mit dem was sie hatten, sich einfach nur zu helfen wussten. Diese sehr positive Lebenseinstellung war überall sehr präsent. Sei es im Gespräch über den Gartenzaun, in der Laubenwirtschaft oder in der Nachbarschaftskneipe um die Ecke. Der alkoholkranke Rechtsanwalt saß zwischen dem Hartz-IV-Empfänger und dem erfolgreichen Maurermeister, welcher wiederum mit dem schon angesäuselten Gymnasiallehrer lauthals, zur Unterhaltung aller anderen Gäste, frohe Volksweisen anstimmte. Ossi-Wessi Animositäten gab es nicht und auch als Fremder fühlte man sich schnell zu Hause.

Durch die „Liebe seines Lebens" kam er natürlich noch in den viel engeren Kreis der Ossi's und ihrer mentalen Software hinsichtlich vielerlei Lebensansichten, welche eindeutig durch die Jahre hinter dem „eisernen Vorhang" geprägt und manifestiert waren.

Die Geschichten „von Früher" fesselten ihn und konnten ihm zumindest einen winzig kleinen Eindruck über das Leben in der ehemaligen DDR verständlich machen. Charlottes Familie erzählte von Reisen zur Ostsee und nach Ungarn, nach Norwegen und zum Plattensee, allesamt mit vier Personen und Gepäck in einem Trabbi. Abenteuer pur. Das Zelt am Wegesrand und die Blockhütte im Wald ohne Strom und Wasser bei eisiger Kälte, ließen den Zuhörer in Ehrfurcht über die Zeiten in der Deutschen Demokratischen Republik sinnieren. Aus noch so tristen und öden Urlaubsplänen, ausgestattet lediglich mit dem Nötigsten, wurden unvergessene Abenteuer, welche auch noch 20 Jahre später genügend Stoff zum Erzählen, lachen, weinen und auch zur Melancholie gaben. Melancholie hauptsächlich dann, wenn es um die eigentlichen Lebensumstände in der DDR ging. Ein Volk gebeutelt von einem Überwachungsstaat, welcher keine Freiheiten oder gar kreatives Gedankengut zu ließ. Wem sind sie nicht bekannt, die unsäglichen Geschichten geglückter und nichtgeglückter Fluchtversuche in den Westen?! Vertrauen war ein Fremdwort und nicht einmal von seinem Nachbarn konnte man mit Sicherheit sagen, ob er nicht doch für die alles überwachende Staatssicherheit arbeitete. Nur an einem einzigen Beispiel wird deutlich, in welcher Gefahr man sich stets befand und mit welchen potenziellen Repressalien man bedroht wurde.

Charlottes Eltern hatten in den 70-igern für die Familie eine Reise zu ihrer Verwandtschaft nach Norwegen geplant. Nach vielen Anträgen und monatelangem Warten wurden entsprechende Ausreisegenehmigungen erteilt - allerdings nur für die Eltern. Für die Kinder wurde per Dekret angeordnet, diese in der DDR als „Geisel" zurückzuhalten. Nur so konnte sichergestellt werden, dass die Eltern auch tatsächlich ins geliebte Land der Bauern und Arbeiter zurückkehrten. Ein schier unvorstellbares Regime was die Menschen, zumindest die Älteren, bis heute geprägt hat.

Es ist daher auch nicht unbedingt verwunderlich, dass die Älteren, welche die Machenschaften der DDR aktiv und bewusst miterleben mussten, oftmals nur schwer mit den neuen Errungenschaften eines modernen Rechtsstaat, welcher praktisch Übernacht Einzug hielt, umgehen konnten. Der Mensch ist nun mal geprägt durch seine Eltern, dem sozialen Umfeld, von Kultur und natürlich der Staatsform, in welcher der Junge oder das Mädchen aufwächst. Und eine so gravierende und radikale Änderung der Lebensverhältnisse, wie sie durch die Wende ausgelöst wurde, lässt die damit verbundenen Probleme nur erahnen.

Die Zeit heilt dennoch alle Wunden und die erste Generation der „Unbelasteten" wuchs heran. Dennoch, Geschichte darf nicht in Vergessenheit geraten. Sie ist Teil unseres Seins und unserer Kultur, Mahnung und Ansporn gleichermaßen.

Die Schicksalsmonate und -tage die zur Wende führten, ausgelöst durch Massen von mutigen Menschen, die ihre eigene Wohlfahrt als Einsatz gaben, werden für immer in den Geschichtsbüchern dieser Welt verankert sein. Ihnen Allen gebühren unsere Hochachtung und unserer

Dank. Etwas Besseres als die Wiedervereinigung hätte den Menschen in Ost und West nicht passieren können.

Mit der politischen Wende kam natürlich auch die wirtschaftliche Wende. Ein Unterfangen, was bisher weltweit einzigartig war. Noch niemals wurden zwei völlig unterschiedliche (Volks-) Wirtschaften miteinander verschmolzen. Fehler in der Planung und Umsetzung waren vorprogrammiert. Währungen mussten nicht nur von jetzt auf gleich konvertierbar werden, sondern auch der starken D-Markt standhalten, d.h. werthaltig sein. Und welches Preisschild hängt man an eine extrem überbewertete, kurz vor dem Zusammenbruch stehende Volkswirtschaft? Ein schlicht unmögliches unternehmen. Mit den Einnahmen aus dem inzwischen fragwürdigen, wenn auch heute teilweise abgeschafften, Solidaritätsbeitrag, wurden aberwitzige Milliarden D-Mark und später Euro in den deutsch-deutschen Wiederaufbau gepumpt. …was auch notwendig war.

Die DDR wurde privatisiert. Ehemalige, marode Staatsbetriebe wurden geschlossen und werthaltige Unternehmen binnen kurzer Jahre verkauft und saniert. Durchführungsorgan für diesen Ausverkauf war die eigens dafür gegründete Deutsche Treuhandgesellschaft.

Georg kannte das alles nur vom Hörensagen. Die Goldgräberstimmung in den Jahren nach der Wende war komplett an ihm vorbeigezogen. Mit Argwohn, nach offensichtlich verpassten Chancen, hörte er die Räubergeschichten über „Millionen-Schneider“, der Leipzig saniert hatte und die Banken zum Narren hielt und abenteuerliche Anekdoten über die Privatisierungserfolge der Treuhand. Millionen über Millionen Euro wurden wortwörtlich von dubiosen Geschäftsleuten über die Treuhand abgezockt und verschwanden in ominösen Kanälen. Großartige Versprechen angeblicher Investoren über das riesige Potential übernommener Firmen wurden mit riesigen Summen an Fördermitteln belohnt. Doch nur in den wenigsten Fällen waren diese Mitteleinsätze von nachhaltigem Erfolg gekrönt. Die Taschen machten sich einige Wenige voll und verschwanden auf nie mehr wiedersehen.

Aber auch nach der großen Abzocke in den ersten Jahren nach der Wende war die Zeit für erfolgversprechende Investitionen, Fördermittel und freizügige Kredite auch im Jahre 2010 noch nicht vorbei.

Inzwischen zum Honorarkonsul avanciert, hatte Georg, unter anderem auch durch seine berufliche internationale Tätigkeit, ein Netzwerk mit besten Verbindungen zu nationalen und internationalen Landes- und Kommunalpolitikern, sowie regionalen und überregionalen Unternehmern aufgebaut. Die meisten Gespräche drehten sich um vielversprechende Geschäftsvorhaben, die Förderung der Region und Mitteldeutschland, sowie um mehr oder weniger konkrete Investitionsprojekte.

Die Immobilienbranche blühte nach wie vor vielerorts im Osten und immer noch lagen viele Wohnanlagen brach und warteten auf Investoren. Nicht dass sie aufgrund von fehlenden Mietern leer standen – es waren hauptsächlich nicht instandgesetzte Gebäude, die auf Fördermittel und potenzielle Geldgeber warteten. Findige Bauunternehmer kauften sie für „kleines Geld“, sanierten sie, vermieteten sie zu günstigen Konditionen und verkauften die nunmehr ertragreichen Immobilien an willige Financiers aus dem In- und Ausland.

Es war also nur eine Frage der Zeit, bis auch Georg an dieses Potential herangeführt wurde. Mit einer Bonität von AAA+ und einem guten Gehalt, war er der optimale Kandidat für jedwede Investition in ertragreiche Ostimmobilien.

Nach unzähligen Immobilienofferten und Besichtigungen, konkretisierte sich Anfang 2010 ein Angebot über ein Objekt auf dem „platten Lande“ in Sachsen-Anhalt, unweit der Kreisstadt Berndal in der Kleinstgemeinde Seitz. Ein Ort mit rund 1.700 Einwohnern. Das besagte Objekt war ein DDR-Neubau (volkstümlich auch „Plattenbau“ genannt) aus dem Jahre 1989 – also noch relativ neu – und durchaus in einem akzeptablen Zustand. Die Wohnanlage zählte 110 Wohneinheiten mit rund 7.000qm Wohnfläche und war zu über 90% vermietet.

Aber - in einer ländlichen Region mit hoher Arbeitslosigkeit und abnehmender Bevölkerungsdichte und fernab jeder Autobahnanbindung, so sollte man annehmen, ist der Bedarf an Wohnraum wohl eher gering und der Wohnungsleerstand groß. Weit gefehlt. Anfängliche Bedenken über die Abgeschiedenheit der Wohnanlage zerstreuten sich nach mehreren Besuchen schnell. Es waren gerade und ausgerechnet die Plattenbauten, die regen Zulauf verzeichneten.

Je mehr Georg über die Situation der Region und einer möglichen Investition nachdachte, umso schlüssiger wurde das Oxymoron einer fast voll vermieteten Platte auf dem Lande. Es war die große und noch immer zunehmende Anzahl an Leistungsempfängern, Rentnern und Geringverdienern, welche die hauptsächliche Klientel als Mieter in dieser Gegend ausmachte. Eine Arbeitslosenquote von sage und schreibe 20% und darüber, ohne erkennbare Besserung in Aussicht. Es gab einfach keine Arbeit in diesem Landstrich und die Menschen, die eine Arbeit hatten, wurden dermaßen schlecht bezahlt, dass ein Nettolohn von weniger als 1.000 Euro monatlich nicht ungewöhnlich war. Also etwa gleich dem, was ein Berliner monatlich für einen Parkplatz in guter Lage zahlte.

Menschen, verwurzelt mit ihrer Heimat, bodenständig verankert in einer Gegend, welche vom „Aufschwung Ost" noch keinen Nutzen hatten ziehen können. Industrieinvestitionen blieben aufgrund der immer noch fehlenden Infrastruktur aus und die landwirtschaftlich geprägten Gebiete dieser Region dümpelten plan- und chancenlos vor sich hin. Die Hoffnung stirbt bekanntlich zuletzt. So auch die Hoffnung auf wirtschaftliche Prosperität, Arbeitsplätze und regionalen Wohlstand. Es sind und waren nicht zuletzt die jungen Leute, unbelastet von jedem DDR-Trauma, die der Ostlandflucht Vorschub gaben, um ihr Glück im goldenen Westen zu suchen, während die Alten und sozial Benachteiligten brav zuhause blieben und auf bessere Zeiten warteten.

Die nächstgrößere Stadt Magdeburg war rund 80 km entfernt. Lichtjahre für die dortigen Verhältnisse und unerreichbar, was Arbeit und Kultur anging - ganz davon abgesehen, dass die Stadt Magdeburg selbst nicht auf Rosen gebettet war. Die Gemeinde Seitz war, wie viele andere Dörfer dieser Gegend auch, auf sich selbst gestellt und lebte von geringen

Zuwendungen des Landkreises und von Fördermitteln, welche man mit vorgeschobenen und eigentlich sinnlosen Projekten vom Land und vom Bund großzügig gefördert bekam. Es waren aber nichtdestotrotz nur die berühmten „Krumen von des Meisters Tische"!

Nach Abwägung aller bekannten Faktoren bezüglich der zur Disposition stehenden Großimmobilie, war es für Georg jetzt lediglich eine Rechenfrage. Er beauftragte einen Immobiliengutachter mit der Bewertung des Objektes, um den Verkehrswert, bzw. den Ertragswert festzustellen. Nach drei Wochen präsentierte der Sachverständige ein sehr umfangreiches Gutachten, welches eine Werthaltigkeit der Immobilie von 2.350.000 Euro attestierte. Der Kaufpreis der Immobilie betrug jedoch „nur" 1.100.000 Euro, also 10.000 Euro pro Wohnung. Weniger als die Hälfte des festgestellten Wertes.

Die Nettomietpreise (Miete ohne Nebenkosten für Wärme, Wasser, Müll, Gebühren etc.) beliefen sich auf 3,50 Euro pro Quadratmeter. Bei einer Vermietungsquote von 90% (6.300 qm), lagen die monatlichen Mieteinnahmen also bei 22.050 Euro.

Jetzt kam es auf die Finanzierbarkeit und die Kosten der Finanzierung an. Entsprechende Angebote wurden eingeholt, verglichen und ausgewertet. Das Rennen machte ein Finanzierungsangebot der Delta Lloyd Versicherungsgruppe. Ein Darlehn auf 100% der Kaufpreissumme, endfällig, d.h. ohne monatliche Tilgungsraten, also nur die Berechnung der Zinsen, mit einer begleitenden Ersatztilgung bis zum Ende der Kreditlaufzeit. Mit einem Zinssatz von 5,34% wurde demnach monatlich eine Zinsrate von 4.900 Euro fällig. Damit die endfällige Darlehnssumme von 1.100.000 Euro nach 10 Jahren am Ende der Darlehnslaufzeit reduziert werden konnte, wurde eine gesonderte Rücklage, quasi ein Tilgungsersatz, in Form von einem Mischfond empfohlen. Die Sparrate für diesen Fond war mit 2.900 Euro monatlich berechnet. Nach 10 Jahren, so die Berechnung, sollten also mindestens 450.000 Euro in diesem Fond liegen, welche dann von der fälligen Darlehnssumme abgezogen werden sollte. Eine Anschlussfinanzierung für die verbleibende Restsumme von knapp 650.000 Euro, wäre nach diesen 10 Jahren also völlig problemlos zu realisieren.

Das Ergebnis der Gesamtrechnung war recht einfach. Nettomieteinnahmen von 22.050 Euro minus Zinsrate und Fondrücklage von zusammen 8.000 Euro, bescherten einen Überschuss von rund 14.050 Euro monatlich.

Georg war sich schon darüber im Klaren, dass weitere Aufwendungen aus den Mieteinnahmen bestritten werden mussten. Kosten für die Hausverwaltung, den Hausmeister, Reparaturen am Gebäude und an der Technik. Des Weiteren konnte ja auch nicht garantiert werden, dass der Vermietungsstand auf diesem Niveau bleiben würde. Die Kosten für die besagten Verwaltungsdienste bezifferte er mit 4.000 Euro monatlich. Es blieben also immer noch über 10.000 Euro pro Monat übrig. Im schlimmsten Fall hätte er auch die Verwaltung selbst übernehmen und die dafür angesetzten Kosten einsparen können. Im Ergebnis hieß das nicht anderes, als das sich die Immobilie, auch bei einer Mietauslastung von weniger als 50%, rechnete. Und eine so desaströse Vermietungslage war auch mit dem allerbesten Pessimismus nicht zu erwarten.

Überzeugt von der Werthaltigkeit der Immobilie und dem Finanzierungsangebot der Delta Lloyd, denn es würde ja keine Bank auf der Welt eine 100%-Finanzierung eingehen, wenn die Werthaltigkeit der Immobilie nicht vorhanden wäre, wurde der Kauf dieser Wohnanlage beschlossen und am 30. April 2010 notariell vollzogen.

Georg war also jetzt richtig im „Tal der Tränen" angekommen und binnen 3 Jahren zum Großgrundbesitzer aufgestiegen. Die Welt war in Ordnung.

Kapitel Zwei

Die dicken Eier des Bürgermeisters

Die Mieterstruktur in der Wohnanlage setzte sich in der Tat aus der zu erwarteten Klientel zusammen. Leistungsempfänger, Arbeitsunwillige, Aufstocker, Rentner, Alleinerziehende, Geringverdiener – sozial Benachteiligte mit den dazugehörigen Problemen des täglichen Lebens.

Der Zustand der Wohnanlage war dementsprechend. Die Flure und Aufgänge und so manche Wohnungen, wurden nicht mit der notwendigen Sorgfalt bewohnt, wie man es sich wünschen würde. Katzen, Hunde und andere Kleintiere waren augenscheinlich aktive Mitbewohner, welche mehr oder weniger gut von ihren Besitzern betreut wurden. Ständige Einzüge und Auszüge alter und neuer Mietparteien versetzten ebenfalls den Zustand der Anlage in ein nicht besseres Ansehen. Offensichtlich machten die oberflächlichen Zustände der Häuser den Bewohnern nicht sehr viel aus, denn auch minimale Abhilfe in Eigenleistung stand nicht auf der Tagesordnung der meisten Anwohner. Vielmehr noch mussten Reinigungspläne für Allgemeinflächen generalstabsmäßig geplant und mit angemahnten Sanktionen durchgesetzt werden.

Das Leben in der Wohnanlage Seitz war also wie es war. Gerne wurde auch mal einer über den Durst getrunken, was oftmals zu lebhaften Diskussionen der Beteiligten führte, und das Dasein war für die meisten eine einzige Party. Zumindest solange Geld da war.

Nichtdestotrotz bereute Georg seine Entscheidung nicht. Für kleines Geld konnte man schließlich auch keine Luxuswohnungen bereitstellen und wenn die Mieter mit diesem Niveau glücklich waren – umso besser.

Leistungsempfänger waren „sichere“ Mieter und das Geld für den Mietzins kam pünktlich von der zuständigen ARGE in Havelburg. Alte Mietverträge wurden angepasst (außer den Altverträgen aus der ehemaligen DDR – die hatten Bestandsschutz) und neue Mietverträge sofort mit einer Abtretungsklausel versehen. Konkret hieß das, dass die Mieter ihre Nettomieten und Nebenkosten aus ihren Leistungen von der ARGE abtreten und diese direkt von der Behörde an den Vermieter, also Georg, überwiesen werden. Diese Maßnahme war kein Misstrauen, sondern Vorbeugung. Ein labiler Zeitgenosse könnte ja zu dem Entschluss kommen, dass die monatlichen Überweisungen der öffentlichen Hand wesentlich besser in Alkohol oder in anderweitige Konsumwaren als in Mietzahlungen, angelegt sind. Überraschenderweise gab es so gut wie keine Opposition gegen diese Auflage der Abtretung und die Mieter folgten artig der vorgegebenen Handhabe.

Überwacht wurden die Mieteingänge von einer Hausverwaltung im entlegenen Dörfchen Forst, welche schon vom Voreigentümer mit diesen und anderen Aufgaben beauftragt wurde. Ausstellen von Mietverträgen, Verwaltung von Kautionen, sofern es überhaupt welche gab, Neuvermietungen, Beauftragung von Handwerkern, Abrechnung der Betriebskosten und natürlich die Auszahlung der überschüssigen Kaltmieten an den Besitzer der Immobilie, waren die Hauptaufgaben der von Georg „übernommenen" Hausverwaltung, welche schon vom Voreigentümer als äußerst kompetent gepriesen wurde.

In den ersten paar Wochen und kurzen Monaten ging die Zusammenarbeit mit dieser Verwaltungsgesellschaft unbestreitbar ja auch recht gut. Ein sporadischer Anruf der Verwaltungsdame über den Stand der Dinge und über anstehende Neuvermietungen und Reparaturen waren aber eher als Beruhigungspille gedacht, als die Benennung von konkreten und potenziellen Problemen mit den Mietern und der Immobilie. Als Greenhorn in der Immobilienbranche dauerte es daher einige Monate, bis Georg und seine Charlotte in mancherlei Hinsicht stutzig wurde.

Überraschenderweise gingen die monatlichen Nettoüberweisungen der Kaltmieten nach einiger Zeit spürbar zurück, woraufhin eine Buchprüfung in der beauftragten Hausverwaltung von Charlotte unmittelbar in Angriff genommen wurde. Die Durchsicht aller Unterlagen und

Mieterakten brachte schnell Klarheit. Die eingesetzte Hausverwaltung war recht kreativ im Umgang mit vergebenen Aufträgen und ihrem Abrechnungsmodus unter Zuhilfenahme eines nicht zu durchschauenden Verwaltungsprogramms. Neben einem fast nicht vorhandenen Mahnwesen für säumige Mieter, denn einige Hausbewohner zahlten tatsächlich mit eigenem Geld, lag der Schwerpunkt der selbstgestellten Aufgaben der Verwaltungsgesellschaft in der Abrechnung angefallener Provisionen und Gebühren zugunsten der Verwalterin selbst. Erteilte Handwerkeraufträge konnten nur schwer nachvollzogen werden und „sonstige Zahlungen“ wurden mit fadenscheinigen und teilweise abenteuerlichen Erklärungen begründet.

Alea iacta est - der Würfel ist gefallen. Charlottes Votum über diese kreative Hausverwaltung war schnell getroffen und eine fristlose und unverzügliche Kündigung des Verwaltervertrags wurde ausgesprochen. Mit der Kündigung wurde eigentlich ein entsprechendes Beißen, Kratzen und Spucken der Verwaltungsdame erwartet, da der Vertrag noch geraume Zeit Gültigkeit hatte. Dem war aber nicht so. Mit etwas Gebelle und Gemaule wurden die Haus- und Mieterakten fast alle herausgegeben und Charlotte wurde mit entsprechenden Beschimpfungen, dem Niveau der Dame entsprechend, verabschiedet. Allein die Tatsache, dass seitens der Hausverwaltung nicht gegen den laufenden Vertrag angegangen wurde, spricht Bände. Ein Schelm wer da böses denkt.

Schnell wurde klar, dass die Hausverwaltung nicht ersatzlos gestrichen werden konnte. Enorme Auflagen vieler Gesetzesvorgaben – und nicht zuletzt das erforderliche Controlling für den Eigentümer – machte eine aufwendige Administration erforderlich. Sollte Georg sich abermals in die Hände einer unbekannten Hausverwaltung begeben? Pro Wohnung konnte man Gut und Gerne 20,00 Euro pro Monat rechnen – auch für die nicht vermieteten Wohnungen. Für 110 Wohnungen waren das also 2.200,00 Euro zzgl. MwSt. pro Monat an Mindestausgaben. Dazu kamen diverse Provisionen für Neuvermietungen, in aller Regel zwei Monatsmieten, Reisekosten für jeden gefahrenen Kilometer im Auftrag des Vermieters und natürlich Bearbeitungskosten für erteilte

Reparaturaufträge. Betriebskostenabrechnungen und „andere Verwaltungsaufgaben“ wurden darüber hinaus noch gesondert in Rechnung gestellt. Und eine richtige Kontrolle über die vermeintlich geleisteten Dienstleistungen hatte man ebenfalls nicht – wie man bereits schmerzhaft erfahren hatte.

Wieder wurde eine langfristig, alles beeinflussende Entscheidung getroffen. Charlotte übernahm selbst die gesamte Hausverwaltung für die Liegenschaft in Seitz. Nichts Besonderes sollte man meinen. Doch! Charlotte war Lehrerin für Deutsch und Musik und hatte gut bezahlte Dozentenaufträge von privaten Bildungsträgern. Jahrelange Lehraufträge im In- und Ausland und Leitungserfahrung ganzer Schulen begründeten ihre Kompetenz und ihr Engagement im Umgang mit jungen Menschen und die damit berechtigten Honorarforderungen. Die getroffene Entscheidung, die Hausverwaltung nunmehr selbst zu übernehmen, hatte daher eine enorme Tragweite, nicht unbedingt finanziell, jedoch hinsichtlich persönlicher Neigungen, Kompetenzen, Zufriedenheit, Beanspruchung, Niveau und besonders akademischem Intellekt. Dennoch entschied sie sich für ein Berufsleben fernab jeglicher Vorstellung. Hut ab vor dieser Entscheidung, die nicht zuletzt auch die große Liebe zu Georg und ihren gemeinsamen Zielen ausdrückte.

Während Georg nach wie vor die Welt bereiste, übernahm Charlotte inzwischen das gesamte Management der bis dahin gekauften Immobilien und anderer anstehender Projekte. Sie hielt ihm den Rücken frei und belastete ihn nicht mit den großen und kleinen Problemen aus Seitz, die wahrlich nicht weniger wurden.

Die Herausforderungen setzten sich hauptsächlich durch die Mieter selbst zusammen. Sie fristeten ihr Dasein mit den geringfügigen Mitteln, welche jedem Leistungsempfänger zustehen, und versanken ohne jede Aussicht auf Abhilfe im Strudel der Hoffnungslosigkeit. Charlotte erkannte sehr schnell, nicht zuletzt durch ihre Ausbildung und ihrer Erfahrung als Pädagogin, die prekäre Situation der Menschen vor Ort. Da capo nahm sie das Zepter in die Hand und erarbeitete Konzepte zur Lösung der Probleme ihrer Mieter.

Vertrauen schaffen, Verantwortung übertragen, Mithilfe anwerben. In Einem: Fordern und Fördern! Das war das Credo und die Grundlage ihrer Vorhaben zum „Wohle der Menschheit“ in Seitz – und natürlich ihrer selbst.

Gesagt, getan. Häufige Fahrten nach Seitz – 184 Kilometer einfache Strecke – waren unerlässlich, um die Mieterschaft und ihre Problemlagen besser einschätzen zu können. Charlotte organisierte Mietersprechstunden in einem eigens dafür eingerichteten Büro direkt im Objekt. Akribisch hielt sie die Zeiten vor Ort ein und mutierte schon bald zu einer Art Briefkastentante, die für alle Probleme ansprechbar war. So unterschiedlich die Menschen und ihre Geschichten auch waren, so hatten sie doch alle eins gemeinsam: Aussichtslosigkeit auf ein besseres Leben. Wie ein Hamster im Laufrad rannte fast jeder mit sich selbst um die Wette, ohne auch nur einen Schritt weiterzukommen. Fehlende Akzeptanz in der dörflichen Gemeinschaft und abgestempelt zum Bürger zweiter Klasse war die in Seitz geschaffene Kaste für alle die, die im „Ghetto“ lebten.

Georg begleitete seine Charlotte auf den Reisen nach Seitz, sofern es seine Zeit zuließ, um nach dem Rechten zu sehen und um das Dorf und seine Kommunalfürsten kennen zu lernen.

Seitz – ein Dörfchen mit knapp 1.700 Einwohnern in der Mitte von Nirgendwo in Sachsen-Anhalt. Es war nicht „am Arsch der Welt“, es war der „Pickel am Arsch der Welt“. Idyllisch, ländlich, ruhig, langweilig. Das absolute Highlight der Gemeinde war ein kleiner See, welcher als Lösch- und Badeteich den Mittelpunkt der touristischen Anziehungskraft ausmachte. Man bemühte sich um die Begehbarkeit des Seeufers, entwickelte Ideen für Trimm-Dich-Pfade, richtete Hinweisschilder über Flora und Fauna für die interessierten Wandergäste ein und sah sich selbst als eine Oase der Entspannung und Erholung. Darüber hinaus verfügte der Ort über ein Blumengeschäft, eine ehemalige Tankstelle, welche zu einer Kneipe umfunktioniert wurde, einen „Tante-Emma-Laden“, eine Drogerie mit angeschlossenem Baumarkt und natürlich für die besten Kunden aus dem Ghetto, einen florierenden Getränkemarkt. Ein Geldautomat, ein Briefkasten und natürlich eine Kirche mit Friedhof, welche gleich gegenüber dem in Teilzeit besetzten Gemeindehaus zu finden waren, durften natürlich nicht fehlen. Ergänzt wurde der Reichtum der Gemeinde durch ein Landschulheim, einen Kindergarten, einer Schule und der Freiwilligen Feuerwehr. Es fehlte also an nichts, was das Leben entbehrungsreich machen würde.

Das wirkliche Highlight für Georg und seine Liebste war jedoch der örtliche Landgasthof. Von einem Bauernhof umfunktioniert in einen wirklich schönen und empfehlenswerten, rustikalen Landgasthof mit neun Gästezimmern, Tagungsräumen, einer Kegelbahn, einer Sauna und einem umgebauten Stall, welcher inzwischen zum Gemeindezentrum avanciert war. Der Gasthof und der Stall waren das Zentrum des Gemeindelebens. Karneval, Hochzeiten, Geburtstage, Beerdigungen, Vereinstreffen und Gemeindesprechstunden – es gab nichts, wofür man in Seitz mit seinem Gasthof nicht eingerichtet war. Man traf sich abends in der Kneipe auf ein Bierchen oder auf mehrere und besprach was die Welt in und um Seitz bewegte. Kommunalpolitik zum Anfassen. Örtliche Kleinunternehmer, welche gleichzeitig Mitglieder im Gemeinderat waren, trafen sich zum gedanklichen Austausch und auch der Bürgermeister selbst war guter Kunde und oft zugegen. Hin und wieder verlief sich auch der eine oder andere Gast aus dem Ghetto im Landgasthof, was aber nicht weiter ins Gewicht viel, da die Leute eh nichts „auf der Naht hatten“ und lediglich dann und wann mal reinschauten, wenn es Geld gab oder ein extra Taler durch erledigte „Nachbarschaftshilfe“ eingenommen wurde. Die Kundschaft waren also überwiegend die „Haute-Volée“, die „oberen Zehntausend“ oder die „Macher“ des Dorfes.

Betrieben wurde der Gasthof von Mike – einem sehr rührigen, engagierten Kneipier Ende dreißig, welchem der Dienst am Gast noch wichtig war. Ging ja auch nicht anders. Sämtliche Investitionen für den Neu- und Umbau des damaligen Bauernhofs wurden durch massive Fördermittel unterstützt und nur durch den guten Willen der Kommunalfürsten vorangebracht. Darüber hinaus war er auf Gedeih und Verderb auf den Zuspruch der Gemeindeführung angewiesen, welche ihm den dringend benötigten Umsatz brachten. Nur mit den wenigen Durchreisenden und Tagestouristen war der Landgasthof nicht zu halten. Qualität, Sauberkeit, Freundlichkeit, gute Preise und geschultes Personal waren Mikes Aushängeschild, was sich auch in der Region langsam herumsprach. Dennoch – ohne Bürgermeister & Co. war nichts zu machen. Und das hieß für Mike „Klappe halten", „buckeln" und vor allem „nichts hören, nichts sehen, nichts sagen".

Unsere zwei Dresdener, Charlotte und Georg, waren im Sommer 2010 sehr häufig im Rahmen ihrer „Missionarsarbeit" in Seitz. Sie fuhren auch nicht wirklich ungern in diese von Gott vergessene Gegend, da es für sie auch jedes Mal eine kleine Pause vom Alltagstress in der großen Stadt bedeutete. Ob mit dem Motorrad oder dem Cabrio – die Fahrt über Land war einfach Entspannung pur. Die Übernachtung im Gasthaus wurde mit jedem Besuch in Seitz eingeplant und man kam langsam, aber sicher, mit Land und Leuten ins Gespräch. Es hatte sich ja auch rumgesprochen, dass „Irgendwer aus Dresden" das Ghetto gekauft hatte.

Mike und sein Personal waren überaus gefällig und mit der Zeit wurden auch die Gespräche auf ein persönliches und freundschaftliches Niveau lanciert. Man kannte sich mittlerweile und die Chemie stimmte.

All das war zwar schön und gut – änderte aber nichts an der Situation für die Leute im Ghetto. Während einem der unzähligen Gespräche auf der Sonnenterasse vor dem Gasthof, kam Charlotte dann ein Gedanke. Ein Sommerfest, um das Eis in „ihrer Community" zu brechen! Schnell wurde Mike als der Gastronomiefachmann hinzugezogen und man philosophierte über die Realisierbarkeit dieses Gedankens. Man wurde sich schnell handelseinig, dieses Fest als vertrauensbildende Maßnahme umzusetzen. Es sollten alle Familien und Singles aus der Wohnanlage eingeladen werden, noch bevor der Sommer vorbei war. Als geeigneter Platz für das Sommerfest erschien die Dorfwiese mitten im Ort prädestiniert. Versorgungsanschlüsse waren vorhanden und auch eine Teilüberdachung würde vor möglichem Wind und Wetter schützen. Mike erarbeitete schnell ein rustikales Menü und bot an, die gesamte Logistik, inklusive musikalischer Begleitung, zu übernehmen.

Das ganze Projekt war schnell durchgeplant und sollte an einem Freitag im September umgesetzt werden. Wieder in Dresden, druckte Charlotte Flugblätter für die Mieter und veranlasste entsprechende Aushänge in den Aufgängen der Wohnblöcke. Das Vorhaben sprach sich zwar herum wie ein Lauffeuer, doch die freudig erwartete Resonanz seitens der Mieterschaft blieb vorerst aus.

Inzwischen hatte auch der Herr Bürgermeister, den die zwei Dresdener schon aus dem Landgasthof kannten, von den hehren Plänen erfahren und ließ beim nächsten Besuch der Beiden in Seitz auch nicht lange auf sich warten. Bürgermeister Rasch war von Statur her ein hochgewachsener und von Erscheinung imposanter, wenn auch bäuerlich und einfach gestrickter Mann Anfang sechzig. Auf der besagten Sonnenterasse redete man bei einem Bierchen zwanglos über Gott und die Welt, insbesondere auch über die riesigen Erfolge, die er während seiner langen Amtszeit für die Seitzer hatte durchsetzen können – wie zum Beispiel die zahlreichen Nistkästen für heimische Vögel. Die weitere Entwicklung des Tourismus stand ganz oben auf seinem Fahrplan, denn genau dieser sollte der Gemeinde weiteren Wohlstand und auch Einnahmen bescheren. Da kamen die Zwei aus Dresden gerade recht.

Überwältigt, aber nicht überzeugt von den Plänen eines Sommerfestes für das Milieu der Gemeinde, stellte er gerne die Dorfwiese kostenlos zur Verfügung und erklärte sich sogar bereit, höchstpersönlich mit seiner Gattin und weiteren Gemeinderäten an der Veranstaltung teilzunehmen.

Nach dem ersten Gespräch folgten viele Weitere in relativ kurzer Zeit. Und auch der Bürgermeister wurde immer zutraulicher und tat es seinem gemeinen Volk nicht ungleich und nutze jede Gelegenheit bei den Neu-Seitzern seinen kommunalen Gedankenballast abzuladen.

Ein besonderes Thema war für ihn jedoch der Vorbesitzer der Wohnanlage. Dieser schuldete ihm, bzw. der Gemeinde, sage und schreibe 50.000 Euro aus nicht bezahlten Fernwärmelieferungen. Ein Donnerwetter an Titulierungen, die jede Hafennutte gerne in ihrem Repertoire gehabt hätte, ergoss sich in der Erregung seiner Ausführungen und ließ den einstigen Besitzer der Immobilie als Monster, Scharlatan, Betrüger, Geldwäscher und vieles mehr erscheinen.

An diesem Punkt wunderten sich Charlotte und Georg zum ersten Mal über die Ausführungen des Regenten. Die Gemeinde hatte, wie auch gesetzlich vorgesehen, bei jedem Immobilienverkauf ein Vorkaufsrecht. Es wäre daher nur ein Federstreich gewesen, dem damals anstehenden Verkauf nur dann zu zustimmen, wenn alle offenen Rechnungen der Gemeinde vom damaligen Besitzer mit der Kaufpreiszahlung des Erwerbers abgegolten würden. Und die Sache wäre erledigt gewesen - sollte man zumindest meinen. Was war der Grund für das Versagen des Bürgermeisters in dieser Angelegenheit? War er einfach nur strohdumm oder gab es gar andere Gründe, die eine entsprechende Maßnahme verhinderten? Es war Beides wie sich viel später herausstellen sollte.

Georg verwarf seine ungeheuerlichen Gedanken und ging sogar noch einen Schritt weiter. Er bot dem Bürgermeister an, die besagten Forderungen an den Vorbesitzer für ihn einzutreiben, da er selbst noch einige Baustellen aus der Übergabe der Liegenschaft mit ihm zu erledigen hatte. Voraussetzung für dieses Angebot war jedoch eine offizielle Übertragung der Forderungen der Gemeinde, was natürlich mit nachhaltiger Belegführung zu geschehen hatte. Belegführung? Bürgermeister Rasch nahm den Vorschlag zur Kenntnis, ging aber nicht weiter darauf ein. „Naja“, dachte sich Georg, „mehr als anbieten geht nicht“.

Die Gesellschaft des Bürgermeisters war mit jedem weiteren persönlichen Zusammentreffen, aus welchem Grund auch immer, für Georg sehr beklemmend. Es war das berühmte Bauchgefühl, dass, ohne einen konkreten Anlass benennen zu können, sagte: „Sei auf der Hut – hier stimmt was nicht". Er verdrängte diese Gedanken nach jedem Gespräch und sagte auch Charlotte nichts von seinen gefühlten Befindlichkeiten gegenüber Rasch.

Ein paar kurze Wochen zogen ins Land und das Sommerfest stand unmittelbar vor der Tür. Bis zur letzten Stunde wurde bei den Mietern, welche dem Braten immer noch nicht trauten, um Teilnahme geworben – glücklicherweise mit Erfolg. Am Nachmittag war die schon vorbereitete Dorfwiese mit den „Ghetto-Mietern", dem Bürgermeister und einigen Gemeinderäten gut besucht und das Fest in vollem Gange. Ob Groß, ob Klein, Alt oder Jung – es waren fast alle Mieter da und auch die Nachzügler besonnen sich eines Besseren und gaben Georg und Charlotte die Ehre ihrer Anwesenheit. Es gab Kassler und Rippchen mit Sauerkraut und Kartoffeln, sowie einige andere Leckereien, die einfach zu einem rustikalen Sommerfest dazu gehörten. Wer aus gesundheitlichen Gründen nicht kommen konnte, wurde zuhause bedient, indem Charlotte großzügig abgepackte Portionen persönlich an der Wohnungstür ablieferte.

Das Fest war ein Erfolg. Das Bier floss, dass Essen schmeckte und die Menschen waren zufrieden und freuten sich über ein nie dagewesenes Fest eines Vermieters. Der Bürgermeister und seine Gattin kamen ins Gespräch mit den Gästen auf eine bisher nicht gekannten Art und Weise und waren überrascht, dass auch im Ghetto tatsächlich richtige Menschen lebten. Toll. Bis zum Dunkelwerden genoss man Speis und Trank und schunkelte dann zufrieden nach Hause. Die Schlacht am warmen Buffet war vorüber. Mike hatte seine Sache hervorragend gemacht und war auch mit den Umsätzen nicht unzufrieden. Nach einer kurzen Aufräumaktion gingen dann der Matre und seine Vasallen zusammen mit Charlotte und Georg zurück in den Gasthof, um noch ein letztes Bierchen vor dem Schlafengehen in Ruhe genießen zu können.

Nicht nur der Morgen graute, sondern auch Georg an den Gedanken der bevorstehenden Resonanz der Gemeindeführung. Mit einem leichten Summen im Schädel ging man gegen 09:00 Uhr zum Frühstück, wo Mike schon mit einem breiten Grinsen im Gesicht einen sehr reichlich gedeckten Tisch präsentierte. Nach einer Aspirin, mehreren Kaffees und einem halben Brötchen mit Ei, konnte der Tag beginnen.

Das Wetter war traumhaft - blauer Himmel Sonnenschein mit äußerst angenehmen Temperaturen. Charlotte und Georg setzten sich raus auf „ihre" Sonnenterasse vor dem Gasthof und harrten der Dinge, die da kommen sollten. Und in der Tat, dass erste Ding ließ auch nicht lange auf sich warten. Es war Herr Dr. Beine - Gemeinderat und Besitzer der örtlichen Drogerie mit angeschlossenem Baumarkt. Dr. Beine kam forschen Schrittes, mit einem Lächeln wie es sich die Sonne nur wünschen würde, schnurstracks auf Charlotte und Georg zu. Beine musste so um die 60 Lenze zählen und war von Statur her nicht ganz so groß gewachsen wie der Bürgermeister. Vielmehr hätte man auf Anhieb den Eindruck haben können, dass jeder zweite Königspinguin größer gewesen wäre als er - doch das war sicherlich nur der verschwommene Eindruck aus der Ferne. Beine begrüßte Charlotte und Georg mit einer inneren Wärme und Herzlichkeit, wie es eine geliebte Großmutter nicht besser hätte machen können. Er bat um Erlaubnis sich setzen zu dürfen und ließ sich auf dem Stuhl neben Charlotte alsbald nieder. Seine Beine baumelten unter dem Stuhl beschwingt hin und her und seine freudige Erregung war ihm buchstäblich ins Gesicht geschrieben.

Beine stellte sich vor und berichtete über seine Vitae aus ehemaligen Tagen, die ihm bis zur Position eines leitenden Bankdirektors der einstigen DDR-Sparkasse verholfen hatte. Nach der Wende und einer kurzen Übergangszeit in der neuen Sparkasse, optierte er jedoch, auf Wunsch einzelner Vorgesetzten aus dem Westen, für ein Leben als Privatier. Er eröffnete kurzerhand eine Drogerie mit angeschlossenem Baumarkt in der aufstrebenden Gemeinde Seitz und ward baldig auch mit großem Elan im örtlichen Gemeinderat tätig.

Er resümierte über den vorangegangenen Tag und das einmalige Fest, erzählte Geschichten aus Seitz, den klammen Kassen und den Problemen im Gemeinderat. Nach gut einer Stunde kannte man sich dann schon 20 Jahre und vereinbarte, dass noch viele weitere Gespräche folgen sollten. Schließlich war das Investitionspotential in der Region riesig und gemeinsam mit den Dresdenern und ihren Kontakten würde es noch schneller voran gehen – so Dr. Beine. Charlotte und Georg mussten letztlich versprechen, noch am gleichen Tag eine Besichtigungstour durch die Drogerie mit angeschlossenem Baumarkt zu absolvieren – denn schließlich war es ja nicht umsonst der größte Markt im ganzen Dorf. Flugs hüpfte er dann von seinem Stuhl und entschwand flinken Schrittes und erhobenen Hauptes aus dem Blickfeld der zwei Zurückgelassenen.

Bemerkenswert an dem durchaus interessanten Gespräch war die Tatsache, dass er seinen Vorgesetzten, den Bürgermeister, kaum erwähnte und auf sporadische Nachfragen zu einzelnen Projekten nur sehr blass und ausweichend antwortete. Und Georg hatte jedes Mal wieder eine unbestimmte Ahnung bezüglich des Ratsherrn. Auch Charlotte hatte die ausweichende und zurückhaltende Position in den Ausführungen hinsichtlich des Dorfschultheißen sofort aufgenommen und beichtete Georg in diesem Zusammenhang ihr eigenes, allgegenwärtiges Bauchgefühl über die vergangenen Gespräche mit Bürgermeister Rasch. Es war also doch keine Einbildung. Georg erzählte seiner Liebsten von seinen eigenen Erfahrungen und man war sich einig, dass zwar nur ein gefühltes, aber dennoch eisernes Schweigen durch die Gemeinde zog, wenn die Sprache auf Jürgen Rasch, den Bürgermeister, kam.

Es war inzwischen Mittag geworden. Charlotte und Georg saßen immer noch fast bewegungslos auf ihren Stühlen unter dem Sonnenschirm und besprachen dieses und jenes bezüglich der Großwetterlage in Seitz. Nach dem Konsum von mindestens zwei Litern Apfelschorle pro Nase und unzähligem Gerenne zu den Örtlichkeiten, fand man sich nunmehr in der Lage, eine Hochzeitssuppe und ein Scheibchen Toast zu essen. Mike war wie immer stets zur Stelle und brachte das Gewünschte ohne Beanstandung. Nach dem Essen baten die Zwei ihn an ihren Tisch, lobten die vorzügliche Suppe und würdigten seine Leistungen und die seiner Crew für die gelungene Organisation des Sommerfestes.

Das Zusammensein mit Mike war immer sehr entspannt und auf einer sehr freundschaftlichen und offenen Ebene. Man flachste rum und machte Witze über sich selbst und andere und erfuhr auf diesem Wege immer mehr über die „politische" Situation in der Gemeinde.

Mike wurde zwar nie wirklich konkret in Bezug auf die angedeuteten Eskapaden der Gemeindeführung, jedoch wurde den zwei Dresdenern schnell klar, dass nicht alles so lief wie man es sich vorstellte, bzw. wie es sein sollte. Die einzige greifbare Information aus dieser Unterhaltung war, dass Bürgermeister Rasch zu DDR-Zeiten als Chef-Brigadier eingesetzt war. Was immer das auch heißen musste…???!!! Georg konnte als Wessi eh nichts mit diesem Begriff anfangen und Charlotte schwante von unsäglichen Erfahrungen vergangener Zeiten.

„Aber das musste ja nicht dasselbe sein" – redete sie sich ein und versuchte Nichtausgesprochenes zu verdrängen. „Und was geht es uns überhaupt an", dachten sich die Zwei und kamen bei einem Becher Eis schnell wieder auf andere Gedanken.

Die seit dem Morgen vereinzelt vorbeigehenden Menschen winkten den Beiden so freundschaftlich zu, als würden sie sich schon jahrelang kennen und man hatte den Eindruck, als wäre mit dem Sommerfest ein neues Kapitel im Gemeindeleben Seitz aufgeschlagen worden.

Das Highlight des Tages war dann noch die persönliche Führung von Dr. Beine durch seine Drogerie mit angeschlossenem Baumarkt, bevor man sich abermals in die bereits angestammten Gasträume des ehemaligen Bauernhauses zurückzog. Mike war längst zuhause und seine Mitarbeiter bedienten Charlotte und Georg zuvorkommend und mit gleicher Freundlichkeit wie sie es kannten und schätzten. Der folgende Tag verlief ohne weitere nennenswerte Ereignisse und die Zwei machten sich zufrieden wieder auf den Weg nach Dresden.

In den folgenden Tagen musste Georg immer wieder an den „Brigadier“ denken. Da er überhaupt nichts vom Leben in der ehemaligen DDR kannte und nur vom Hörensagen und aus Büchern einige unglaubliche Geschichten über das ehemalige Regime erfahren hatte, versuchte er für sich etwas Licht in die Bedeutung dieser Position zu bringen.

Bei Wikipedia fand er folgendes:

*In den Planwirtschaften der realsozialistischen Staaten war „**Brigade**“ die Bezeichnung für Arbeitskräfte in einer Wirtschaftseinheit, die eine Aufgabe im Produktionsprozess ausführten. In der DDR gab es Brigaden in Betrieben, in LPGs oder in PGHs. In der Pionierorganisation Ernst Thälmann war die Pionierbrigade eine Organisationseinheit unterhalb der Pioniergruppe.*

Der Wettbewerb zwischen ihnen wurde durch das jeweilige Kombinat geführt. Der Leiter einer Brigade hieß Brigadier. Jede Brigade führte ein Brigadetagebuch. Die FDJ richtete spezielle Jugendbrigaden ein. Für abgerechnete Leistungen wurden Prämien gezahlt, die regelmäßig für Brigadeausflüge genutzt wurden. Schulklassen bzw. Pioniergruppen pflegten oft partnerschaftliche Beziehungen zu Patenbrigaden.

Beim Begriff „Brigade“ handelt es sich um eine Bedeutungsentlehnung aus dem Russischen. Das deutsche Wort, das bislang nur die Bedeutung „militärischer Großverband der Landstreitkräfte“ hatte (siehe Brigade), erweiterte seine Semantik nach dem Vorbild des russischen Worts „brigada“ (бригада) um die in diesem Artikel beschriebene Komponente. Gleiches passierte in anderen europäischen Sprachen, die in Staaten unter sowjetischem Einfluss gesprochen wurden (vgl. z. B. polnisch brygada).

„Naja“, dachte sich Georg, „ist ja alles schön und gut, aber vielmehr weiß ich jetzt auch nicht“. Er befragte Jeden von dem er meinte, dass er oder sie etwas wissen konnte und ließ auch seine Liebste nicht ungeschoren davonkommen.

Die Quintessenz seiner Recherchen war, dass ein Brigadier so eine Art Abteilungsleiter in einer der unzähligen DDR-LPGs war. Seine Hauptfunktion war das Bespitzeln seiner Untergebenen und die Weiterleitung relevanter Informationen zur Staatssicherheit. Der SED verpflichtet und dem Arbeiter- und Bauernstaat bedingungslos ergeben, erschlich er sich Informationen zu Lasten und auf Kosten anderer und verwertete diese auch gegen seine eigenen Bekannten und Verwandten zum persönlichen Vorteil. Der Brigadier war also weder „Fisch“ noch „Fleisch“, buckelte und schleimte nach oben, trat und verriet Nachbarn und Freunde von unten. Ein Brigadier hatte demzufolge nur wenige Anhänger, war meistens ein Einzelgänger und scheute auch vor unlauteren Machenschaften nicht zurück, um sich persönliche Vorteile zu verschaffen. Zusammengefasst: Ein Arschloch von menschlicher Abscheulichkeit.

„Was schert es mich“, sinnierte Georg. „Die Zeiten sind vorbei und Bürgermeister Rasch aus Seitz wird wahrlich nicht die Machenschaften und Marotten aus ehemaligen Zeiten in einem jetzt modernen und demokratischen Gefüge einsetzen. Und schon gar nicht als demokratisch gewählte Amtsperson“, dachte der Wessi und ging seines Weges. Wie sehr er sich doch irren sollte.

Tage und kurze Wochen zogen ins Land, Charlotte befleißigte sich ihrer neuen Aufgaben in der Hausverwaltung – und fand es zum Kotzen. Nichtsdestotrotz ging sie ihren Weg unbeirrt weiter und sorgte sich redlich, um das Ghetto einigermaßen im Griff zu haben. Als treuer Verbündeter stellte sich der inzwischen in Seitz angeheuerte Hausmeister heraus. Horst war ein richtiger Giftzwerg von kleiner Statur, jedoch mit einer sehr ausgeprägten Bauernschläue und pragmatischem Organisationstalent. Er war der Terrier vor Ort und biss auch mal kräftig zu, wenn es notwendig wurde. Er war Charlottes Sprachrohr in Seitz und kümmerte sich um die Liegenschaft, als wäre es sein Eigen – natürlich nicht ganz uneigennützig.

Horst wurde von Feinden und Bewunderern gleichermaßen ein gewisser Respekt gezollt und mit vielen, teilweise sehr spontanen Attributen versehen, welche hier nicht im Einzelnen wiedergegeben werden können, da vielleicht auch Minderjährige, Alte und Schwache diese Seiten lesen. Er war der „Kommandant“ in Seitz und hätte dem Name „Pancho Villa“ sicherlich alle Ehre gemacht. Horst konnte feste arbeiten und feste feiern – beides bis zur Erschöpfung und jeweils mit größtem Erfolg. Er spukte nicht unbedingt ins Bier und war auch anderen geistigen Getränken gegenüber sehr aufgeschlossen. Dabei spielte die Tageszeit, wohlgemerkt für Beides, nicht unbedingt eine Rolle. Gehasst und geliebt von den Mietern und von Charlotte gleichermaßen, erledigte er sein Tagewerk. Er kümmerte sich um kleine Reparaturen, den Müll, Einzüge und Auszüge und war ständiger Ansprechpartner für die Mieter. Wer ihm schräg kam, musste halt mal ein paar Tage mit seinem tropfenden Wasserhahn warten und auch vor Auseinandersetzungen mit großem körperlichem Einsatz schreckte der kleine Mann nicht zurück. Er arrangierte eine Entourage von Hilfskräften, welcher er meist mit Naturalien bezahlte, und hatte somit die Anlage voll im Griff. Er war auch Duzfreund von besagtem Brigadier, ohne jedoch in seine Tröte zu blasen – eher ganz im Gegenteil – er ging keinem Streitgespräch mit dem Bürgermeister aus dem Weg und war somit auch „politisch“ gut vernetzt. Horst wurde im Laufe der Zeit fester und unverzichtbarer Bestandteil der Wohnanlage in Seitz.

Die nächsten Besuche der zwei Dresdener verliefen ohne bemerkenswerte Vorkommnisse. Bis auf Eins. Der Bürgermeister hatte sie doch tatsächlich im November oder Dezember zum anstehenden Jahresempfang im Januar im Namen seiner selbst und der Gemeinderäte eingeladen. Der inzwischen sehr vertraute Landgasthof war der Veranstaltungsort der Gala und nur geladene Gäste hatten Zutritt zu dieser exklusiven Veranstaltung. Wow. „Wir sind in Seitz angekommen“, dachten sich unsere zwei Großgrundbesitzer aus Dresden, nicht ganz, ohne ein Schmunzeln zu verbergen. Man dankte dem Bürgermeister und den Gemeinderäten aufrichtig für das entgegengebrachte Vertrauen und dem Privileg, an dieser Veranstaltung teilhaben zu dürfen.

Der Event des Jahres rückte näher, die Zimmer im Gasthaus waren gebucht und die Vorfreude war schier unermesslich. Alles ging seinen gewohnten Weg. Ankunft, Begrüßung durch Mike, Bierchen, Zimmer, Sauna, Essen – bis es dann so weit war. Aufgebrezelt machten sich Charlotte und Georg auf Weg zum Jahresempfang der Kommunalfürsten. Vor der Scheune des Gasthauses bahnte sich schon eine recht ansehnliche Menschenkette ihren Weg langsam in den hell erleuchteten und geschmückten Saal. Von Weitem war schon zu erkennen, dass ein Defilee der Gastgeber den Einlass verzögerte - was für eine solche hochkarätige Veranstaltung aber nicht weiter ungewöhnlich war. Sehen und gesehen werden - auch wenn es noch so kalt war. Charlotte und Georg kamen langsam dem Eingang näher. Ein adrett gekleideter Bürgermeister stand mit (s)einer (???) nicht weniger schicken Frau im Entree der Scheune und begrüßte jeden Gast mit vorzüglicher Hochachtung und einigen netten Worten. Unterstützt und flankiert wurde das Dorfoberhaupt von einigen Gemeinderäten und von einem Oberstleutnant der Bundeswehr. Es muss erwähnt werden, dass außerhalb von Seitz ein Truppenübungsplatz für bundesweite Panzereinheiten angesiedelt war, welcher von einer kleinen Kommandantur bewirtschaftet wurde. Der Kommandeur war der jetzt anwesende Oberstleutnant und gleichzeitig Co-Gastgeber dieser Veranstaltung.

Im Saal angekommen erkannte man, nachdem sich die Augen an ein trübes Licht gewöhnt hatten, auch viele andere Bürgermeister aus umliegenden Ortschaften. Alle hatten schon von den zwei Exoten aus Dresden gehört und wurden nicht müde von den Vorzügen ihrer Gemeinden zu berichten. Man tummelte sich also unter den Granden der Region und war stolz ein Teil davon zu sein. Leute grüßten freundlich als kenne man sich ewig und unseren zwei Helden viel es schwer das „Who is Who im Havelland“ im Überblick zu halten.

Der Jahresempfang stand dem Sommerfest wirklich in Nichts nach. Nach dem obligatorischem Glas Rotkäppchen Sekt, floss das Bier gut und mächtig und das warm/kalte Büfett ließ keinen bäuerlichen Wunsch übrig. Jeder entspannte sich Zusehens und es dauerte nicht lange bis das Tanzbein geschwungen wurde. Eröffnet wurde der Riegen durch den Bürgermeister und seine (???) Frau.

Mit den Schritten eines zünftigen Disco-Fox tanzte man zu jeder Art von Musik und war damit sehr Parkettsicher unterwegs, ob mit oder ohne Glas in der Hand. Aufgelockert durch einen offensichtlich regional sehr bekannten Dorf-Clown, welcher mit vielen lustigen Zaubertricks die

Menge verblüffe, flogen die Stunden nur so dahin. Kleinere Raufereien in und vor dem Festsaal wurden kaum wahrgenommen und man sah, dass nicht nur der Bürgermeister mit sich und der Welt sehr zufrieden war. Was für ein unvergesslicher Abend!

Müde und erschöpft vom Tanz und vielen essen, verabschiedeten sich die beiden Dresdener kurz nach Mitternacht vom Gastgeber und seiner (???) Frau und gingen – dem Usus folgend – noch auf einen Absacker in die Gaststube.

Der nächste Morgen kam schnell. Wie gehabt – Summen, Frühstückstisch, Aspirin, Kaffee, halbes Brötchen mit Ei – und der Tag konnte beginnen. Der erste und einzige Punkt auf der Tagesordnung war herauszufinden, wer die Frau an der Seite des hochwohlgeborenen Bürgermeisters war. Entweder hatten Charlotte und Georg die Gattin des Regenten nicht erkannt – obwohl sie lange mit ihr auf dem Sommerfest gesprochen hatten – oder...?

Mike wurde abermals an den Tisch gebeten und sollte das Rätsel für die Beiden auflösen. Süffisant schmunzelnd erzählte er zur großen Überraschung und Verwunderung der Dresdener, dass die Dame an der Seite des Bürgermeisters seine Mätresse, Konkubine, Geliebte, Liaison oder wie immer man sie auch nennen wollte, aber auf jeden Fall nicht seine Gattin war.

„Ja das ist ja der Hammer", dachten sich Charlotte und Georg und bohrten gleich weiter, um noch mehr über die offensichtlich dorfbekannte Seifenoper zu erfahren.

Zu allem Bedauern war die nun von Mike dargebotene Geschichte alles andere als lustig oder amüsant. Mike erzählte, dass die seit Jahrzehnten angetraute Gattin des Bürgermeisters vor geraumer Zeit an MS erkrankt sei und ihre körperliche Befindlichkeit oftmals nicht zum Besten stand. Kurze Rede langer Sinn – Rasch besorgte sich daher umgehend eine Geliebte. Was sollte er auch mit einer kranken und langweiligen Frau an seiner Seite, zumal er ja der Bürgermeister war. Aus dem offenen Geheimnis seiner Liaison mit der besagten Dame machte er keinen Hehl und Jeder im Dorf wusste um seinen perfiden Charakter und wie er seine Frau beschämt und abserviert hatte. Er wohnte zwar noch offiziell bei ihr, war aber ausschließlich bei seiner Neuen und versuchte auch nicht sein unmoralisches Tun vor der Öffentlichkeit zu verbergen. Mehr noch - er trug seine Affäre, zur weiteren Schmach seiner Gattin, gezielt in die Öffentlichkeit.

Seine Konkubine war die Inhaberin der eingangs erwähnten, zur Kneipe umgebauten Tankstelle am anderen Ende des Dorfes, welche eher schlecht als recht lief und für Mike nicht wirklich eine Gegnerschaft darstellte. Rasch arbeitete beflissen jeden Abend öffentlich hinter dem Tresen seiner Mätresse und machte mit einigen seiner Schergen auch noch Witze über die „scheiß Situation" seiner Frau. Wie skrupellos und abgebrüht er mit dieser Angelegenheit umging, war dann beim gestrigen Jahresempfang die Krönung der Taktlosigkeit. Zum Defilee stand die Dame hoch offiziell neben ihm und begrüßte die Gäste im Namen der Gemeinde während Frau Rasch zu Hause unter Schmerzen ihren körperlichen Gebrechen standhielt. Frohes neues Jahr!

Die zwei Dresdener waren im wahrsten Sinne sprachlos. Beide hatten im Laufe der Jahrzehnte schon viel erlebt und waren selbst nicht zimperlich im Umgang mit anderen, aber eine solche verwerfliche, unerträgliche und ekelhafte Begebenheit war Beiden noch nicht untergekommen. Was für ein widerwärtiges, taktloses Charakterschwein! Mehr noch - die ganze Gemeinde, inklusiver der Räte, wusste von dieser abartigen und rücksichtslosen Liaison, aber es gab Niemanden der es wagte auch nur im Ansatz darüber zu reden oder Rasch die Meinung zu sagen. Feige und ohne Rückgrat, Gewissen oder Ehrhaftigkeit, sah ein ganzes Kollektiv zu, wie ihr demokratisch gewählter Bürgermeister die Grundsätze von Solidität, Moral und Anstand über Bord warf. Sollte eine ganze Ortschaft so unter Kuratel und Dominanz einer einzigen Person stehen können? Unbegreiflich aber offensichtlich wahr.

Um die unglaubliche Chronik über den bürgermeisterlichen Charakter abzurunden oder vielleicht auch nur davon abzulenken, erzählte Mike noch im Ausklang der Darstellung von seiner eigenen Erfahrungen mit Rasch, der Tankstellenkneipe und dem Kampf ums wirtschaftliche Überleben.

Der Umbau des Bauernhauses zu dem heute stattlichen Landgasthof verschlang seinerzeit beträchtliche Summen, die Mike natürlich zum größten Teil, unterlegt mit persönlichen Bürgschaften, bei der Bank geliehen hatte. Wissend um die wirtschaftlich schwache Region, war er daher auf den Zuspruch und die Inanspruchnahme der Gemeinde zwingend angewiesen. Maßgeblich ermutigt vom Bürgermeisten und seinen Vasallen, ging er das große Risiko dieser Investition seinerzeit ein. Da es das einzige Gasthaus im Ort war, hatte er, außer einer kleinen Dönerbude und der schäbigen „Tanke", keine Konkurrenz zu fürchten und war sich den Zusicherungen des Bürgermeisters gewiss. Und für die ländlichen Verhältnisse, lief der Landgasthof einigermaßen zufriedenstellen. Man konnte sicherlich keine Reichtümer erwirtschaften, aber zum Leben und für einige Angestellte sollte es reichen.

Zu der Zeit, als sich dann die Beziehung des Bürgermeisters mit der Dame von der „Tanke" entwickelte, ließen die Besuche der Dorfhiesigen und Ratsgranden im Gasthof langsam aber stetig nach und bald schon dämmerte Mike die Ursache dieser unsäglichen Entwicklung.

Rasch hatte veranlasst, dass die „Tanke" modernisiert und ausgebaut wurde. Offiziell natürlich im Namen der Inhaberin – seiner Konkubine. Der Ausbau ging rasant voran und man wunderte sich über das rege Treiben auf der Baustelle. Gemeindeeigene Bagger und etliche Materialien des dorfeigenen Bauhofs wurden auf dem Areal der Tanke zum Wohle des Volkes verbaut und die öffentliche Anliegerstraße zu diesem Etablissement neu asphaltiert. Gemeindearbeiter wurden zur Unterstützung der Baumaßnahmen abgestellt und 1-Euro-Jobber als Hilfsarbeiter abkommandiert. Abermals wusste jeder im Ort von den Machenschaften des Ortsvorstehers. Und abermals traute sich Niemand etwas zu sagen oder gar zu monieren, dass augenscheinlich öffentliche Mittel zweckentfremdet oder 1-Euro-Jobber für private Zwecke eingesetzt wurden – von der strafrechtlichen Verwertbarkeit dieser Betrügereien gar nicht zu reden. De Facto hatte sich das ganze Dorf durch Mitwisserschaft oder Unterlassung strafbar gemacht. Offiziell wurde natürlich die korrekte Abrechnung seitens der Gemeinde verkündet und alles hatte selbstverständlich seine offizielle Richtigkeit. Es verstand sich auch von selbst, dass nach der Fertigstellung der Umbauten die neue „Tanke" entsprechend durch den Bürgermeister angepriesen und vermarktet wurde. Treue Genossen traf man schon zum Frühstück in der „Tanke" und auch das Feierabendbierchen, vom Dorfregenten selbst gezapft, wurde bevorzugt in der neuen Kneipe eingenommen. Diese Ungeheuerlichkeiten waren fortan als „die dicken Eier des Bürgermeisters" bekannt.

Und was konnte Mike dagegen tun? Garnichts. Klappe halten, buckeln und vor allem nichts hören, nichts sehen, nichts sagen. Natürlich kamen nach wie vor die Dorfältesten und alle anderen Gäste in den Landgasthof und auch die Vereinssitzungen und andere Zusammenkünfte wurden dort abgehalten, jedoch lange nicht mehr in dem Rahmen, wie vor dem Umbau der „Tanke". Zähneknirschend bediente Mike freundlich, ohne sich etwas anmerken zu lassen, seine Kunden und musste mit ansehen, wie sein Umsatz langsam dahin schmolz. Er war dem Wohlwollen des Bürgermeisters auf Gedeih und Verderb ausgeliefert, wenn er seinen Landgasthof halten wollte.

In diesem ersten, wirklich vertraulichen Gespräch mit Mike, merkte man seine tiefsitzende Verbitterung und Enttäuschung gegenüber Rasch und sein anfänglich süffisantes Grinsen wich einem Ausdruck von Resignation, Verzweiflung und Scham. Scham darüber, dass auch er nicht in der Lage war, sich gegen die Machenschaften eines Einzelnen zu wehren. Er hätte sich gerne von dem Ballast auf seiner Seele entledigt, Rasch seine Meinung gesagt und Gerechtigkeit walten lassen, indem er die Aufklärung der undurchschaubaren Vorkommnisse durch die vorgesetzten Verwaltungsbehörden erzwungen hätte - aber das wäre gleichzeitig das Aus seiner Existenz gewesen. Beweisen konnte er nämlich gar nichts.

Zur Verwunderung der beiden Dresdener tröstete sich Mike mit dem Gedanken, dass es ihn ja nicht allein betraf und fast alle anderen Kleinunternehmer im direkten Umland in der gleichen Situation waren. Charlotte und Georg hatten inzwischen rote Ohren vom Zuhören und verstanden die Welt nicht mehr. Was war nur los in diesem Ort? Warum betraf es noch andere Kleinunternehmer? Entsprach das wirklich alles der Wahrheit, was Mike ihnen in den letzten zwei Stunden erzählt hatte? Sie ahnten nicht einmal, dass das nur die Spitze des Eisberges sein sollte.

Die Zeit drängte nun langsam und man versprach sich diese vertraulichen Gespräche beim nächsten Besuch in Seitz fortzusetzten. Mike war froh, sich alles einmal von der Seele reden zu können ohne Gefahr zu laufen, dass es ihm oder seinem Gasthof schaden könnte. Die zwei aus Dresden genossen sein Vertrauen und wenn überhaupt jemand etwas gegen diese unsägliche Situation machen konnte, dann waren es Dritte von außerhalb, die keine direkten Repressalien durch Rasch zu fürchten hatten.

Charlotte und Georg waren nach wie vor perplex von den neuen Offenbarungen aus Seitz und mussten Mike versprechen, niemanden von diesen grauenvollen Begebenheiten zu erzählen – und schon gar nicht, dass sie von ihm kamen. Die Zwei tranken dann einen letzten Kaffee, packten ihre Sachen, bezahlten die Rechnung des Wochenendes und entschwanden Richtung Dresden, nachdem sie noch kurz an der Wohnanlage bei Horst dem Hausmeister reingeschaut hatten. Noch ein paar gute Worte und Anweisungen für den Kalfakter der Liegenschaft und sie machten sich dann endgültig auf den Weg Richtung Süden.

Die Fahrt zurück nach Dresden verlief ruhig, ohne dass viel geredet wurde. Beide waren tief in Gedanken versunken und dachten über die zwei vergangenen Tage in Seitz nach. Dem Empfang, den Bürgermeister, seine Konkubine, der Tanke und vor allem über Mike und dem, was er erzählt hatte. Unglaublich.

In Dresden angekommen, verlief das Leben wieder normal. Sofern man überhaupt noch von „normal" sprechen konnte. Die üblichen Auseinandersetzungen mit den Mietern über weltbewegende Angelegenheiten wie z.B. Katzenpisse im Hausflur oder Namensschildchen am Briefkasten, nahmen Charlotte immer mehr in Anspruch. Vielmehr noch, sie war jetzt offiziell die Briefkastentante für Probleme jeglicher Art.

Während Georg die Welt im Auftrag des Freistaates bereiste, kümmerte sich Charlotte weiter um die Probleme der Mieter in Seitz. Sie arrangierte einmal im Monat ihre Sprechstunden direkt in der Wohnanlage und erfuhr somit hautnah von den mehr oder weniger großen und kleinen Problemen, welche die Welt im Ghetto bewegten. Sie half den Mietern mit Anträgen für die Behörden, kümmerte sich um Auseinandersetzungen mit Jugend- und Gesundheitsämtern und war geduldige Zuhörerin, wenn es um Beziehungen und Liebschaften unter den Hausbewohnern ging.

Wenn es die Zeit erlaubte, übernachtete sie in „ihrem" Landgasthof und hörten von Mike die neusten Episoden aus der gelebten Seifenoper in Seitz. Auch ein Besuch bei Dr. Beine durfte natürlich nicht fehlen und so erfuhr man auch das neuste aus dem Gemeinderat und wer seine Rechnungen in der Drogerie mit angeschlossenem Baumarkt nicht bezahlt hatte. Auch die beiden Dresdener gehörten regelmäßig zu den Schuldnern, da der Hausmeister manchmal in der Drogerie mit angeschlossenem Baumarkt einkaufen ging - und wie es sich gehört - alles auf Rechnung schreiben ließ. Flugs wurde die entsprechende Rechnung, meistens in der Größenordnung zwischen 15,00 und 25,00 Euro, beglichen und die Welt war wieder in Ordnung - zumindest für Dr. B., welcher sichtlich erfreut von einem Bein auf das andere hüpfte, wenn alles seine liebe Ordnung hatte.

Im Laufe des Jahres wuchs Charlotte über sich selbst und ihre Fähigkeiten als Briefkastentante hinaus. Zusammen mit dem kleinen Napoleon der Wohnanlage erteilte sie, zu den schon erwähnten Sprechstunden, Privataudienzen der besonderen Art. Sie bestellte Projektgruppen rund um die Wohnanlage und entwickelte die Begabung, körperlich anstrengende Arbeiten an „Haus und Hof“ als Belohnung für die jeweiligen Antragsteller zu vergeben. So wurde z.B. der Acker hinter dem Haus in Gartenparzellen aufgeteilt und an honorige Interessenten, nach eingehender Beurteilung einer entsprechenden Bewerbung, vergeben. Die Nutzer dieser 10x4 Meter großen Parzellen durften die entsprechende Rodung und Kultivierung vornehmen und aus eigenen Mitteln die Anlage bepflanzen und selbständig, natürlich nur nach Absprache mit El Grande, gestalten. Da es mehr Bewerber als Parzellen gab, wurde eine entsprechende Warteliste angelegt und jeder der sittsam, lieb und fromm war – und vor allem seine Miete pünktlich zahlte – hatte die Chance einen Garten zu bekommen.

Eine weitere Projektgruppe widmete sich dem Vorhaben um einen Partykeller. In einem der Blöcke, so Charlottes salomonische Weisheit, durften sich die Partyleute einen Kellerraum entsprechend ausgestalten und mit der Aussicht zivilisiert feiern zu dürfen, diesen entsprechend renovieren. Auch für dieses Projekt waren genügend Bewerber vorhanden und aus dem Ghetto wurde so langsam eine richtige Wohnanlage. Neben einem der Häuser baute die „Grillgruppe“ mit Charlottes Genehmigung noch einen eigenen Grillplatz und man war stolz das Projekt „Unser Dorf soll schöner werden“ so erfolgreich umzusetzen. Fast Jeder war für irgendetwas verantwortlich und auch seitens der kommunalen Führung staunte man nicht schlecht über ein bisher nicht gekanntes Engagement einer gewissen Klientel. Charlotte hatte das Rad in Seitz gedreht.

Das Jahr 2011 zog mit großen Schritten dahin. Deutschland trauerte um Knut, das Berliner Eisbärenbaby, die Atomkatastrophe von Fukushima nahm ihren verheerenden Lauf und sorgte für eine weltweite Neuausrichtung der Energiepolitik und bescherte Deutschland den umstrittenen Ausstieg aus der Atomkraft. In London stand die Traumhochzeit des Jahres an: Prinz William heiratete seine bürgerliche Braut Kate Middleton und sorgte zumindest damit für etwas Euphorie in Europa. Die verpatzte Fußball-WM der Frauen hingegen bescherte unserem Land kein weiteres Sommermärchen und der Tod von Loriot und von Amy Winehouse ließ das ganze Land trauern. Was für ein Jahr.

Halt – ein kleiner saurer Schluckauf war trotzdem noch zu verzeichnen. Im Mai des Jahres bekamen unsere zwei Dresdener ihre erste Betriebskostenjahresabrechnung von der Gemeinde Seitz für das voran gegangene Jahr 2010.

Sie sollten 12.000 Euro an Nachzahlungen leisten. Relativ unerfahren im Umgang mit Jahresabrechnungen, zumal ja die Hälfte des vergangenen Jahres noch auf die Uhr des Vorbesitzers ging, wunderte sich Charlotte schon über die doch sehr heftig erscheinenden Summen für Fernwärme, insbesondere der angesetzten Betriebskosten für die Lieferung von Wärme.

Georg erschien diese Angelegenheit mal wieder zu lapidar, um sich damit zu beschäftigen und überlies diese Aufgabe vollumfänglich Charlotte.

„Was kann denn da schon falsch dran sein. Die Gemeinde bescheißt doch nicht und im Übrigen wird doch eh alles auf die Mieter umgelegt. Und die ARGE ist darüber hinaus in den meisten Fällen sowieso der Schuldner. Kann also nicht viel passieren…“, dachte er sich und kümmerte sich wieder um die wirklichen Probleme dieser Welt.

Für Charlotte war die Sache nicht ganz so schnell abgetan. Sie prüfte jede einzelne Position auf sachliche Richtigkeit und hatte schnell einen ganzen Katalog an Fragen aufgeschrieben, welche sie dem Bürgermeister, bzw. der Gemeinde zur Beantwortung vorlegte. Da eine befriedigende Antwort während des ganzen Sommers ausblieb und sie nur mit seltsamen Ausreden seitens des Bürgermeisters abgefunden wurde, hatte auch sie so langsam die Schnauze voll und erstellte für jeden Mieter zum Jahresende eine entsprechende Betriebskostenabrechnung – mit Kopie an die ARGE, wenn zutreffend – und hatte per Saldo Nachforderungen von insgesamt 27.000,00 Euro an die Mieter, bzw. die ARGE Havelburg. Frohe Weihnachten 2011.

Das Leben in Seitz und in Deutschland ging nach Sylvester 2011/2012 ungebremst weiter und die weltlichen Probleme in der Wohnanlage blieben die Gleichen. Katzenpisse, Namensschilder, Liebesnöte, Briefkastentante, Gärten und die Projektgruppen – alles nahm unvermindert seinen Lauf. Nur die ARGE Havelburg hatte bis Mai 2012 immer noch nicht die gestellten Nachzahlungen beglichen. Ernüchternd kam hinzu, dass inzwischen auch maßgebliche Mietaußenstände zu verzeichnen waren. Nicht nur schuldete die ARGE Betriebskosten und einige Mieten für das Jahr 2010 und 2011, auch ehemalige und derzeitige Bewohner waren wohl der Meinung, dass Mietgelder vielleicht doch besser in Alkohol angelegt sind, zumal es ja auch mehr Prozente bringt. Bis zum Sommer des Jahres beliefen sich nunmehr die Außenstände unserer zwei Großgrundbesitzer auf insgesamt 54.000,00 Euro, bestehend aus Mietausfällen und geschuldeten Betriebskosten.

Als dann im Juni 2012 auch noch die Jahresbetriebskostenabrechnung für das Jahr 2011 von der Gemeinde kam, war es vorbei mit Lustig. Auch der dümmste Esel verliert irgendwann einmal die Geduld und genau dieser Punkt war nun gekommen. Für Charlotte übrigens schon lange. Die Dresdener sollten nunmehr sage und schreibe 26.000,00 Euro für die Lieferung von Fernwärme nachzahlen.

Charlotte brauchte die Zahlen nicht lange zu prüfen, um festzustellen, dass immense, nicht nachvollziehbare Verwaltungskosten abermals in Rechnung gestellt wurden, von den überhöhten Wärmekosten pro Kilowattstunde ganz zu schweigen.

Das eigentliche Problem war nicht nur die geforderte Nachzahlung der Gemeinde, sondern mehr noch, die nicht ausreichenden, monatlich fortlaufenden Zahlungen für die Betriebskosten, also Wärme, Strom, Müllabfuhr, Verwaltung, Versicherungen etc.

Rund 80% aller Bewohner in der Wohnanlage „Am Ring" waren Leistungsempfänger, allgemein als Harz IV Empfänger bekannt. Das heißt, dass die jeweils zuständige ARGE (Arbeitsgemeinschaft) für die Auszahlung von Lebenshaltungs- und Unterbringungskosten zuständig ist. Da es sich bei dieser Institution um eine „Arbeitsgemeinschaft", also um keine eigenständige juristische Person, sondern lediglich um eine lose Zusammenarbeit, bestehend aus Mitgliedern des Bundes, des Landes und Kommunen handelt, welche von den jeweils regierenden Parteien mit der Ausführung ihrer staatlichen Verpflichtungen gemäß dem Sozialgesetzbuch gegenüber den Leistungsempfängern beauftragt wird, hätte man annehmen sollen, dass die Abwicklung und Verwaltung der jeweiligen Leistungen problemlos umgesetzt werden kann. Offensichtlich ist dem ist aber bei Weitem nicht so.

Die Kommune, also eine Beteiligte der ARGE, ist verpflichtet für die Wohnraumkosten (Kaltmiete und Nebenkosten) ihrer Kunden aufzukommen. Da sich nun jeder Leistungsempfänger nicht unbedingt ein Schloss oder eine Penthouse-Wohnung anmieten soll, werden entsprechende Vorgaben durch die Sozialgesetzgebung geregelt. Hauptmerkmal: Größe und Preis der Wohnung müssen angemessen sein. So hat eine Einzelperson Anrecht auf eine Wohnung mit 49 qm, eine Familie mit einem Kind auf 69 qm, mit zwei Kindern auf 80 qm usw. Die anfallenden Nebenkosten für die Wohnung werden pauschal per Abschlag monatlich gezahlt und mit der Jahresabschlussrechnung des Vermieters durch Nachzahlung oder Rückerstattung ausgeglichen. So weit so gut.

Bezüglich der Nebenkosten ist die Regelung des SGB ebenfalls eindeutig. Die tatsächlich angefallenen Nebenkosten müssen von der Kommune, über die ARGE, übernommen werden. Es gibt lediglich zwei Ausnahmen: a) exzessiver Verbrauch oder b) ein marodes Gebäude. Auf Deutsch: a) Wenn ein Leistungsempfänger meint, 5-mal am Tag duschen zu müssen, so kann der Wasserverbrauch durchaus als „exzessiv" bezeichnet werden. Gleiches gilt, wenn nachgewiesen wird, dass der ARGE-Kunde die Heizung auf Hochtouren laufen lässt und die Fenster permanent weit geöffnet hat. Es ist daher wichtig und richtig einer unbekümmerten Verschwendung von Energie Einhalt zu gebieten. Nicht zuletzt sind es öffentliche Gelder, die hier für Menschen in Not eingesetzt werden.

Die zweite Ausnahme ist ein marodes Gebäude. Pfiffig wie der Gesetzgeber nun mal ist, hat er den Energiepass erfunden. Gesetzlich verankert, verpflichtet er die Eigentümer ihre Immobilien energetisch begutachten zu lassen. Mit einer grünen Plakette im Energiepass wird dann bestätigt, oder auch nicht, dass sich das Wohnhaus dämmungstechnisch in einem akzeptablen Zustand befindet und keine Energie (Wärme) über die Norm hinausgehend verschwendet wird. Immer noch so weit so gut.

Jetzt begab es sich aber zu jener Zeit, wo in Deutschland, insbesondere bei den Kommunen, die Kassen klamm waren. Um einen kommunalen Haushalt aufzustellen, werden, wie bei jedem privaten Unternehmen auch, die zu erwartenden Einnahmen und die zu erwartenden Ausgaben in einem Wirtschaftsplan, nach guter deutscher Manier aufgelistet und festgeschrieben.

Für die Position „Kaltmiete" wird das SGB als Grundlage genommen. Für die Nebenkosten einer Wohnung befragt man eine Kristallkugel. So geschah es, dass sich die schlauen Damen und Herren der kommunalen Verwaltung eine Heizkostenpauschale von 1,10 Euro pro Quadratmeter pro Monat überlegten. In einer der vielen Ratssitzungen wurde beschlossen und verkündet, dass dieser Betrag zur Deckung der Nebenkosten völlig ausreichend sei. Permanent steigende Öl- und Gaspreise wurden ignoriert und ein warmer Pullover würde im Bedarfsfall sicherlich auch einen Beitrag zur molligen Wärme beitragen.

Die Rechnung für den Vermieter war damit relativ einfach. Die tatsächlichen Kosten für Wärme belaufen sich auf rund 1,80 Euro pro Quadratmeter und die monatlichen Beiträge der ARGE (wenn überhaupt gezahlt wird) auf 1,10 Euro. Toll. Die zwei Dresdener verzeichneten somit einen monatlichen Nettoverlust, wohlgemerkt nur für die Nebenkosten, an denen ja als durchlaufender Posten eh nicht verdient wurde, von 0,70 Euro pro Quadratmeter, was bei einer durchschnittlich vermieteten Fläche von 7.000 qm, jeden Monat fast 5.000 Euro ausmachte.

2012 wurde also zu einem richtig tollen Jahr mit vielen Überraschungen. Helden, Horror, Hurrikan titelte die Süddeutsche Zeitung in ihrem

Jahresrückblick. Das italienische Kreuzfahrtschiff „Costa Concordia" rammte einen Felsen und hinterließ 12 trauernde Familien nach dieser Tragödie, „Döner-Morde" wurden zum Unwort des Jahres gewählt, die größte deutsche Drogeriekette, Schlecker, musste Insolvenz anmelden und tausende Mitarbeiter entlassen, die US-Raumsonde „Curiosity" landete auf dem Mars, Bayern München steht ohne Titel da und verzweifelt an sich selbst und Charlotte beschloss keine Wärmekosten mehr an die Gemeinde zu zahlen bis entweder die ARGE ihren Verpflichtungen nachkam oder der Fernwärmepreis entsprechend an die im Gemeinderat veranschlagten Pauschalen angepasst wurde.

Die von der Gemeinde geforderten Nachzahlungen für 2011 über 26.000,00 Euro wurden nicht bezahlt und monatlich anfallende Abschläge in Höhe von 6.000,00 Euro für Fernwärme ebenfalls nicht. Und so wurde es richtig gemütlich in Seitz – besonders für unsere beiden Helden aus Dresden. Die Mahnungen der Gemeinde wurden von Monat zu Monat immer heftiger und endeten nach nicht langer Zeit mit Drohungen zur Sperrung der Fernwärme.

Als ehrenamtlicher Richter am Sozialgericht wusste Georg jedoch, dass eine solche drastische Maßnahme nicht so leicht zu bewerkstelligen war. Eine Gemeinde hatte immerhin einer gewissen Fürsorgepflicht gegenüber ihren Bürgern und vielmehr noch gegenüber ihren Kunden der ARGE, Sorge zu tragen und durfte daher nicht ohne weiteres die Wärmelieferung einstellen. Das wusste auch unser Brigadier a.D. und Bürgermeister, der inzwischen vor Wut und Racheplänen nur so schäumte.

Auch wenn sich Charlotte und Georg ziemlich sicher waren, dass die Wärmelieferungen der Gemeinde nicht eingestellt wurden, waren sie doch sehr daran interessiert eine Einigung und Lösung mit den Verantwortlichen und der ARGE Havelburg zu erreichen. Es konnte doch nicht sein, dass die Immobilieneigentümer auf 100-tausenden von Euros sitzen bleiben und der Schuldner im Gegenzug darüber hinaus noch maßgeblich überzogene Forderungen an die Vermieter stellt. Auch wenn die ARGE mit dem eigentlichen Haushalt und etwaigen Forderungen der Gemeinde nichts zu tun hat, ist es dennoch eine gesamtkommunale Angelegenheit, welche unter Einbeziehung aller Beteiligten gelöst werden musste.

Der Verbündete unserer zwei Dresdener war, natürlich neben Mike dem Gasthofchef und Horst dem Herrscher aller Reusen in der Wohnanlage, der schon bereits erwähnte Dr. Beine, seines Zeichens Gemeinderat und Besitzer einer Drogerie mit angeschlossenem Baumarkt. Er wusste natürlich von den angestrebten Vergeltungsmaßnahmen des Bürgermeisters und versuchte so geschickt wie möglich, ohne jedoch konkret zu werden und immer ohne Zeugen, Charlotte und Georg von der drohenden Gefahr des Machthabers in Seitz zu warnen. Mit wieselflinken Schritten und leuchtenden Augen ließ der kleine Mann nie lange auf sich warten, sobald er hörte, dass ein Auto aus Dresden auf dem Parkplatz des Landgasthofes stand.

So erzählte er ihnen - es muss im Herbst 2012 gewesen sein - dass die Gemeinde nicht nur mit ihnen Probleme bezüglich der Fernwärmeabrechnung hätte, sondern auch mit dem dorfeigenen Ärztehaus und dem hiesigen Postamt. „Und beide Parteien haben sich schon wegen überhöhter Forderungen aus dem Heizungsnetz der Gemeinde verabschiedet“, erklärte Dr. B. unaufgeregt aber für seine Art der Erzählung ungewöhnlich erst. Er empfahl dringend nicht locker zu lassen und diese Angelegenheit mit allen Mitteln zu einem gerechten Abschluss zu bringen.

Zum Erstaunen der zwei Dresdener, war der liebe Doktor sehr vehement in seinem Bestreben, sie gegen die Gemeinde in Stellung zu bringen – zumal er doch selbst Gemeinderat war und zum Wohle der Kommunale zu handeln hatte…???!!! Aber vielleicht war es ja sein ausgeprägter Sinn für Gerechtigkeit, was ihn zu dieser sportlichen Höchstleistung veranlasste. Und im Übrigen sah er noch wesentlich mehr Potential in den Dresdenern, die offensichtlich in der Lage sein müssten, Investitionsprojekte in der Region zu verankern und somit Wohlstand und Prosperität in diese von Gott verlassene Gegend zu bringen. Und in der Tat hätte die Region einige Meriten gehabt. Bei den zahlreichen Besuchen in Seitz wurden immer wieder potenzielle Projekte andiskutiert, wie z.B. Erdwärmeprojekte, betreutes Wohnen oder gar Firmenansiedlungen.

Was die Situation mit der ARGE anging, bot Beine an, vermittelnd tätig zu werden, indem er einen gemeinsamen Termin mit dem Chef der ARGE Berndal arrangieren würde. Als ehemaliger Sparkassendirektor und als überregional weit bekannter Gemeinderat und Besitzer einer Drogerie mit angeschlossenem Baumarkt, war er sehr gut vernetzt und wurde auch nicht müde, diese unvergleichlichen Vorteile zu unterstreichen.

Und in der Tat - es dauerte wirklich nicht sehr lange, bis Beine seinem Versprechen mit einem gemeinsamen Termin der Entscheidungsträger in besagter Angelegenheit nachkam. An einem schönen Tag im September sollte das geheime Treffen in seinem Privathaus, gleich neben der Drogerie mit angeschlossenem Baumarkt, stattfinden. Weder Bürgermeister noch Gemeinderat durften von diesem Vorhaben wissen, da man ja sonst schnell der Meinung hätte sein können, dass Dr. Beine in private Machenschaften gegen die Gemeinde verstrickt wäre. Der Countdown zur streng geheimen Mission „nasser Schwamm" war gestartet.

Man traf sich am frühen Nachmittag in der Privatresidenz des Doktors. Nach einem kurzen Rundgang über das Anwesen, welches eine Scheune, zwei Apfelbäume und ein günstig erstandenes Wasserfass aus ehemaligen Tagen ausmachte, setzte man sich in den eigens zur Entspannung angebauten Wintergarten mit Blick auf die Scheune und der Drogerie mit angeschlossenem Baumarkt, um eine Einigung in Sachen „Betriebskosten" zu erörtern.

Der Chef und Herr der ARGE Berndal, angereist mit seinem Adlatus, hörten dem Vermieter mit seinen „Problemen" sehr gespannt zu. Zur Verdeutlichung der bis dahin aufgelaufenen Schulden hatte Charlotte für Georg eine umfangreiche Akte mit allen Nachweisen der offenen Forderungen zusammengestellt, welche auch im Rahmen der Übung „Nasser Schwamm" an die Herrschaften übergeben wurde.

Nach intensivem Austausch von Daten, Fakten, Erklärungen, Entschuldigungen und einem intensiven Vortrag zum Thema „Sozialgesetzbuch", denn schließlich waren ja Fachleute am Tisch, resümierte man seitens der ARGE, dass es eigentlich ja sehr unverständlich sei, dass die

Abrechnungen noch nicht beglichen sind – natürlich unter Vorbehalt einer eingehenden Prüfung durch fleißige und kompetente Sachbearbeiter. Die Vertreter der ARGE bekundeten ihr Verständnis um diese Situation und berichteten freizügig über andere Vermieter, welche die gleichen Probleme hätten.

„Man solle doch einfach bei einem Zahlungsverzug einer Abrechnung den zuständigen Sachbearbeiter anrufen und ihn auf die Situation aufmerksam machen", meinte der Adlatus. „Eine Verzögerung könnte schon mal eintreten, da die Kollegen dermaßen überlastet seien, dass eine zeitgerechte Abrechnung nicht immer möglich ist", merkte der Chef noch an.

„Aber nichtsdestotrotz, ich werde die übergebenen Unterlagen sorgfältig prüfen lassen und selbstverständlich entsprechende Zahlungen veranlassen – sofern gerechtfertigt", so die Quintessenz eines durchaus erfolgreichen Tages in der Wohnstube des Gemeinderates.

Dr. B. saß zufrieden mit leuchtenden Augen auf seinem Stuhl und ließ in gewohnter Weise seine Beine hin und her schaukeln. Man sah ihm förmlich an, dass er in Gedanken mehr als befriedigt über die Ergebnisse des von ihm arrangierten Gipfels war und sein Können in geheimer Mission nach wie vor ungetrübte Diplomatie und Kompetenz bewiesen hatte. Flugs bot er seinen Gästen nochmals Kaffee, Wasser und Gebäck aus der Tüte an und erinnerte die Teilnehmer dieser Runde, das Gesagte sehr vertraulich zu behandeln.

Nicht ganz überzeugt, aber dennoch vorsichtig in guter Hoffnung gewogen, ging Georg zurück in den Gasthof und berichtete Mike in Kurzform über die Ergebnisse des gerade Erlebten. Natürlich vertraulich, um nicht die heikle Mission im Ergebnis zu gefährden. Sofern alles gut ging, sollte der Vermieter sein Geld noch im gleichen Jahr und damit auch die Gemeinde ihre Forderungen aus Wärmelieferungen ausgeglichen bekommen. Natürlich nach entsprechender Prüfung.

Das Gespräch mit Mike kam im Laufe des Abends abermals auf den kleinen Gemeinderat mit den großen Plänen. Mike erzählte teilweise sehr verblümt von dem agilen Mann der ersten Stunde, der sehr wohl aufrichtig um die Gemeinde und seine Bewohner besorgt sei. Er sei mit Abstand der aktivste Gemeindevorstand, wenn es um die Belange der Bürger und die Nistkästen gehe. Man konnte Mike deutlich ansehen, dass er sich nicht sehr wohl bei diesem Gespräch fühlte, da er über einen aufrichtigen Mann sprach, der aber das Rückgrat einer Qualle hatte.

„Wenn jemand was über diese Vetternwirtschaft und die Machenschaften des Bürgermeisters in Seitz weiß – dann er", attestierte Mike. „Rasch hat mehr Leichen im Keller als auf dem Seitzer Friedhof liegen – und Dr. B. weiß über alles Bescheid. Er hat aber keinen Rückhalt im Gemeinderat, um Rasch auffliegen zu lassen", war Mikes Überzeugung. Und mehr wollte er auch nicht dazu sagen.

Georg fuhr guter Dinge am folgenden Tag wieder zurück nach Dresden und erzählte Charlotte von der wunderbaren Aussicht auf Beilegung dieser Misere, nicht ohne den Anschein des Unglaubens zu verbergen. Beide hatten sich schon mehrmals im Laufe des Jahres mit den kompetenten Sachbearbeitern der ARGE auseinandergesetzt und wurden bisher immer wieder von den Versprechen der in Aussicht gestellten Abhilfe enttäuscht. Besonders ein gewisser Herr Müller aus der ARGE avancierte inzwischen zum zweitbesten Freund von Charlotte in ihren Auseinandersetzungen mit diesem Amt.

Viel Hoffnung versprachen sich die Beiden also nicht von den erneuten Versicherungen der Beamten – obwohl, dieses Mal war es der Chef persönlich der sich einsetzen wollte. Naja, „abwarten" war das einstimmige Votum und damit das Ende dieser Unterhaltung.

Der aufmerksame Leser wird wahrscheinlich schon ahnen, dass wieder nichts passierte und die ARGE natürlich nicht gezahlt hatte. Die Gemeinde hatte darüber hinaus im September Klage beim zuständigen Oberlandesgericht Berndal gegen die Verbrecher aus Dresden eingereicht, um die noch offenen Positionen für Fernwärme einzufordern und ging nun öffentlich mit Pauken und Trompeten auf den Kriegspfad gegen die zwei Delinquenten. Ausgiebig wurde über den angestrebten Prozess im örtlichen Gemeindeblättchen, mit einer Auflage von mind. 30 Exemplaren, berichtet und auch die Gemeinderatssitzungen waren ein geeignetes Forum, um den baldigen Schauprozess generalstabsmäßig zu planen. Rädelsführer war natürlich das Dorfoberhaupt höchstpersönlich. Anderslautende Vorschläge zur gütigen Einigung seitens der anderen, teilweise wohlgesonnenen Gemeinderäte, wurden gleich im Keim erstickt und mit gewohnter diktatorischer Keule erschlagen. Wer sich nicht fügt, bekommt keine Aufträge mehr – so einfach ist das. Und abermals wurde die kollektive Schwäche einer ganzen Gemeinde gegen eine einzige Person mehr als deutlich. Wie ist so etwas nur möglich...?

Charlotte und Georg waren nicht sonderlich überrascht, dass ein Prozess das probate Mittel der Gemeinde sein würde, um den gestellten Forderungen entsprechenden Nachdruck zu verleihen. Vielmehr noch waren sie der Meinung, dass dadurch endgültig geklärt würde, was die tatsächlichen Aufwendungen sein würden und sie dann auf diesem Wege, höchstrichterlich dokumentiert, ihre Forderungen gegen die ARGE, was ja letztendlich die Kommune selbst war, also genau der Verein, der sie jetzt verklagte, erfolgreich geltend zu machen.

So ging also auch dieses Jahr mit vielen Kopfschmerzen vorüber und nur die Einladung zum Seitzer Neujahrsball blieb unverständlicherweise aus. Schade.

So wie das Jahr 2012 geendet hatte, fing das Jahr 2013 wieder an. Rasch war außer sich vor Wut und in Rage über die Dresdener, die ARGE hatte natürlich immer noch nicht gezahlt und die Vendetta des Bürgermeisters war in vollem Gange.

Es fing damit an, dass entsprechende Rufmordkampagnen gegen die Dresdener, hauptsächlich gegen Georg, eingeleitet wurden. Zuerst wurde den Mietern in der Wohnanlage mitgeteilt, dass demnächst die Heizungen abgeschaltet werden, da der Vermieter seine Wärmerechnungen nicht bezahlt, obwohl die „armen" Mieter diese doch jeden Monat pünktlich überwiesen.

„Diese Verbrecher machen sich nur die Taschen mit eurem Geld voll und bringen die Gemeinde fast in den Ruin“, war die verbreitete Parole des Bürgermeisters.

Es wurden durch den Gemeindevorsteher entsprechende, nicht genehmigte, Aushänge im Ghetto gemacht und auch die lokale Presse wurde bemüht, um die Situation im Sinne des Dorfschulzen zu verdeutlichen.

Im Ergebnis der ersten Androhung, dass es demnächst keine Heizwärme mehr gäbe, war die damit erste Auszugswelle losgetreten worden. Von den rund 90 Mietparteien verließen in ganz kurzer Zeit ca. 30 Familien das Objekt und die Gemeinde bot natürlich sofort an, dass für jeden auszugswilligen Bürger eine gemeindeeigene Wohnung bereitstehen würde. Wie uneigennützig.

Nun war nicht nur Fingerspitzengefühl, sondern auch rationales Denken gefragt. Ohne die eigene Strategie zu dieser Zeit zu verraten, hatten Charlotte und Georg redliche Mühe, die verbleibenden Mieter davon zu überzeugen, dass auch zukünftig die Objekte mit Wärme versorgt würden.

Wissend, dass der Bürgermeister über Leichen gehen würde, um die Dresdener zu vernichten, hatten diese schon in weiser Voraussicht auf die angekündigte Abschaltung der Wärme reagiert. Gleich zu Beginn des Jahres wurde ein unabhängiger Energieberater aus Niedersachsen unter Vertrag genommen, um festzustellen, welche Alternativen zur Beheizung der Wohnanlage möglich waren. Nach Vorlage der entsprechenden Expertise war klar, dass ein unabhängiges und eigenständiges BHKW – also ein Blockheizkraftwerk – die benötigte Wärme für alle Wohneinheiten liefern würde. Kostenpunkt rund 160.000 Euro, inklusive eines neuen Heizkessels. Wow.

Den Dresdenern blieb also nicht sehr viel anderes übrig, als diese Investition zu leisten. Und das schnell.

Die Nachricht, dass nicht der Bürgermeister, sondern die Dresdener die Fernwärme bald abschalten würden, verbreitete sich wie ein

Lauffeuer in der Gemeinde. Der Krieg war nun offiziell erklärt und es gab kein Zurück mehr.

Kapitel Drei

Ein Heller und ein Batzen

...und die unglaubliche Geschichte der „dib.24"

Es ist ja nicht so, dass das Leben der beiden Dresdener nun auf einmal langweilig wurde, aber es gab ein grundsätzliches Problem mit der Handhabe der Hausverwaltung und des eigenen Lebens. Charlotte machte bis dato alles allein. Die komplette Verwaltung für 110 Wohnungen mit allem was dazu gehört, die Begleitung der Mieter als Briefkastentante und die anhaltenden Auseinandersetzungen mit Handwerkern, Versorgern, Behörden, Banken und Bürgermeistern. Ein wahrhaftiger 24-Stunden Job - unmöglich für eine Person zu bewältigen. Das Telefon klingelte an 7 Tagen in der Woche unentwegt - und sei es wegen Katzenpisse am Sonntagmorgen - und an ein eigenes Leben war schon fast nicht mehr zu denken, geschweige denn an Urlaub oder ein paar freie Tage.

Auch wenn Georg inzwischen seinen internationalen Auftrag an den Nagel gehängt hatte, denn der Vertrag als Geschäftsführer beim Freistaat war nach fünf Jahren beendet, so war er doch nicht der Verwaltungsfachmann im Immobilienwesen, um Charlotte maßgeblich unterstützen zu können - zumal ihm auch die Geduld zur Auseinandersetzung mit den Mietern komplett fehlte. Er half zwar, wann und wo er konnte, konzentrierte sich jedoch auf andere Projekte und neue berufliche Herausforderungen.

Sicherlich hörte er von Charlotte die mannigfaltigen Probleme in ihrem Tagesgeschäft, war sich jedoch dessen Gewichtung und damit deren Auswirkungen auf ihr eigenes Leben und Gesundheit überhaupt nicht bewusst. Es sprach natürlich alles nur für Charlotte, dass sie ihn nach wie vor aus allen „Baustellen" heraushielt und ihn nicht unnütz belasten wollte, doch war sie sich sehr im Klaren darüber, dass es so nicht weiter gehen konnte, zumal ihre eigene Gesundheit anfing unter dem Dauerstress zu leiden.

Im Frühjahr 2012, wurde die erste Mitarbeiterin für Charlottes Hausverwaltung eingestellt – eine alte Bekannte Charlottes aus früheren Tagen und angeblich sehr flink und geschickt im Umgang mit übertragenen Verwaltungsaufgaben. Das sollte man auch meinen, denn sie war gelernte Notariatsgehilfin.

Annett, so ihr Name, wurde intern nur „Frau K." genannt und von Charlotte intensiv eingearbeitet. Schon nach ein paar kurzen Wochen war sie dann auch schon in der Lage, das sehr komplexe Verwaltungsprogramm selbstständig bedienen. Naja, fast selbstständig. Charlotte kümmerte sich zwangsläufig auch weiterhin um einen interaktiven Austausch mit den Mitwirkenden in ihrem Kosmos der Immobilienwelt und betreute Frau K. in der Ausführung ihrer Arbeit.

Das Erscheinungsbild von Frau K. machte auf Georg jedoch einen etwas gewöhnungsbedürftigen Eindruck. Einige typisch weibliche Attribute waren nicht wirklich ausgeprägt und ein Trainings-BH wäre wahrscheinlich noch zu groß gewesen, um ihre weiblichen Vorzüge zu verpacken – also sinnlos überhaupt in Gedanken zu schwelgen, was sich unter dem NKD-T-Shirt wohl verbergen mochte. Überhaupt konnte sie mit ihrer Gestalt, einer Größe von mindestens 1,75m und einem geschätzten Gewicht von 45kg, nicht unbedingt bei jedem Mann punkten, was sich auch auf ihre engagierte Suche nach paarungswilligen Männer nicht wirklich positiv auswirkte. Ergänzt wurde ihr Antlitz durch ein komplett fehlendes Make-up und eine nicht zwingend vorteilhafte Struktur ihrer langen braunen Haare, welche vom Haupt herabhingen wie das Fell eines nassen Frettchens. Und je nach Stand der Sonne, die manchmal durch das große Bürofenster ihre volle Pracht und Schönheit vermittelte, wurde man auch hin und wieder an das sehr ausgeprägte Odeur eines nassen Frettchens erinnert. Aber wem obliegt es schon eine Messlatte an die Äußerlichkeiten eines Menschen zu legen. Kurz und Gut – sie hatte wahrscheinlich mit ihrer neo-liberalen Erscheinung ihren persönlichen Stil noch nicht ganz gefunden. Wie dem auch sei, der Umgang zwischen Charlotte und Frau K. war freundschaftlich, kollegial und vertrauenswürdig. Manchmal zu vertrauenswürdig, was Georgs Einschätzung anging. Sei's drum – Charlotte war die Chefin.

Manchmal himmelhochjauchzend und manchmal voller Frust und Groll, erlebte Charlotte die unterschiedlichsten Leistungen ihrer Mitarbeiterin, welche offensichtlich von ihrer Tagesform abhingen. Es lief daraus hinaus, dass Charlotte wöchentlich, wenn nicht täglich, eine Arbeitsanweisung für Frau K. schrieb, welche minutiös die zu erledigenden Arbeiten aufzeigten. Und nach einigen Monaten hatten sie ihren Rhythmus auch schon gefunden.

Fakt war jedoch auch, dass eine Mitarbeiterin mit der reinen buchhalterischen Verwaltung einer Wohnanlage nicht ausgelastet war. Das genutzte Programm machte die Arbeit fast allein, vorausgesetzt man konnte es richtig bedienen, und spuckte auf Knopfdruck die gewünschten Berichte in jeder nur denkbaren Zusammensetzung aus.

Die grundsätzlich guten Erfahrungen in der Wohnungswirtschaft - abgesehen von den Querelen mit der ARGE in Berndal, was ja ein wirklicher Ausnahmefall sein musste - ließen die Überlegung zu, weitere, rentable Liegenschaften zu erwerben. Nicht nur um Frau K. auszulasten, sondern auch den monatlichen Geldfluss durch entsprechende Mieteinnahmen zu sichern, bzw. zu erhöhen.

Charlotte und Georg besannen sich auf die Erfahrungen mit Herrn Koch, einem Makler der renommierten Vermittlungsgesellschaft „Alt & Kelber", welcher ihnen schon das Objekt in Seitz vermittelt hatte. Herr Koch war einer jener Menschen, die sich überall und bei jedem einschleimen konnten. Von hagerer Statur und um die 40 Jahre alt, bemühte er sich für die Beiden um entsprechende Angebote.

Nach ein paar Dutzend Besichtigungen im Dreiländereck Sachsen, Sachsen-Anhalt und Thüringen, entschieden sich Charlotte und Georg für eine Liegenschaft in Heringswalde. Ein kleiner Ort mit rund 20.000 Einwohnern, gelegen im Dreieck zwischen Dresden, Leipzig und Chemnitz - gute 30 Km von Dresden entfernt.

Die Liegenschaft bestand aus 21 Mehrfamilienhäusern mit jeweils vier, sechs oder acht Wohneinheiten, wobei drei Häuser unsaniert waren und abgerissen werden sollten.

Vom Aussehen her, waren die Objekte nicht unbedingt in einem perfekten Zustand, jedoch akzeptabel und bewohnbar, abgesehen von den drei abrissreifen Bruchten. Typische Siedlungshäuser mit Satteldach aus den 70ern. Besitzer dieser Anlage war ein Herr Stiegemann, ein Bauunternehmer und Geschäftsmann aus dem Westen. Nach der Wende suchte er ebenfalls sein Glück im Osten und kaufte baufällige Immobilien, welcher er mit seiner eigenen Baugesellschaft sanierte, um sie anschließend durch seine eigens dafür gegründete Immobiliengesellschaft zu bewirtschaften. Markant an den Häusern, welche quer durch das gesamte Dorf verteilt waren, waren die blauen Fensterrahmen. Als Erkennungshilfe geeignet und für Jedermann als „Stiegemann-Häuser" zu identifizieren.

Stiegemann selbst, inzwischen um die 70 Jahre alt, hatte in Westfalen noch einige andere Immobilien, ein Hotel in der Eifel und ein Reiterbedarfsgeschäft in Dülmen, welches von seinen Kindern geleitet wurde.

Die fetten Jahre nach der Wende bescherten ihm, sowie vielen anderen, Fördermittel in Millionenhöhe. Schließlich wurden ja dadurch dringend benötigte Arbeitsplätze in den neuen Ländern geschaffen und aus dem staatlichen Füllhorn, auch Soli-Topf genannt, wurde der Aufschwung Ost finanziert. Gepaart mit dem Knowhow aus dem Westen und billigen Arbeitskräften aus dem Osten, wurden unzählige Projekte freizügig von den Banken finanziert und durch den Freistaat subventioniert und verbürgt. Der Verbleib und Einsatz der Fördermittel wurde jedoch nur sehr selten überprüft, denn schließlich hatte man ja ausreichend damit zu tun, die täglich eingehenden Finanzierungsanfragen schnell und zügig zu genehmigen. Die Privatisierung des Ostens war nach wie vor in vollem Gange.

Hauptakteur in der Privatisierung der ehemaligen DDR war die vom Bund eingesetzte Treuhandgesellschaft. Als Gesellschaft des öffentlichen Rechts, sollte sie die volkseigenen Betriebe und das Anlagevermögen der DDR nach den Grundsätzen der westlichen Marktwirtschaft privatisieren, bzw. nach ökonomischen Gesichtspunkten stilllegen, um die allgemeine Wettbewerbsfähigkeit im Osten sicherzustellen.

Die in Berlin ansässige Bundesgesellschaft übernahm schon 1990 das gesamte volkseigene Vermögen des ehemaligen Schurkenstaates. Über 8.000 Gesellschaften mit rd. 50.000 Betriebsstäten und einigen Millionen Beschäftigten standen zur Disposition. Den Gesamtwert des Vermögens hatte Detlef Rohwedder, ehemaliger Staatssekretär im Bundeswirtschaftsministerium und 1990 Vorstandsvorsitzender der Hoesch AG, auf ca. 600 Milliarden DM geschätzt. Rohwedder übernahm dann auch schließlich die Führung der neu gegründeten Treuhand unter der Fachaufsicht des Wirtschaftsministeriums.

Des Weiteren wurde der Treuhand das gesamte landwirtschaftliche Vermögen der ehemaligen SED anvertraut. Über 2,5 Millionen Hektar Land- und forstwirtschaftliche Nutzflächen, zusätzlich Immobilien aus dem Bestand der Nationalen Volksarmee, sowie das gesamte Vermögen der Parteien und anderer staatlichen Organisationen waren nun gebündelt in einer Hand.

Grundlage jeden Wirkens, war das schnell geschaffene Treuhandgesetz, welches die wirtschaftliche Abwicklung der DDR regelte. Gehandelt wurde nach den Grundsätzen:

„Schnell privatisieren, weil wir der Auffassung sind, dass Privatisieren die beste Form der Sanierung ist. Das zweite Motto heißt: Entschlossen sanieren. Da, wo Zukunft möglich ist, soll Sanierung durchgeführt werden, um auch hier den Menschen mehr Mut und Hoffnung zu machen. Und das dritte Motto heißt: Behutsam stilllegen." Birgit Breuel (1991 Präsidentin der Treuhandanstalt nach der Ermordung Rohwedders).

Ziel war es, dass Anlagevermögen der Treuhandgesellschaft möglichst gewinnbringend zu veräußern, damit die erzielten Erträge dem Gemeinwohl wieder zugeführt werden konnten.

Im Prozess der Privatisierung gingen allerdings die meisten Arbeitsplätze verloren. Die Produktivität der ostdeutschen Betriebe pro Einwohner, war jedoch auch nur ein Fünftel von der Produktivität westdeutscher Unternehmen. Dementsprechend wurden innerhalb eines Jahres drei von vier Millionen Menschen aus den Betrieben entlassen. Die Quote der

Arbeitslosigkeit stieg im Osten auf durchschnittlich 15%. Die Proteste der Arbeitnehmer waren wirkungslos und die Treuhandgesellschaft hatte einen unglaublich schlechten Ruf als „Betriebsschließer" und „Vernichter". Lediglich die Filetstückchen der ehemaligen DDR konnten gut und ertragreich privatisiert werden. Leuchtende Beispiele waren die Jenoptik AG, der EKO-Stahlkonzern und einige Werften. Ansonsten lief die Privatisierung mehr schlecht als recht. Trotz intensiver Bemühungen fanden sich für die meisten Betriebe und Immobilien keine Käufer zu den angesetzten Preisen. Eines der Hauptprobleme war nämlich der veranschlagte Wechselkurs, welcher mit 1:1 berechnet wurde, was einer Aufwertung des ehemaligen DDR-Staatsvermögens von über 400% entsprach. Unmöglich für diesen Preis zu liquidieren. Das Ergebnis waren also Preisnachlässe in ungeahnten Größenordnungen.

Da nunmehr das Vermögen der Treuhand „verschleudert" wurde, kamen auch immer mehr Investoren. Mit schier unendlichen Forderungen und Bedingungen, bezüglich Fördermittel und Garantien, erwarben sie Betriebe und Immobilien zum Spottpreis. Großzügig versprachen sie den Erhalt von alten und die Schaffung von neuen Arbeitsplätzen binnen kurzer Jahre und kassierten dafür Milliarden ohne Scham und schlechtes Gewissen.

Der Weg zum großen Geld war ja auch recht einfach. Der Investor gründete Gesellschaft „A" und eine dazugehörige, aber unabhängige, Partnerfirma „B", welche als eine Beratungsgesellschaft firmierte.

Leicht wird überlesen, dass beide Firmen von den gleichen Personen/Partnern gegründet wurden - aber genau das ist der springende Punkt.

Weiter. Gesellschaft „A" bekundete gegenüber der Treuhand ernsthaft ihr Interesse für die Übernahme einer zum Verkauf stehenden Ostunternehmung oder einer entsprechende Immobilie. Gleichzeitig forderte sie im Rahmen der Übernahmeverhandlungen entsprechende Fördermittel in Millionenhöhe für die Sanierung der zur Disposition stehenden Firma. Unter nur zwei Bedingungen wurden ihr diese auch gewährt, nämlich, dass sie als zukünftiger neuer Eigentümer der Treuhand ein nachvollziehbares Sanierungskonzept vorlegt und ebenfalls einen millionenschweren Investitionsbeitrag, in gleicher Größenordnung der schon bewilligten Fördermittel, für die kommenden Jahre zusagen und nachweisen würde.

Gesagt, getan - und der Deal mit der Treuhand war schnell unter Dach und Fach, Arbeitsplätze gesichert, der Steuerzahler um Millionen erleichtert und die vermeintlichen Investoren - kamen vor Lachen nicht in den Schlaf.

Nun ging es um die Realisierung der hehren Pläne. Natürlich konnte der neue Eigentümer, also Gesellschaft „A“, nicht alles selbständig planen, bewerten und umsetzen und benötigte dafür zwingend notwendige Fachkompetenz und Beratung hinsichtlich der angedachten Sanierung der übernommenen Firma. Also wurde nun Gesellschaft „B“ - die besagte Beratungsfirma - mit einem entsprechenden Auftrag zur Begutachtung und zur anschließenden Umsetzung der Sanierungspläne eingesetzt. Wir erinnern uns - beide Unternehmen haben die gleichen Gesellschafter, was die Treuhand natürlich nicht wusste und auch nicht im Rahmen ihrer Prüfungspflicht kontrolliert hatte.

Es versteht sich von selbst, dass die zu erbringenden Beratungsleistungen nicht kostenfrei waren. Die Consultingfirma „B“ schrieb daher folgerichtig in den kommenden Wochen und Monaten fleißig Rechnungen in Millionenhöhe für ihre Beratungs- und Managementleistungen und kassierte auf diesem Wege astronomische Summen von Firma „A“, beglichen aus den Fördermitteln, welche schon vor der Übernahme von der Treuhand zugesprochen und genehmigt worden waren.

Firma „B“ beteiligte sich dann einige Monate später durch das Einbringen liquider Mittel (generiert aus den erhaltenen Honoraren von der Firma „A“), an der Firma „A“, welche somit wiederum ihren zugesagten Eigenanteil gegenüber der Treuhand und den anderen staatlichen Institutionen, wie versprochen, nachweisen konnte. Daraufhin wurden selbstverständlich noch weitere, millionenschwere Subventionen für vermeintlich Expansionsvorhaben und damit zum Wohle der Firma und der Region (und hauptsächlich der „Investoren“), beantragt, genehmigt und durch die Treuhand ausgeschüttet. Das gleiche Spiel begann also von vorne - das Subventionskarussell drehte sich munter weiter.

Die Treuhand und auch die staatlichen Aufbaubanken, durchschauten diese Konstellationen und unternehmerischen Verflechtungen aufgrund fehlender Organisationsstrukturen und Kontrollmechanismen nicht und förderten unbeirrt weiter – bis…, ja, bis die frisch sanierte Gesellschaft „A" nach ein paar kurzen Monaten leider Insolvenz anmelden musste. Die bis dahin ausgezahlten Subventionen in Millionenhöhe waren natürlich so gut wie aufgebraucht, hauptsächlich durch die Begleichung von Honoraren an die Firma „B" und durch üppige Gehälter und Boni für das neue Management aus dem Westen. Schade eigentlich.

Aber halt – da ist doch bestimmt noch mehr zu holen!? Manche „Investoren" trieben es wahrlich auf die Spitze – und so war es auch in diesem Fall.

Nachdem Firma „A" den Insolvenzantrag gestellt hatte und die Beratungsfirma „B" komplett von der Bildfläche verschwunden war (denn sie war ja nur beratend tätig und stand damit auch nicht in der unternehmerischen Verantwortung), kam eine Firma „C" auf den Plan und legte der Treuhand und den Aufbaubanken ein entsprechendes Sanierungskonzept für die nunmehr marode Ost-Firma „A" vor.

Die Treuhandgesellschaft musste jetzt natürlich von der Nachhaltigkeit des „neuen" Sanierungskonzeptes überzeugt werden, damit weitere Millionen „zur Rettung ostdeutscher Arbeitsplätze" überhaupt genehmigt werden konnten. Und wie erreichte man das am besten? Indem man kapitalstarke Kunden im Ausland für die Produkte der Ost-Firma „A", selbstredend schon mit verbindlich unterschriebenen Abnahmeverträgen, nachgewiesen hatte. Aber wer waren die Gesellschafter der Firma „C", welche sich als Retter in der Not der Treuhand so erfolgreich präsentiert hatten? Natürlich – die gleichen Schergen, sprich Anteilseigner, wie die der Firmen „A" und „B". Und die deutsche Treuhand bekam zweifellos wieder einmal von alledem nichts mit und freute sich, endlich einen neuen, kompetenten und vor allen Dingen seriösen Investor für Firma „A" gefunden zu haben und die Erfolgsgeschichte „Privatisierung Ost" damit eindrucksvoll weiterzuschreiben.

Wie dem auch sein - eine Schuldenübernahme der jetzt insolventen Firma „A" kam natürlich für den neuen Übernahmeinteressenten „C" gar nicht erst infrage und die notwendige Umstrukturierung, sprich die Herstellung der Exportfähigkeit für ein erfolgreiches Auslandsgeschäft, musste auch erst mal finanziert werden. Natürlich von der Treuhand – oder besser gesagt – durch den unbedarften deutschen Steuerzahler, der nichts von der Verschwendungsmentalität und Inkompetenz der staatlichen Henkersknechte volkswirtschaftlichen Vermögens auch nur erahnen konnte.

Erneut wurden Übernahmeverträge zum Wohle der Nation und der Gesellschaft unterzeichnet und Millionenbeträge zur Verfügung gestellt. Und auch die schon vorliegenden Auslandsaufträge wurden selbstverständlich noch durch zusätzliche staatliche Garantien vorfinanziert.

In der Tat, so muss konstatiert werden, gab es die besagten Aufträge aus dem Ausland tatsächlich. Mit großem Engagement wurden in den Folgemonaten containerweise die neu produzierten Produkte der wiederholt sanierten Firma „A" verpackt und verschifft. Die Empfänger dieser Großaufträge saßen überwiegend in Übersee, in der Regel in den USA, und freuten sich über aberwitzige Millionen Werte in Form von Patenten, Maschinen und Anlagen aus dem Land der Ingenieure und dem Prestige der weltweit anerkannten und begehrten Marke „Made in Germany".

Unglücklicherweise, so stellte sich nach vielen Monaten heraus, war der ausländische Großkunde aber nicht in der Lage, seine in Ostdeutschland bestellten Anlagen zu bezahlen und meldete in der Konsequenz Gläubigerschutz und letztendlich Insolvenz bei den zuständigen amerikanischen Gerichten an. Firma „C" saß also auf uneinbringbaren US-Forderungen und musste daraufhin ebenfalls nach kurzer Zeit ihre Zahlungsunfähigkeit verkünden, da ein internationales Eintreibungsverfahren völlig aussichtslos war. Schade eigentlich. Und wieder einmal wurden dreistellige Millionenbeträge durch grobe Fahrlässigkeit, Inkompetenz und schlichtweg beispiellose Dummheit der staatlich Bediensteten im Namen des Volkes unwiederbringlich vernichtet – ohne, dass jemals auch nur ein einziger der verantwortlichen Staatsdiener zur Rechenschaft gezogen wurde.

Diese und ähnliche kriminelle Handlungen waren schon bald nicht mehr die Ausnahme für die Treuhand und den deutschen Steuerzahler. Bilanzfälschungen, um an weitere Subventionen zu kommen, waren dabei noch die kleineren Delikte, Korruption und Untreue an der Tagesordnung. Über 1.800 Fälle von Wirtschaftskriminalität wurden bis Ende der 90er-Jahre erfasst, davon rund 190 Verfahren eingeleitet – und in 65 Fällen Urteile verkündet. Was für eine Quote!

„Und wenn ich nicht mehr weiterweiß, bilde ich einen Arbeitskreis", bzw. einen Untersuchungsausschuss. Und genau so wurde es auch gemacht. Der Bundestag war sich der „ernsten Lage" sehr bewusst und untersuchte die einschlägigen Betrugsfälle in entsprechenden Ausschüssen. Auf die Ergebnisse warten wir heute noch. Es gab doch da mal so eine Geschichte aus Schilda – oder nicht?

Um die Begebenheiten aus dem heutigen „Schilda" noch einmal zu verdeutlichen, ist folgend eine kurze Darstellung der „schönsten" Anekdoten unserer Staatsbediensteten und Ostdeutscher Banken aufgezeigt. Können Sie übrigens auch im Internet nachlesen.

VEB Wärmeanlagenbau

Einer der krassesten Fälle von Treuhandkriminalität ist der Fall des einstigen DDR-Monopolisten für Heizkraftwerke und Fernwärmeleitungen, bei dem Gerissenheit und kriminelle Energie auf der einen Seite, gepaart mit fehlenden Kontrollmechanismen auf der anderen Seite, zu einem Desaster führten. Der 1.200 Mitarbeiter starke Betrieb VEB Wärmeanlagenbau wurde in Wärmeanlagen Berlin GmbH (WBB) umbenannt, für den sich Anfang 1991 die Deutsche Babcock AG interessierte. Sie schickte daher ihren damaligen Prokuristen, Michael Rottmann, nach Berlin, um die Situation der WBB zu analysieren. Rottmann verbündete sich dort aber mit den beiden WBB-Geschäftsführern sowie zwei Schweizer Staatsbürgern und malte die wirtschaftliche Situation der WBB so schwarz, dass Babcock das Interesse verlor. Gleichzeitig präsentierte er der Treuhandanstalt einen angeblich solventen Käufer in Gestalt des Schweizer Unternehmens Chematec, das wohl damals schon hoch verschuldet war und schließlich für zwei Mio. DM die WBB erwarb. Dieses Unternehmen diente aber nur als Strohmann für Rottmann und seine Mittäter.

Zum damaligen Zeitpunkt belief sich der tatsächliche Wert der WBB nach Schätzungen auf rund 68 Mio. DM, wobei die WBB über liquide Mittel in Höhe von rund 150 Mio. DM sowie etliche lukrative Grundstücke verfügte. Unmittelbar nach dem Kauf wechselte Rottmann in die Geschäftsführung der WBB und begann zusammen mit seinen Komplizen, die Guthaben über ein undurchsichtiges Unternehmensgeflecht auf andere Konten zu transferieren, Grundstücke zu veräußern und Hypotheken aufzunehmen. Auf diese Weise sollen Rottmann und Komplizen der WBB insgesamt rund 150 Mio. DM entzogen haben. Übrig blieb hingegen ein Schuldenberg in Höhe von 100 Mio. DM.

Nach dem Bankrott des Unternehmens floh Rottmann 1995 in die USA. Im September 2000 wurde er von britischen Polizeibeamten und Zielfahndern des BKA in Hazlemere (High Wycombe) in der Nähe von London verhaftet. Gegen seine Auslieferung an die Bundesrepublik Deutschland, wo ein Prozess wegen Betruges vor dem Landgericht Berlin auf ihn wartet, wehrte er sich lange erfolgreich, bis er im Juli 2009 ausgeliefert wurde. Nach einem Geständnis wurde Rottmann im Dezember 2009 zu drei Jahren und neun Monaten Haft verurteilt, das Geld habe er seinen Einlassungen zufolge, komplett für seinen aufwändigen Lebensstil ausgegeben. Der zivilrechtliche Schadensersatzprozess endete schon 2005 mit einem Vergleich mit der BvS, in dem vereinbart wurde, dass Rottmann 20 Mio. Euro zurückzahlen muss. Daher die ungewöhnlich milde Strafe für Rottmann. Ein Mittäter Rottmanns wurde zwischenzeitlich ebenfalls zu einer Haftstrafe von drei Jahren verurteilt.

Elbo-Baugruppe

Der Kaufmann Heinz Krahmer wollte alle Wohnungsbau- und Meliorationskombinate im Norden der neuen Bundesländer kaufen, um daraus einen ostdeutschen Baukonzern zu formen. Gleichzeitig schloss er mit den zur Disposition stehenden Unternehmen Beraterverträge mit ansprechenden Honoraren für die Umsetzung dieses Vorhabens, nämlich einen Käufer zu finden, ab. Insgesamt sollen dem Beratungsunternehmen Krahmers 41 Mio. DM in zwei Beratungsjahren zugeflossen sein. Trotz langwieriger Verhandlungen mit möglichen Geldgebern gelang es ihm nicht, den Kaufpreis zu finanzieren. Er überzeugte aber die Vorstände und Geschäftsführer der Unternehmen gleichwohl, Geld auf ein Treuhandkonto seines Notars für Aktivitäten nach dem Verkauf einzuzahlen. Diese mehr als 73 Mio. DM ließ er sich dann auf ein eigenes Konto transferieren. Danach behauptete er gegenüber der Treuhand, er könne den Kaufpreis von 170 Mio. DM aufbringen. Krahmer verstarb in Singapur, noch bevor die deutschen Behörden seiner habhaft werden konnten. Der Notar konnte allerdings zur Verantwortung gezogen werden.

Später stellte sich heraus, dass Krahmer den Unternehmen unter allerlei Vorwänden noch mehr Geld entzogen hatte. Seine Unternehmen gingen nach seinem Tod in die Insolvenz. Gleichwohl schaffte es die Treuhandanstalt, 62 Mio. DM der gezahlten Liquiditätshilfe von 120 Mio. DM zurückzuholen. Ein Teil der Wohnungsbau- und Meliorationskombinate wurde dann nach weltweiter Ausschreibung für 10 Mio. DM an die Hegemann-Gruppe verkauft. Nach erfolglosen Restrukturierungsversuchen, für die Bund und Land und der Eigentümer nochmals erhebliche Mittel einsetzten, sind die Unternehmen wirtschaftlich inzwischen abgewickelt.

Es wird vermutet, dass das eigentliche Interesse Krahmers dem erheblichen Grundstücksbestand der Unternehmen im Wert von mehreren 100 Mio. DM galt und die Beratungshonorare auch zur Finanzierung des Kaufpreises dienen sollten.

Aufbau-Verlag

Der Berliner Aufbau-Verlag wurde 1991 von der Treuhand an eine Investorengruppe verkauft, obwohl er sich nicht in ihrem Eigentum befand. Der Verlag befand sich zur Wende im Besitz des Kulturbundes der DDR, der sich zu dieser Zeit unter Zwangsverwaltung der Treuhand befand und heute noch als Kulturbund e.V. mit zahlreichen Mitgliedern existiert. Der Verlag war jedoch nicht unmittelbares Eigentum der Treuhandanstalt und durfte deshalb so nicht verkauft werden, was nach verschiedenen Aussagen einiger Mitarbeiter der Treuhand bekannt gewesen sein könnte.

Der Verleger Bernd F. Lunkewitz, der bereits an dem ersten Verkauf des Verlages beteiligt war, bemerkte den Fehler und kaufte 1995, nachdem die Treuhand zu keiner Korrektur bereit war, den Aufbau-Verlag vom Kulturbund für umgerechnet ca. 450.000 Euro. In einem jahrelangen Rechtsstreit, der erst

2008 mit einem Urteil des Bundesgerichtshofes endete, wurde entschieden, dass der Verkauf 1991 durch die Treuhand nicht rechtens und somit der Verkauf von 1995 wirksam war.

Der neue Eigentümer versuchte daraufhin die Bundesrepublik Deutschland schadensersatzpflichtig zu machen. In diesem Zusammenhang schickte er den alten Aufbau-Verlag inzwischen in die Insolvenz.

Leider sind diese Geschichten, wie auch das ganze Buch, keine Fiktion, sondern traurige Wahrheit. Auch wenn man ein Schmunzeln – und wenn wir ehrlich sind auch eine gewisse Art von Hochachtung – nicht verleugnen kann, spiegeln sie doch die desaströse Inkompetenz von Entscheidern in Banken und staatlichen Institutionen wider. Alle Menschen machen Fehler – so auch Banker und Beamte – jedoch liegt die Unbedarftheit und Naivität, mit welcher diese Koryphäen an die Arbeit gehen, jenseits von Gut und Böse.

Zum einen wird jeglichen kriminellen Energien Vorschub durch Blauäugigkeit dieser „Nieten in Kostümen und Nadelstreifen" geleistet – und damit Steuervermögen vernichtet – und zum anderen wird im Umkehrschluss der Einzelne durch die gleiche Inkompetenz gleicher Banker und Beamten durch unbedachtes Handeln und verwerflichen Charakter schuldlos und ungerechtfertigt vernichtet – und so wiederrum Steuervermögen vernichtet. Ganz davon abgesehen, dass der zum wirtschaftlichen Schafott geführte Einzelne ja gar kein Einzelner ist. Es sind die Familien der Betroffenen und die Familien der Mitarbeiter, die wirtschaftlich unter die Räder geraten. Wie im Fall unserer zwei Dresdener.

* * *

Zurück zu Stiegemann & Co. Wie auch viele andere, witterte er seine große Chance nach der Wende im Osten. Und so war es dann auch. Marode Immobilien wurden für kleines Geld unter Zuhilfenahme von Fördermitteln gekauft, saniert und verkauft oder selbst vermietet. Die notwendigen Finanzierungen wurden von der SAB (Sächsische Aufbaubank) großzügig zur Verfügung gestellt. Die Rechnung ging aber nicht ganz auf. Stiegemann benutzte eine seiner zahlreichen Firmen, um seine Immobilien zu sanieren und eine andere, um sie zu bewirtschaften und zu vermieten. Die zur Verfügung gestellten Fördermittel reichten aber leider nicht ganz aus (da sie zum Teil zweckentfremdet für andere „Projekte" eingesetzt wurden), um seine großen Pläne zu verwirklichen und so meldete er kurzerhand Insolvenz für die betroffene Firma an. Hatten wir doch schon irgendwo mal gehört.

Die Stiegemann-Objekte wurden daraufhin zwangsverwaltet und standen nun zum Verkauf. Die einstig gewährten Fördermittel wurden zum größten Teil von der Sächsischen Aufbaubank (SAB) abgeschrieben und der Verkaufspreis der Marktlage angepasst. Mit der Veräußerung der Liegenschaft wurde Herr Koch von „Alt & Kelber" beauftragt.

Und so begab es sich, dass Koch ein ansprechendes Exposé für die Häuser erstellte und seinen guten Kunden aus Dresden vorlegte. Der Preis war natürlich verhandelbar.

Fix wurde wieder gerechnet und die Rentabilität festgestellt, um eine entsprechende Finanzierung zu besorgen. Abzüglich der drei Bruchten blieben 18 Häuser mit insgesamt 84 Wohnungen übrig. Der Vermietungsstand war gut und belief sich auf nachweislich 90% und erzielte Nettomieteinnahmen von rund 20.000 Euro pro Monat. Der Verkaufspreis sollte 1,3 Mio. Euro betragen - ein sehr akzeptabler Preis - zzgl. der bekannten Nebenkosten wie Grunderwerbsteuer, Notarkosten, Grundbuchgebühren und Maklerprovisionen von insgesamt 12% des Kaufpreises.

Nun musste eine entsprechende Finanzierung her. Georgs Bonität war nach wie vor AAA+ und konnte sich überall sehen lassen. Gewappnet mit allen notwendigen Nachweisen seiner Einkünfte und Besitztümer, begab er sich auf die Suche nach einem kompetenten Fachmann der Finanzbranche und fand den telefonischen Weg zu einem Herrn Schall, wohnhaft gleich um die Ecke im Sauerland, welcher sich selbst als ausgewiesenen Fachmann der Finanzwelt vorstellte.

Es dauerte keine drei Tage und Schall bestätigte einen Termin mit Georg in Dresden - im Konsulat. Pünktlich auf die Minute stand er mit seinem Ko-Piloten auf der Matte und übernahm gleich eindrucksvoll die

Gesprächsführung. Sein Partner sagte eher wenig und schien, sagen wir mal - von simplen Gemüt. Offensichtlich ausgestattet mit einem Fehler in der Blickrichtung seines rechten Auges, erschien er freundlich und adrett und mit allen Höflichkeitsfloskeln bestens vertraut.

Schall hingegen war ein offensichtlich sehr farbenfroher Charakter, der seine Lebenserfahrung auf allen Ebenen des Lebens gemacht hatte. Sein Alter mochte wohl so um die 60+ Jahre gewesen sein und sein Akzent und seine Aussprache ließ auf ein ganzes Leben im Sauerland schließen. Polternd und mit lauter, kräftiger Stimme begrüßte er Georg in seinem Konsulat mit einem familiär anmutenden:

„Tach - schön hier, woll" und bestaunte zugleich die asiatischen Ausstellungstücke, welche das Konsulat im Laufe der Jahre gesammelt hatte.

Natürlich hatte Schall schon vorab die Bonität von Georg geprüft (sonst wäre er keine 500 Km bis nach Dresden gefahren) und wusste sofort, dass diese Begegnung „der Anfang einer wunderschönen Freundschaft werden könnte - woll". Etwas überzogen bestaunte er alles was er sah und war mit Komplimenten gegenüber seinem Gastgeber nicht sparsam. Mit offenem Hemd, Halskettchen und Armband, jedoch nicht unsympathisch, erklärte er Georg seine Kompetenzen in der Finanzwelt und das er schon seit Jahrzenten mit ein paar duzend Banken erfolgreich zusammen arbeitete. Im Übrigen hatte er noch ein Kreditkontingent von mindestens 25 Millionen Euro unterzubringen und war daher dringend auf der Suche nach geeigneten Finanzierungsobjekten. Na klar, ...

Georg erklärte ihm die Situation seiner Besitzstände und Einnahmen und das gesetzte Ziel, die Liegenschaft in Heringswalde erwerben zu wollen. Da man offen mit Schall reden konnte, wurde der Wunsch nach einer 100%igen Finanzierung geäußert und nach dessen Machbarkeit gefragt.

Schalls Augen funkelten und man sah, dass er in seinem Element war. Aus dem Stehgreif ratterte er alle möglichen und unmöglichen Finanzierungsoptionen runter und sein Partner genoss sichtlich eine weitere Lehrstunde im Umgang mit neuen Kunden.

Ohne auf die von Charlotte vorbereiteten Bonitätsunterlagen wirklich einzugehen oder sie auch nur zu lesen, entschied er umgehend eine Finanzierungszusage für Heringswalde. Das man dazu noch ggf. eine Bank brauchen würde, war nur eine reine Formsache – woll. Das ganze Thema war nach gut einer halben Stunde abgehakt und die verbleibenden zwei Stunden vergingen mit Geschichten aus dem Sauerland und der Lebensgeschichte des Herrn Schall. Georg musste innerlich wirklich lachen und empfand diese Begegnung ausgesprochen amüsant und unterhaltsam, ohne unbedingt auf die ernsthafte Realisierung der „zugesagten" Finanzierung zu bauen. Der Mensch erzählt eben gerne.

Schall verabschiedete sich nach getaner Arbeit mit einem freundlichen: „Schüss – und Gruß anne Omma" und ging mit dem Versprechen seines Weges, in Kürze zu telefonieren, um die besten Angebote der Banken zu sondieren.

Georg erzählte Charlotte am Abend ausführlich und geistreich von diesem wichtigen Treffen und Beiden rollten vor Lachen die Tränen die Wange hinunter – woll. Naja, geschwängert mit einer leichten Hoffnung bezüglich einer möglichen Finanzierung für Heringswalde, warteten die beiden Dresdener der Dinge, die da kommen sollten. Und sie kamen...

Schall verpasste keinen einzigen Tag der kommenden Woche, um sich nicht nach dem Befinden seiner Dresdener zu erkundigen und Bericht über die Verhandlungen mit „seinen" Banken zu erstatten. Und dann war auch schon ein erneuter Termin in Dresden fällig, denn Schall hatte einen Plan, der einfach nur ein Meisterwerk sein sollte.

Ohne von seinen großartigen Vorhaben zu berichten, vereinbarte er kurzfristig einen Termin mit Georg und dem Wunsch, Charlotte kennenzulernen. Georg hätte seine Beste eh mit zu diesem Termin genommen, um ihr das Phänomen „Schall" vorzustellen. Und so kam es dann auch.

Schall reiste ohne seinen gewieften Gehilfen an und begrüßte Charlotte und Georg, charmant wie eh und je, mit einem freundlichen „Tach zusammen“. Charlotte war ebenfalls von der offenen und freundlichen Art des Herrn Schall angetan und empfand ihn als angenehm und gleichzeitig sehr anstrengend. Letzteres lag wohl an seinem ausgeprägten Sauerländer Akzent, welcher für sie sehr lustig klang, aber oftmals unverständlich war.

Schall blieb über Nacht in einem der Dresdener Hotels und man hatte sich am Abend zum gemeinsamen Essen verabredet, um seinen Masterplan zu besprechen. Und so kam es dann auch.

Nach einem gutbürgerlichen Essen in der Innenstadt und vielen Geschichten aus dem Sauerland und aus Mallorca, ging es dann endlich zur Sache.

„Ersma musse wissen, dass alle Banker blöd sind. Die kucken nur auf ihre Renditte und leben davon Kohle zu verlein. Und die holen wir uns – woll. Also nu ma aufpassen: Wir sagen de Bank ersma nix von den Kaufpreis. Die solln selber ma abeiten und uns anhand vonne Zahlen sagen, wasse für die Budn raus tun. Deine Bonni is knorke und wir kriegen schonn alles, was we brauchen. Garantier ich dir. Ich hap schonn mit einer Bank in Kämnitz gesprochn und die sind ganz heiß drauf die Finanzierung zu machen. Ich happ ma von 1,9 Mio. gesprochn - woll“.

Nachdem Georg Charlotte das Wesentliche übersetzt hatte, sahen sich alle Drei mit großen Augen an und wussten nicht recht was jetzt passiert war. War Schall nicht mehr Herr seiner Sinne oder wollte er die Beiden veralbern oder war er tatsächlich der Finanzierungsspezialist schlechthin? Perplex von seinem Masterplan fragten die Beiden wie er dieses Kunststück denn vollbringen wolle. Der Kaufpreis für die Liegenschaft in Heringswalde liegt bei 1,3 Millionen und mit den Kaufnebenkosten sollten dann 1,5 Mio. schon ausreichen. Vielleicht auch 1,6 Millionen, um ggf. noch anfallende Sanierungen umsetzen zu können.

„Pappe la Papp“, kam es von Schall lauthals zurück. „Ich happ denen gesacht, dass die budn fast 2 Millionen kosten und wir eine Finanzierung von 1,8 brauchen – woll. Das geht schon klaa – lass mich ma machn. Zweihundert große Scheine und die Nebenkosten, happ ich gesacht, löhnen wir selbs. Die machen jetz ihr eigenes Gutachten und sagen uns dann auch noch, was die Dinger tatsächlich wert sind. Musse aber extra bezahlen das Gutachten - woll".

Charlotte und Georg war es etwas schummerig im Bauch nach so einer derben Kost. Aber was sollten sie verlieren? Entweder schafft er es tatsächlich oder es ist wieder einmal viel Luft hinterm Haus - was sie schon allzu oft erlebt und gehört hatten. Oder war es doch eine Abzocke? Sie erwarteten jeden Moment den Hinweis auf die fällige Vorkasse für so ein Vorhaben. Aber es kam nichts dergleichen. Der Abend verlief feucht-fröhlich-lustig und Schall bewährte sich als ein unterhaltsamer Zeitvertreib. Er verabschiedete sich wie gehabt mit „Schüss - und Gruß anne Omma" und trat am nächsten Morgen seinen Heimweg zurück ins Sauerland an.

Die folgenden Tage übte Charlotte ihren neu gefundenen Lieblingsslang - Sauerländisch - und beendete fast jeden Satz mit „woll". Die Beiden erhofften sich nicht ernsthaft eine Finanzierung in besagter Höhe, dennoch empfanden sie Schall recht unterhaltsam, wenn auch mit vielen Rosinen in der Birne, und freuten sich auf die nächsten Ergüsse des Finanzgenies.

Es dauerte nicht sehr lange und Georg bekam, wie jeden Abend, einen Anruf von Schall, diesmal mit einer Terminvorgabe bei der DDB - Deutsche Darlehnsbank - in Chemnitz, bei einem Herrn Rössler, am 04.11.2012 um 14:00 Uhr. Gesprächsgegenstand: Finanzierung der Liegenschaft „Heringswalde" über 1,8 Millionen Euro. Wow.

Der Termin wurde dann auch pünktlich zur besagten Zeit wahrgenommen und Georg traf sich mit Schall und seinem Partner vor der Bank, um letzte Details abzustimmen. Bewaffnet mit einer dicken Kladde gingen sie in die Filiale und wurden von Rössler empfangen. R. war einer der typischen Bank-Jungs die offensichtlich noch Karriere machen wollten. Vom Alter her, hätte er der Sohn eines jeden der Drei sein können und machte einen dementsprechend nervösen Eindruck. Die Drei folgten Rössler in die vierte Etage und wurden in einem Konferenzraum platziert. Nach den üblichen Freundlichkeiten und dem Angebot von Wasser, Kaffee und Keksen, ging es dann zur Sache.

Schall erklärte Rössler nochmals die Situation und outete sich als DER Finanzberater des Konsuls, was der Nervosität Rösslers nicht gerade förderlich war. Schall übergab eine sehr professionell aufbereitete Arbeitsmappe mit allen relevanten Unterlagen (hätte man Schall gar nicht zugetraut) und forderte Rössler auf, seine Präsentation zur Bewerbung um die Finanzierung nun endlich zu machen.

Georg hatte grüne und gelbe Ohren und traute ebendiesen nicht. Schall ging mit einem Selbstvertrauen, schon fast überheblich, in die sofort startende Diskussion und erklärte dem „Jungen" wie das alles zu laufen hatte. Nachdem auch die Zinsen nachverhandelt waren, obwohl diese schon im fertigen Angebot verfasst waren, erklärte er Rössler, dass er sich nun sputen sollte, da andere Angebote schon vorlagen, was natürlich nicht stimmte, er sich aber durchaus vorstellen könne mit der DDB zu arbeiten. Unglaublich!

Das von Rössler bereits fertig erstellte Darlehnsangebot bezog sich auf ein von der DDB angefertigtes, internes Gutachten zum Wert der Liegenschaft. Die Bank hatte dazu einen eigenen Sachverständigen bestellt, welcher jedes einzelne Haus in Heringswalde bewertete. Auf jeweils zwei Seiten wurde jedes der 21 Häuser beurteilt. Im Durchschnitt hatte jedes Objekt einen Wert von rd. 300.000 Euro (+/-). Das Gesamtgutachten wies also einen Volumen von mehr als 6.000.000 Euro aus. In dem gleichen Gutachten wurden ebenfalls die Mängel der Häuser aufgezeigt und ein Sanierungsrückstand von insgesamt rund 550.000 Euro festgestellt, welcher natürlich vom Wert der Liegenschaft abgezogen wurde. Weitere Abzüge wurden aufgrund der bankenüblichen Sicherheitsmargen und einer nicht garantierten Vermietungsquote festgelegt. Summa Summarum aber ein sicheres und werthaltiges Projekt für die Bank. Zumal der Verkaufspreis, wie von Schall vorgegeben, ja nur 1,85 Millionen Euro, inklusive der Sanierungskosten, betrug. Eine Finanzierung über 1,8 Mio. Euro sollte also kein Problem sein. Rössler erklärte, dass er das hier Vereinbarte natürlich noch seinem Chef vorlegen müsse, welcher aber das Projekt schon kennen würde und die endgültige Entscheidung, aufgrund Basel II, dann aus Berlin von der Zentrale kommt. „Aber es wurde noch nie ein Antrag von der

Zentrale abgelehnt, wenn die Befürwortung des Filialleiters vorlag und die Zahlen stimmten", erklärte Rössler stolz. „Binnen einer Woche sollte die schriftliche Zusage spätestens vorliegen", ergänzte Rössler noch hastig.

Man verabschiedete sich und der junge Banker begleitete die Drei noch zum Ausgang im Erdgeschoss.

Georg war einfach nur platt. Schall, ein Polterkopf wie es im Buche steht, hatte es tatsächlich geschafft.

„Na, was happ ich gesacht…", sagte Schall laut und deutlich mit seinem gewohnten Akzent – „die Bänker sind alle blöd". „So Junge – getz fah' ma' schnell nach Hause und erzähl das alles deine Frau - woll". „Schüss – und Gruß anne Omma".

Er ging zu seinem Auto und erklärte beim Einsteigen noch, dass seine Provision direkt von der Bank gezahlt würde und dass es Georg nichts kosten würde. „Mach jut - woll..." – und schon verschwanden sie mit einem fast neuen Audi A6 aus den Augen des nach wie vor fassungslos vor der Bank stehenden Georgs.

Ungläubig über das eben Erfahrene, machte sich Georg wieder auf den Weg zurück nach Dresden. Er hörte nicht die Musik, die aus dem Radio dudelte und war in Gedanken ganz weit weg in Heringswalde, bei Schall, im Sauerland, in Seitz und bei Frau K. Es gingen ihm tausende von Gedanken auf einmal durch den Kopf und er wusste nicht, ob er lachen oder weinen sollte.

In Dresden angekommen, erzählte er natürlich alles haarklein seiner „Frau". Charlotte hatte schon einen Anruf von Unterwegs erwartet, wozu Georg aber nicht in der Lage war, und ging davon aus, dass die Finanzierung fehlgeschlagen war. Nachdem nach seiner Rückkehr alles im Detail erzählt und erklärt wurde, war sie genauso platt und musste sich erst mal sammeln. Sollte es tatsächlich weitergehen – neue Objekte, dass BHKW und die Möglichkeit, jetzt alles konsolidieren zu können? Zu schön, um wahr zu sein.

Die nächsten Tage und Wochen zogen sich für die beiden Dresdener wie Kaugummi. Seltsamerweise blieben die täglichen Anrufe von Schall jetzt völlig aus und sie wähnten sich fast wieder in dem Glauben, dass alles nur Geschwätz gewesen sei. Rössler, Schall und der ganze Zirkus drum herum. Außer Spesen nichts gewesen - woll.

Es dauerte gut drei oder vier Wochen und es kam ein Anruf von der DDB, von Herrn Rössler. Er entschuldigte sich, dass es so lange gedauert hatte und freute sich Georg mitteilen zu dürfen, dass der Finanzierungsantrag über 1.800.000,00 Euro genehmigt und zur Unterschrift bereit sei. Georg fiel fast der Hörer aus der Hand und er war froh, dass er Rössler nicht direkt gegenübersaß.

„Wir brauchen jetzt nur noch den Kaufvertragsentwurf für die Akten und dann können sie zum Notar gehen", erklärte Rössler, hörbar zufrieden mit sich selbst.

Georg hatte sich wieder gefangen und bedankte sich für die prompte Entscheidung und vereinbarte gleich einen Termin in Chemnitz, um den Darlehnsvertrag zu unterschreiben.

Gesagt - getan und ein paar kurze Tage später war alles in Sack und Tüten. Der Darlehnsvertrag über 1,8 Mio. Euro war unterschrieben. 1,35 Millionen Euro wurden für die Liegenschaft in Heringswalde in den jeweiligen Grundbüchern eingetragen und weitere 450.000 Euro an zweiter Stelle im Grundbuch der Liegenschaft in Seitz.

„Das ist nur zur Sicherheit, damit wir auch mit ihrem Objekt in Seitz noch eine kleine Absicherung haben", erklärte Rössler.

Obwohl Georg ohnehin schon für alles persönlich haftete, machte diese Maßnahme aus Sicht der Bank Sinn. Es hätte ja sein können, dass Georg das Objekt in Seitz in eine neu gegründete Gesellschaft einbringt oder gar verkauft. Durch eine Sicherungshypothek, wenn auch an zweiter Stelle, hätte die DDB aber in jedem Fall gefragt werden müssen, ob sie mit einer möglichen Einbringung in eine Firma oder einem Verkauf einverstanden wäre.

Wieder zuhause angekommen, ließen die Beiden das Geschehene nochmal Revue passieren und überlegten, was jetzt zu tun war. Und dann viel es ihnen voller Schreck wie Schuppen von den Augen - die DDB wollte ja noch den Kaufvertragsentwurf für Heringswalde. Und das war ein Problem, denn sie hatten noch keine Baugesellschaft für die notwendigen und im Kaufvertrag festgeschriebenen Sanierungen.

Der Verkaufspreis von Stiegemann, bzw. der SAB - seiner finanzierenden Bank, war lediglich 1,3 Mio. Euro - und genau das musste auch im Kaufvertrag stehen. Was nun? Die DDB würde niemals den Darlehnsvertrag über 1,8 Millionen Euro aufrechterhalten, wenn nicht eine Lösung für das „Problem" der Sanierung gefunden wurde. Nun war wirklich guter Rat teuer. Wie teuer er werden sollte, konnten die Beiden nicht einmal erahnen.

Georg machte sich auf die Suche im Netz nach einer geeigneten Baugesellschaft und fand zu seiner Überraschung alle möglichen Foren und Berichte zum Thema „Objekt- und Sanierungsfinanzierung". Nach kurzer Zeit war klar, dass des Rätsels Lösung nur ein vorgeschalteter Zwischenverkauf über eine Baufirma sein konnte, um den Kaufpreis, inklusive der Sanierungsmaßnahmen, für die DDB darstellen zu können.

Es wurde weiter recherchiert und Georg fand in der Tat einige Dienstleister, welche sich mit diesem Thema auseinandersetzten. Nach mühevollem Durchforsten einiger Webseiten, fand er eine scheinbar passende Baugesellschaft in Bad Kreuznach. Er bat Charlotte gleich dort anzurufen und ihn als ihren Kunden zu avisieren. Nach kurzer Absprache mit Georg, griff sie dann auch gleich zum Hörer und bekam den Chef persönlich an die Strippe - ein gewisser Herr Heller. Charlotte schilderte das Problem ihres „Kunden“ am Telefon und Heller hatte gleich eine passende Lösung parat.

„Alles kein Thema – haben wir schon hundertmal gemacht“, war seine Antwort und bat sie mit ihrem Kunden nach Bad Kreuznach zu kommen, um die Sache persönlich zu besprechen.

Zwei Tage später, am 05.12.2012, saßen die Beiden im Auto und machten sich auf den langen Weg nach Bad Kreuznach, um das Problem zu besprechen.

Pünktlich angekommen, wurden sie freundlich von Heller empfangen und in sein Büro gebeten. Heller war ein von Gestalt kleiner Mann um die Fünfzig. Mit blond gefärbten und gegelten Haaren stellte er Kaffee, Wasser und frische Laugenbretzeln bereit. „Ei dess is so hier in Würtebersch“, sagte er mit schwerem Mainzer Dialekt.

Heller erzählte von seiner Firma, welche er mit seinem Partner Herrn Schaffer betrieb und über einige Projekte, an denen sie arbeiteten. Sehr schnell stellte sich heraus, dass Heller mit dem Thema „Immobilien und Finanzierungen“ sehr vertraut war. Er plauderte freizügig aus dem Nähkästchen und erklärte die Abwicklung von millionenschweren Projekten, welche alle das gleiche Problem hatten: Es wurde mehr finanziert als im Kaufvertrag vorgesehen war.

Die Kreativität, mit welcher Heller seine Projekte im Detail umsetzte, war schon erstaunlich. Aber offensichtlich war es ein alltägliches Phänomen, mit dem er es verstand umzugehen. Heller war mit allen Wassern gewaschen – so viel war klar.

Charlotte erklärte nochmal die konkrete Aufgabenstellung und übergab entsprechende Unterlagen zu Bewertung der ganzen Angelegenheit. Heller prüfte fachmännisch die auf dem Tisch liegende Akte und stellte zufrieden fest: „Des mache mer mit Links“.

Die beiden Dresdener staunten nicht schlecht über die wohl offensichtlich sehr legalen und kreativen Gestaltungsmöglichkeiten in dieser Situation.

Heller erzählte, dass er und Schaffer selbst viele Immobilien mit einer aufgestockten Finanzierung erworben hatten und diese auch selbst bewirtschafteten, also vermieteten. Die Abwicklung gegenüber der finanzierenden Bank war natürlich nur über einen Zwischenverkauf (so wie Georg schon vermutet hatte) zu realisieren und sollte wie folgt abgewickelt werden:

Heller würde eine eigens für den Ankauf des Immobilienpakets gegründete GmbH einsetzen. Die GmbH kauft dann die Liegenschaft von Stiegemann für den mit der SAB verhandelten Preis von 1,3 Millionen Euro und überträgt das dann gerade erworbene Immobilienpaket unverzüglich an den Kunden, also an Georg, für den mit der DDB ausgemachten Preis von 1,85 Millionen Euro weiter. Die Kaufverträge würden von einem ihm bekannten Notar in Wiesbaden erstellt, welcher mit der Materie vertraut ist und die Abwicklung ordentlich durchführen würde.

Eigentlich war das ja alles gar nicht so schwierig. Und wenn man es genau nimmt, stimmt der Kostenfaktor ja auch. Kaufpreis und Nebenkosten, zzgl. der Sanierungsaufwendungen von rund einer halben Million – und schon ist man bei den besagten rund 2 Millionen Euro.

Als Provision für seine Bemühungen sollte Heller 50.000 Euro erhalten, sowie die Gründungskosten für die angedachte GmbH. Als angenehmer Nebeneffekt, sollten die drei im Gesamtpaket enthaltenen, abrissreifen Bruchten in der neuen GmbH verbleiben, damit sie nicht als Ballast zum Nachteil der Dresdener, bzw. für die Finanzierung mit der DDB werden sollten. Es wurde beschlossen, dass Heller die drei maroden Häuser behalten und nach seinem Dafür verwerten könnten. Würde er sie abreißen, gab es noch eine Prämie von Freistaat – sollte er sie behalten wollten, könnte er mit Hilfe von Fördermitteln ein umfangreiches Bauprojekt starten und die Häuser nach einer Komplettsanierung mit hoher Marge verkaufen. Vorausgesetzt, dass die Baufirma nicht Insolvenz anmelden muss.

Je mehr die beiden Dresdener darüber nachdachten, desto überzeugter waren sie von dem Gesamtkonzept. Heller hatte ja eine Baugesellschaft und offensichtlich genügend Immobilienkompetenz, um das Projekt ordentlich abzuwickeln. Die Häuser würden saniert übergeben – und das alles in einem Abwasch zur Zufriedenheit aller Beteiligten.

Heller setzte sich unverzüglich mit seinem Notar in Wiesbaden in Verbindung und hatte zwei Tage später den von der DDB gewünschten Kaufvertragsentwurf vorliegen. Georg setzte sich abermals mit Herrn Rössler von der DDB in Chemnitz zusammen und erklärte, dass die Verkäuferin nunmehr eine Baugesellschaft in Bad Kreuznach ist.

Erstaunt, aber nicht perplex, fragte Rössler nach dem Grund dieser Entwicklung und was mit dem ursprünglichen Verkäufer aus Heringswalde war. Georg erklärte, dass aufgrund des DDB-Gutachtens ein Sanierungsaufwand von rund einer halben Million Euro anstehen würde – dem Rössler gefällig zustimmte. Um gleich von Anfang an ein verantwortlicher Immobilienbesitzer zu sein und um den Werterhalt der Liegenschaft, was ja letztendlich auch im Sinne der Bank sein musste, zu steigern, dozierte Georg in staatsmännischer Weise, hatte man sich entschieden, das Gros der anstehenden Sanierungen unverzüglich zu erledigen. Um weitere Kosten zu senken, so Georg, wurde eine Baugesellschaft in Bad Kreuznach gefunden, welche nicht nur die Baumaßnahmen zu einem Festpreis durchführen, sondern auch die drei unrühmlichen Bruchten als Teil der Bezahlung akzeptieren würde.

Stolz wie Otto über den vereinbarten Deal mit der Baugesellschaft, war auch Rössler inzwischen stark beeindruckt von der kaufmännischen Geschicklichkeit seiner neuen Kundschaft und begrüßte das Vorhaben außerordentlich. Der Kaufvertrag zwischen der H.H. Grundstücksgesellschaft i.G. und Georg aus Dresden wurde zu den Akten genommen und die Herren beglückwünschten sich gegenseitig zu dem so erfolgreich gestalteten Ansinnen. Rössler bekundete noch eine schöne Adventszeit und Georg verabschiedete sich in bester Laune mit einem „…und immer ruhige Hand am Glühweinstand – Herr Rössler“, bevor er sich zufrieden auf den Weg zurück nach Dresden machte.

Überzeugt von der fachlichen Kompetenz der Bank – welche natürlich Heller und sein Vorhaben eingehend prüfen würde – war er beruhigt und ungetrübt der Dinge, die da kommen sollten. Und sie sollten tatsächlich kommen. Wie unberührt war er noch von den fatalen Geschehnissen, die ihn in den kommenden Monaten ereilen sollten.

Aber jetzt war Eile angesagt, denn es weihnachtete sehr und der Vertrag sollte tunlichst noch vor Jahresende unter Dach und Fach sein. Georg traf sich am folgenden Tag mit Koch dem Makler und unterrichtete ihn über den austarierten Handel mit der Baugesellschaft in Bad Kreuznach und der DDB in Chemnitz. Koch war mehr als erstaunt, dass eine seriöse Bank so unbedarft und naiv an dieses Projekt ging und einer Konstellation zustimmte, die in so kurzer Zeit aus dem Boden gestampft worden war. Aber es war ja nicht seine Sache. Wer der Käufer ist und was mit der Liegenschaft anschließend passieren würde, war ihm so ziemlich egal – Hauptsache er bekam seine nicht unerhebliche Provision. Fünf Prozent vom Kaufpreis. Ein tolles Weihnachtsgeschenk.

Aber – er hatte noch eine Kleinigkeit zu besprechen. Er erläuterte sehr eloquent und ausschweifend die missliche Lage des Herrn Stiegemann, der ja aufgrund seiner Insolvenz nun nichts mehr besaß und seine Liegenschaft quasi verschenken musste. Um ihn diesen wehleidigen und schweren Schritt etwas zu versüßen, verdeutlichte Koch, würde er nochmals mit dem Preis nach unten gehen, was er auch schon mit der Sächsischen Aufbaubank unter einem konstruierten Vorwand abgesprochen hätte.

Georg verstand nur „Bahnhof“. Was sollte denn das nun wieder? Es war doch alles besprochen und verhandelt und nun - was? Koch erläuterte sehr diplomatisch, dass der Preis noch einmal um 100.000 Euro gesenkt, Herr Stiegemann allerdings gerne im Gegenzug ein entsprechendes Bakschisch von 50.000 Euro in bar entgegennehmen würde. Georg musste nur grinsen und beobachtete den sichtlich nervösen Herrn Koch, der auf eine entsprechende Reaktion wartete.

„Wissen Sie, was Diplomatie ist?“, fragte Georg sein Gegenüber und merkte wie Koch sich schon im Erklärungsnotstand sah und ihn mit großen Augen betrachtete.

Der schmale drahtige Kerl sah jetzt nicht nur so aus, sondern benahm sich auch wie eine vor der Schlage sitzende Spitzmaus. Schmales Gesicht, spitze Nase, zuckend in seinen Bewegungen und im vollen Bewusstsein gleich gefressen zu werden.

„Diplomatie ist die Fähigkeit, so zu tun, als täte man nicht so", referierte Georg gemäß Boleslaw Barlog, der diesen sinnlichen Spruch mal zum Besten gab.

Koch hüpfe von einem Bein aufs andere und befand, dass die 50.000 Euro ja der Kaufpreis für noch vorhandene Bauzeichnungen sein könnten, die er im Gegenzug aushändigen würde.

Offensichtlich hatte er nichts von Georgs philosophischen Ausführungen verstanden oder registriert. Um ihn zu beruhigen, wähnte sich Georg mit diesem augenscheinlich fairen Handel einverstanden. Sichtlich beglückt und mit einer schnell abflachender Herzfrequenz verabschiedete sich Koch, um Herrn Stiegemann die guten Neuigkeiten zu berichten.

Georg hatte jetzt alle Hände voll zu tun. Mehrmals täglich telefonierte er mit Heller, um auf dem neusten Stand der Entwicklungen zu sein und ihm die Abmachung mit Koch, bzw. Stiegemann zu erläutern. Heller musste ja als eigentlicher Käufer nunmehr die Bauzeichnungen „kaufen" und dafür eine Barschaft von 50.000 Euro bereithalten.

Endlos erscheinende Tage zogen ins Land – aber der Tag der Wahrheit kam. Am selben Tag, nämlich der Tag der Beurkundung des Kaufvertrages, der 21. Dezember 2012, gründete Heller beim gleichen Notar eine neue Firma – die H.H. Grundstücks Gesellschaft mit beschränkter Haftung, für den unmittelbar anstehenden Ankauf der Häuser von Stiegemann. Der Termin war wie vorgesehen bei einem gewissen Notar „Foster" für 10:00 Uhr angesetzt.

Das Notariat befand sich in einer reinen Wohngegend, mitten in Wiesbaden. Eine gelbliche Jugendstilvilla, schätzungsweise aus der Zeit der Jahrhundertwende, war das augenscheinlich imposante Domizil des kreativen Syndikus. Heller traf sich mit Georg eine halbe Stunde vorher in der gegenüberliegenden Bäckerei, um nochmals ein paar Einzelheiten abzustimmen. Sehr geheimnisvoll erzählte Heller über die, na sagen wir mal, sehr ideenreichen Verträge, welche er schon mit Foster ohne jede Mühe in der Vergangenheit abgewickelt hatte. Zwei Kaffee, ein belegtes Brötchen, noch ein paar flapsige Sprüche und ein paar Witzchen und schon war die Stunde der Gewissheit gekommen. Gemeinsam gingen die Beiden pünktlich um Zehn in die etwas vernachlässigte Villa und wurden umgehend von einer freundlichen Angestellten in die dritte Etage geführt.

Das Haus war völlig verräuchert und ein Nichtraucher hätte seine gute Last und Mühe gehabt, den doch sehr strengen Ausdünstungen über längere Zeit Stand zu halten. In der dritten Etage angekommen, fanden sie auch gleich die Ursache der Verpestung. Hinter einem mit Akten überlasteten Schreibtisch saß eine rundliche Dame fortgeschrittenen Alters mit einer „Lucky Strike“ auf dem Zahn und unzählbaren Kippen in einem überfüllten Aschenbecher gleich neben dem Computer. Mit rauchiger, tiefer Stimme bat sie die Beiden um einen Moment Geduld und rollte gleichsam im das Zimmer des Notars, welcher offensichtlich schon wartete. Das Büro des Notars hatte den gleichen Odeur, wie der im gesamten Haus vorherrschende und schnell erkannte man, dass der Jurist großer Freund billiger Zigarren war.

Wie das ganze Haus, so mochte auch die Einrichtung aus der Jahrhundertwende stammen. Schwere bestickte, bis zum Boden reichende Vorhänge, tiefe braune Ohrensessel aus Leder mit der dazu passenden Couch, dunkles Eichenmobiliar aus vergangenen Zeiten, abgewetztes und bei jedem Schritt knarrendes Parkett und eine Beleuchtung, der man ruhigen Gewissens einige Watt mehr hätte zusprechen können, gaben dem Zimmer eine ganz eigene Note – um es diplomatisch auszudrücken. Foster selbst war ein Mann von imposanter Gestalt. Lockere 150 Kg und 1,85 Meter an Statur, gekleidet mit Hemd und Hose, welche ebenfalls aus der Jahrhundertwende hätten stammen können, saß der vollbärtige Jurist hinter seinem großen Schreibtisch und deutete wortlos mit einer Kopfbewegung auf die Couch vor dem Fenster, auf welcher Heller auch sogleich Platz nahm. Georg verzog sich wieder in das notarielle Wartezimmer und setzte sich in einen der zwei Ohrensessel, denn er hatte bei der Vertragsverlesung zwischen Stiegemann, welcher schon ungeduldig vor dem imposanten Schreibtisch des Notars saß und Heller offiziell nichts zu suchen.

Stiegemann, der schon recht zeitig und überpünktlich beim Notar erschienen war, saß neben Heller in dem zweiten Sessel vor Fosters Schreibtisch. Nach den üblichen Begrüßungen durch Foster stellte man sich, ohne aufzustehen, durch ein kurzes Kopfnicken gegenseitig vor, bevor Stiegemann auch schon lautstark verkündete, dass er heute ein paar Immobilien verschenken wollte. Stiegemann, ein seriös und souverän aussehender Mann von relativ großer Erscheinung, gekleidet in einem ordentlichen Anzug, konnte man durchaus als erfahrenen Geschäftsmann erkennen, der neben einer gewissen väterlichen Ausstrahlung dennoch etwas nervös wirkte. Bevor er nun zu seiner Lebensgeschichte ausholen konnte, unterbrach ihn Heller freundlich, aber bestimmt mit:

„Ei dess is jo alles sehr interessant, abber könne we net erstamal zur sach komme“.

Ohne Stiegemann die Chance auf eine Erwiderung zu geben, übernahm Foster nahtlos die Leitung des Gesprächs, indem er sich von den Anwesenden die Ausweise geben ließ. Er rief die im Vorzimmer sitzende rundliche Dame und übergab ihr die Ausweise mit der Bitte um eine Kopie. Während er ihr zur Tür entgegen ging, fiel auf, dass seine altertümliche braune Hose durch Gürtel und Hosenträger gesichert war. Durch seine voluminöse Gestalt saß das entsprechende Kleidungsstück dementsprechend unvorteilhaft, was durch die herausschauenden Hemdzipfel, welche sich über den Gürtel durch die Hosenträger eingeklemmt hatten, nicht unbedingt besser wurde. Mit leichtem Hochwasser schluffte er der Tür entgegen, um entsprechendes zu veranlassen. Zurück am Schreibtisch, befleißigte er sich einer ziemlich dicken Akte, welche wohl den zu unterzeichnenden Kaufvertrag beinhaltete. Und dann begann eine wahrlich zermürbende Prozedur von mehr drei Stunden.

Das Stiegemann Immobilienpaket umfasste 21 Grundbücher mit zusätzlichen vier Einzelgrundbüchern, welche für die vier im Paket enthaltenen Eigentumswohnungen den Besitz dokumentierten. Der Notar musste schon per Gesetz wegen alle und sämtliche Eintragungen in allen Grundbüchern laut vorlesen. Unzählige Eintragungen, Streichungen und Wegerechte waren in fast allen Grundbüchern vorhanden und wurden in einem nicht endenden Verfahren vorgelesen. Die monotone Stimme des Notars berieselte die Anwesenden in einer Weise, was schon fast am

Tatbestand der Folter kratzte. Heller manikürte zwischendurch seine Fingernägel, Stiegemann entschwand zeitweise in das Reich der Träume und Georg saß im Vorraum und konnte seine Augen kaum noch offenhalten.

Niemand der Anwesenden registrierte nach einer halben Stunde ununterbrochener, vorgelesener Auflistungen von Grundbuchnummern und Flurstücken auch nur ein einziges Wort der immer wieder einfließenden Hinweise und Belehrungen. Foster selbst war wie in Trance und wusste mit Sicherheit nicht was er vorlas und spulte das vor ihm liegende Dokument mit der Monotonie eines nervigen Tinnitus ab. Nach sage und schreibe drei Stunden unaufhörlichen Vorlesens „weckte" er die Anwesenden und verlangte nach den nun notwendigen Unterschriften von Käufer und Verkäufer. Heller und Stiegemann standen mit krachenden Knochen auf, um die besagten Unterschrift zu leisten. Stiegemann unterschrieb für die ESTA GmbH als Verkäuferin und Heller für die H.H. Grundstücksgesellschaft mbH i.G. als Käuferin. Indes wurde auch Georg wieder in die Runde der Beteiligten gebeten, da der wichtigste Teil des Vorhabens ja noch ausstand – der offizielle Verkauf der Liegenschaft in Heringswalde von nunmehr der H.H. Grundstücksgesellschaft i.G. an Georg Albrecht.

Genau zu diesem Zeitpunkt fiel Georg erstmalig ein bisher offenbar nebensächlich gehaltener, jedoch für die spätere Entwicklung der Gesamtsituation gravierender, Umstand auf. Heller unterschrieb nicht als Geschäftsführer der H.H. Grundstücksgesellschaft mbH i.G., sondern mit Generalvollmacht für eine gewisse Frau Elke Dannemann, welche offensichtlich als Geschäftsführerin der neuen Gesellschaft eingetragen war. Der Name und die Person Dannemann war Georg gänzlich unbekannt und auch die Regelung, diese Dame als Geschäftsführerin einzusetzen, war neu und bis dahin nie besprochen worden. Georg fühlte sich schon von dieser Tatsache überrumpelt, hatte aber keine Möglichkeit zu intervenieren, wenn er den ganzen Deal nicht hätte platzen lassen wollen. Und im Übrigen war es auch nicht wirklich seine Angelegenheit, wer die H.H. vertreten würde.

Stiegemann verabschiedete sich indessen sichtlich ermüdet und vergewisserte sich nochmals bei Heller über die mit Koch erzielte Einigung über den noch ausstehenden Verkauf und natürlich dessen Bezahlung, weiterer Bauzeichnungen, ohne auf die Details näher einzugehen.

Übrig blieben Heller, Foster und Georg. Als Letzterer gerade Heller auf die Sache „Dannemann" ansprechen wollte, verkündete Foster, dass ja nun das gerade Verlesene nochmal wiederholt werden müsse, da die H.H. GmbH, nunmehr in ihrer Funktion als Eigentümer, die Liegenschaft Heringswalde unmittelbar an Georg weiterverkaufen würde.

Ruhe. Für endlos scheinende Sekunden sagte Niemand auch nur ein einziges Wort. Natürlich hatte der Notar recht. Es gab ja einen zweiten Kaufvertrag zu beurkunden, nämlich, die Übertragung des Immobilienpaketes von der H.H. Grundstücksgesellschaft mbH i.G. an Georg.

Ohne großartige Diskussionen waren sich Heller und Foster schnell einig, dass auch ohne ein weiteres Vorlesen aller Grundbücher der zweite Kaufvertrag unterschrieben werden könnte. Foster erklärte, dass der einzige Unterschied zum gerade verlesenen Kaufvertrag der Wegfall der drei Bruchten in dem jetzt anstehenden Kaufvertrag wäre, weil diese in der H.H. GmbH verbleiben sollten.

Der Notar blätterte lautstark in der vor ihm liegenden Akte und nickte zufrieden, weil er gerade drei Stunden zähen Vorlesens eingespart hatte. Er legte den Beiden jeweils die letzte Seite des zweiten Kaufvertrages vor und versicherte, dass der einzige Unterschied in diesem Vertrag das Fehlen der drei Bruchten sei und ansonsten alles wie zuvor ordentlich aufgelistet wäre. Und da Georg ja schon eine Kopie des Vertrages besaß und diesen auch sicherlich im Wartezimmer schon gelesen hatte, war alles in bester Ordnung.

War es nun naiv, blauäugig, dumm oder einfach nur Unwissenheit? Georg glaubte den Bekräftigungen des Notars, dass der Vertrag nicht nochmals vorgelesen werden musste, was abermals drei Stunden in Anspruch genommen hätte.

„Ein offiziell vom Land bestellter und vereidigter Notar und Rechtsanwalt wird schon wissen was er macht, ohne sich und seine Mandantschaft zu kompromittieren oder gar der Möglichkeit auszusetzen, durch sein Tun die Wirksamkeit der Kaufverträge aufs Spiel zu setzen“, argumentierte Georg mit sich selbst.

An dieser Stelle möchte der Autor eine erste kurze Zäsur über das eben Geschehene festhalten, da es für die weitere Entwicklung dieses Dramas von immenser Bedeutung ist – auch wenn es für die unmittelbar folgenden Monate (noch) keine Auswirkungen haben würde.

1. *Unabhängig davon, dass Heller Georg schon lange vorher hätte erklären müssen, dass nicht er selbst sondern Frau Dannemann Geschäftsführerin der H.H. Grundstücksgesellschaft mbH i.G. ist, hätte der Notar den Beteiligten – Stiegemann und Georg – die in beiden Kaufverträgen niedergeschriebene und im ersten Vertrag verlesene Mitteilung einer vorliegenden Vollmacht, welche Heller zur Unterschrift für die H.H. GmbH berechtigte, die Originalvollmacht vorlegen und den Verträgen als beglaubigte Kopie beifügen müssen. Das ist nicht geschehen.*

2. *Die angebliche Vollmacht von Frau Dannemann an Herrn Heller hätte darüber hinaus notarisiert sein müssen, um überhaupt Wirksamkeit zu erfahren. Da Niemand der Beteiligten (Stiegemann und Georg) die Vollmacht überhaupt gesehen hatte, kann auch diese zwingende Bedingung zur Rechtswirksamkeit einer etwaigen Vollmacht auch nicht als erfüllt gelten.*

3. *Der Notar hätte den zweiten Vertragstext, sprich den Kaufvertrag zwischen der H.H. GmbH und Georg in jedem Fall vorlesen müssen, da dies nicht nur gesetzlich vorgeschrieben ist, sondern der Vertrag auch maßgebliche Änderungen im Vergleich zum ersten Vertrag, sprich den Kaufvertrag zwischen Stiegemann (ESTA) und der H.H. GmbH, aufwies. Der letztere Vertrag war nämlich um die drei abrissreifen Häuser reduziert.*

4. *Der Notar hatte offensichtlich die Abmachung zwischen Heller und Georg, nämlich dass die Liegenschaft in saniertem Zustand gemäß dem DDB-Gutachten übergeben werden soll, in dem Vertrag unterschlagen, d.h. gar nicht erst in den Vertrag aufgenommen. Da aber genau dieser Vertrag gar nicht erst verlesen wurde, fiel auch dieses wichtige Detail in der ganzen Hektik nicht auf. Die resultierende Schlussfolgerung kann damit nur zweierlei sein: a) Er hat grob fahrlässig und nicht nach Vorgabe der beteiligten Parteien den Kaufvertrag ohne die Sanierungsklausel verfasst; oder b) Er wusste schon zu diesem Zeitpunkt, dass Heller niemals die Sanierung durchführen würde. In diesem Fall hätte sich Foster u.a. maßgeblichen Gestaltungsmissbrauch gegenüber der finanzierenden Bank schuldig gemacht. Der Kaufpreisunterschied Stiegemann ./. H.H. GmbH und H.H. GmbH ./. Georg Albrecht war so gewaltig, dass das auch dem dümmsten Notar hätte auffallen müssen. Es sei denn…*

5. *Beide Kaufverträge hätten von den Beteiligten – Stiegemann und Georg – im Nachhinein angefochten werden können, da eine erteilte, nicht notarisierte Generalvollmacht an einen Dritten (Heller) nicht zwangsläufig dazu berechtigt, einen Kaufvertrag über fast 2 Millionen Euro verbindlich zu unterschreiben. Insbesondere dann, wenn der besagte Dritte (Heller) nicht bei der Gesellschaft, sprich der ausgewiesenen Käuferin im ersten Vertrag und als Verkäuferin im zweiten Vertrag, angestellt ist. Und das war Heller nicht. Vielmehr noch, es bestand keinerlei vertragliche Bindung zwischen Heller und der H.H. Grundstücksgesellschaft mbH i.G., welches die Unrechtmäßigkeit einer solchen Vollmacht, sofern sie überhaupt vorlag, unterstützt hätte.*

Notar Foster hat sich also gleich mehrmals und bewusst, rechtlichen Verfehlungen in seiner Funktion als Notar schuldig gemacht. Die unterschriebenen und notarisierten Kaufverträge wären schon allein aus den hier genannten fünf Gründen allesamt ungültig gewesen.

Ende dieser ersten Zäsur.

Foster erklärte Heller und Georg die nun anstehenden Maßnahmen seinerseits, sprich die Schaffung der Auszahlungsvoraussetzung für die

Bank und für den Eigentumsübergang der Liegenschaft, sowie das Prozedere der Abwicklung mit dem Grundbuchamt.

Aufgrund des ersten Kaufvertrages, so Foster, würde der übliche Auflassungsvermerk beim zuständigen Grundbuchamt zugunsten der H.H. Grundstücksgesellschaft mbH i.G. beantragt. Gleichzeitig würde die H.H. GmbH den Auflassungsvermerk jedoch an Georg abtreten, damit dieser als eigentlicher Eigentümer eingetragen würde. Grundlage dazu wäre der zweite Kaufvertrag zwischen H.H. GmbH und Georg. Die finanzierende Bank, sprich die DDB in Chemnitz, würde dann mit allen erforderlichen Dokumenten (Negativattest der Gemeinde, Freigabe durch das Finanzamt, unterschriebene und notarisierte Kaufverträge zwischen H.H. und Georg, Auflassungsvermerk, etc.) zur Auszahlung des Kaufpreises auf das Anderkonto des Notars Foster aufgefordert, da zu dieser Zeit alle Voraussetzungen zum Eigentumsübergang und somit zur Kaufpreiszahlung, vorliegen würden. Nachdem die Auszahlung auf das notarielle Konto erfolgt sei, müsste von Georg eine entsprechende Auszahlungsanweisung an den Notar erfolgen, d.h. die Mitteilung über die Verwendung der Gelder auf dem Anderkonto.

Der Vollständigkeit halber erklärte Foster noch, dass es unter Umständen sein könnte, dass das liebe Finanzamt zweimal die Grunderwerbsteuer einfordert. Einmal für den Verkauf Stiegemann ./. H.H. und ggf. einmal für den Verkauf H.H. ./. Albrecht (Georg) – was er aber auf jeden Fall versuchen würde zu verhindern. Im Übrigen sei es aber unüblich, diese Steuer zweimal zu erheben, da der beantragte Auflassungsvermerk unmittelbar abgetreten wurde und ein Eigentumsübergang auf die H.H. GmbH nicht stattfinden würde.

Auch Heller und Georg verließen nunmehr die Kanzlei in Wiesbaden und machten sich auf die vorweihnachtlich überfüllten, dunklen Straßen auf den Weg zurück in die Heimat. Es war der 21.12.2012, drei Tage vor Weihnachten und alles war in Sack und Tüten. Die Frage war nur – für wen.

Die Fahrt zurück nach Dresden war strapaziös. Das Tageslicht war von der Dunkelheit schon geraume Zeit verdrängt und das Wetter einfach nur regnerisch und schmuddelig. Die Staus in der Innenstadt und auf der Autobahn taten ihr Übriges, um den generell ungeduldigen Fahrer ziemlich auf die Probe zu stellen. Zu allem Übel fuhr Georg jetzt noch in die falsche Richtung, da er in Gedanken versunken blindlinks seinem Navigationsgerät folgte. Nach einigen Kilometern fluchen und wüsten Beschimpfungen über die davon nichts ahnenden Verkehrsteilnehmer, schaltete er sein Navi aus, nur um dann festzustellen, dass sein Straßenkreuzer – ein Chrysler 300C – offensichtlich nur noch mit den restlichen Benzingasen im Tank befüllt, jeden Moment liegen bleiben würde. Das besserte seine Laune nicht unbedingt und ein Jeder hatte nur froh sein können, nicht der Beifahrer in dieser Situation zu sein.

Hinter der nächsten langgezogenen Kurve auf der Autobahn in Richtung Darmstadt – was nach wie vor die falsche Richtung war – sah er schon von weitem die große gelbe Muschel als Logo einer ihm bekannten Mineralölfirma. Es war aber nicht seine bevorzugte Marke und Punkte sammeln war daher auch ausgeschlossen. Für eine Sekunde überlege er ernsthaft, ob er an dieser Tankstelle vorbeifahren sollte, um ggf. doch noch eine „Blaue Tankstelle“ zu finden. Im gleichen Moment prustet er nur so vor Lachen, sodass ihm die Tränen in den Augen standen und musste sich innerlich die Groteske seiner Gedanken eingestehen. Nunmehr bestens gelaunt, rollte er mit seinem Auto auf der Ausfahrspur den ersehnten fossilen Brennstoffen entgegen. Er tankte exakt 69,5 Liter Biodiesel bei einer Tankkapazität von 70 Litern.

„Hätte ich wahrscheinlich noch geschafft bis zur nächsten Blauen“, dacht er und musste sofort wieder loslachen.

Unter dem großen Schleppdach an der Zapfsäule erreichte ihn der durch starken Wind getriebene Regen und sein weißes Hemd war inzwischen grau gepunktet. Schnell bezahlen, ein Mars und ein Päckchen Studentenfutter – und schon war die Welt wieder in Ordnung. Nachdem er noch zähneknirschend 50 Cent fürs Pinkeln bezahlt hatte, war er wieder auf den Weg Richtung Süden – in die falsche Richtung. Aber es konnte ihn jetzt nicht mehr viel aus der Ruhe bringen. Lachen ist wohl doch die beste Medizin – woll. Seiner Sinne und Orientierungsstärke sicher, folgte er der Autobahn noch ein paar Kilometer bis zur Abfahrt Richtung Frankfurt/Dortmund. Die grobe Richtung stimmte – „…und wer braucht schon ein Navi“, sinnierte er zufrieden mit sich selbst.

Die letzten 450 Kilometer spulte er auch noch ab und war kurz vor Mitternacht wieder zu Hause in Dresden. Er erzählte Charlotte in aller Kürze den Ablauf des Tages, trank noch ein Wasser, aß ein Bütterchen und machte sich dann auch schon reisefertig für das Land der Träume.

Der nächste Tag verlief ziemlich hektisch. Heller rief noch zweimal an, um über seine neuen großen Plänen zu berichten, zu denen er Georg unbedingt brauchen würde.

Charlotte und Georg sprachen in der Hektik des Tages zwischen Tür und Angel über alles Mögliche bezüglich Seitz und Heringswalde, Heller und Schall und widmeten sich ansonsten der allgemeinen Hetze der Vorweihnachtszeit. Wie immer, waren auch in diesem Jahr noch keine Geschenke eingekauft und so machten sich die Beiden am späten Nachmittag auf den Weg zum großen Dresdener Weihnachtsmarkt. Anstatt der benötigten Dedikationen, gab es genügend Glühwein und Eierpunsch und überhaupt war ja noch genügend Zeit bis Heiligabend, um für Max und Timmy – ihre beiden Söhne - alles zu besorgen.

Frau K. und der Kalfakter aus Seitz sollten auch nicht leer ausgehen und so plante man die verbleibenden Stunden bis Weihnachten bei Punsch, Bratwürstchen und kalten Nasen im Trubel des Weihnachtsmarktes, ohne auch nur ein einziges Geschenk gekauft zu haben – außer Glühwein natürlich. Über die Feiertage, so entschieden Charlotte, Max und Georg gemeinsam, würden sie dann ins Sauerland fahren, um mit Timmy, welcher noch bei seiner Mutter in Arnsberg lebte, Weihnachten in der Landhausvilla feiern zu können.

Am Heiligen Abend wurden auf dem letzten Drücker noch alle nötigen und unnötigen Darbringungen gekauft und die Drei machten sich auf den Weg ins landschaftlich schöne Sauerland.

Die Festtage gingen schnell vorbei. Charlotte und Max fuhren direkt nach Sylvester zurück nach Dresden und Georg blieb noch ein paar Tage in seiner alten Heimat, zumal Timmy ein paar Tage später Geburtstag hatte. So verging auch die nächste Zeit eher ruhig, bevor man sich im unternehmerischen Tagesgeschäft mit Katzenpisse und anderen weltbewegenden Problemen wieder fand.

Ab der zweiten Januarwoche waren die erholsamen Feiertage schon gefühlte Monate Vergangenheit. Heller rief fast täglich an, um Georg auf dem neusten Stand bezüglich des notariellen Abhandelns zu halten. Offensichtlich war er in regem Kontakt mit Herrn Foster, um die ganze Angelegenheit alsbald abzuwickeln. Sein zweites Begehr waren die noch nicht besprochenen Geschäftsideen, welche Heller unbedingt mit Georg zusammen abwickeln wollte. Neugierig, was er noch alles bewerkstelligen wollte, fuhr Georg also bis Mitte Februar zweimal nach Bad Kreuznach – nicht zuletzt, um Heller bei der Stange zu halten, denn es ging ja um Beträchtliches bezüglich der Liegenschaft in Heringswalde. Und das sollte auch hauptsächlicher Gesprächsgegenstand des ersten Besuchs im Januar sein.

Heller erklärte, dass nach Rücksprache mit Notar Foster, die Auszahlung von der DDB auf das Anderkonto im März bevorstand. Er philosophierte über die drei Abrissreifen Häuser, welche ja in der H.H. Grundstücksgesellschaft mbH i.G. verbleiben sollten und ob er sie abreißen oder sanieren würde und darüber, wie man sie noch richtig zu Geld machen könnte. Georg erinnerte sich jetzt auch wieder an das Thema „Dannemann“, die Geschäftsführerin der H.H. GmbH. Bevor Heller jedoch zu einer Erklärung ausholen konnte, erfreute sie sein Geschäftspartner Herr Schaffer, den er bis dahin noch nicht kennengelernt hatte, mit seiner Anwesenheit. Schaffer war ein groß gewachsener Mann Anfang Sechzig, mit sehr selbstbewusstem Auftreten. Er stellte sich vor, nahm Platz, einen Kaffee und eine der üblichen Laugenbretzeln und erklärte, dass er schon viel von Georg gehört habe und er unbedingt wissen möchte, wie man den Honorarkonsul wird.

„Es gab doch mal einen Konsul Weiher, welcher genau diese Titel für viel Geld verkaufte und…“,

„…und genauso eben nicht“, unterbrach Georg sofort, um gar nicht erst den falschen Zungenschlag in diese Diskussion zu bringen. Er erklärte Schaffer freimütig, dass die Zeiten der Titelkäufe lange vorbei seien und erläuterte ihm, wie man tatsächlich Konsul würde.

Die folgenden Wissbegierden des Herrn Schaffer gingen natürlich darum, was man für Vorteile von diesem Amt hat und wie viel Geld man damit machen kann – denn „Honorarkonsul“ muss ja schließlich auch mit „Honorar“ zu tun haben. Und ihn, erfahren als langjährigen Kommunalpolitiker, würde das natürlich sehr interessieren.

Georg erklärte geduldig, wie der Ablauf bis zur Berufung ablief, welche Institutionen eingebunden werden, wie lange der ganze Prozess dauert, welche Rechte und Pflichten man mit diesem Amt übernimmt und das der Begriff „Honorarkonsul“ nichts mit „Honorar“ zu tun hat, sondern vielmehr von „honorig“ kommt.

Zumindest dem Anschein nach waren Heller und Schaffer ziemlich beeindruckt von dieser ganzen Angelegenheit und wollten wissen, ob sie auch Konsul werden könnten und wo man sich bewerben sollte. Offensichtlich hatten die Beiden wohl doch nicht so gut zugehört, sonst hätten sie diese Frage nicht gestellt. Als der Nachmittag fast vorbei war, verabschiedete sich Schaffer und ließ die beiden neuen Geschäftspartner allein zurück.

Die Person „Schaffer“ hatte jedoch für Georg mehr Fragen aufgeworfen, als bisher anstanden – zumal er auch von diesem seinem Partner noch nichts wusste. Er fragte Heller welche Rolle Schaffer in dieser Konstellation spielte und welche Verflechtungen es zwischen den Beiden gab. Heller erklärte freimütig und ohne offensichtliche Umschweife, dass Schaffer bis vor ein paar kurzen Jahren der größte BMW-Händler der Region gewesen sei. Mit sieben Niederlassungen setzte er Millionen um, bis er durch fehlerhaftes Management alles verlor. „Er war gegenüber seinen Managern einfach zu gutmütig und hatte viel zu viel Vertrauen und keine Kontrolle“, erzählte Heller.

„Irgendwann musste es so kommen, denn die Jungens zogen ihn über den Tisch, ohne dass er es mitbekam. Im Übrigen hatte auch mein Vater lange Jahre mit ihm zu tun und daher kenne ich ihn schon seit Jahrzehnten".

Die Verbindung Heller – Schaffer war damit geklärt. Ergänzend fügte er noch hinzu, dass Schaffer die ganzen Jahre sehr aktiv in der Kommunalpolitik tätig war und zeitweise auch noch ist, und dass er Hinz und Kunz in der Region kennt.

Inzwischen war es schon früher Abend. Georg hatte geplant in Bad Kreuznach zu übernachten und Heller hatte ihm ein Zimmer in einem der städtischen Hotels, natürlich bei einem guten Bekannten, reserviert. Gemeinsam verließen sie das Büro, fuhren zur besagten Unterkunft und verabredeten sich für zwei Stunden später in der Lobby.

Das Hotel war gutes bis gehobenes Mittelmaß. Georg belegte sein Zimmer und warf sich aufs Bett und sinnierte über Heller, Schaffer und die vielen Fragen, welche noch nicht beantwortet waren. Kurz darauf klingelte dann das Telefon und Heller fragte mit witzigem Unterton, ob er keine Lust mehr auf ihre Verabredung oder gar Besuch auf dem Zimmer hatte.

Georg war tatsächlich eingeschlafen und es fühlte sich an, ob lediglich ein paar Minuten vergangen wären. Flugs machte er sich frisch und war kurze Zeit später in der Lobby, wo Heller schon mit einem Bier in der Hand am Tresen stand und mit dem offensichtlich ihm bekannten Kneiper regen Austausch hielt. Als er Georg kommen sah, begrüßten er ihn schon von Ferne mit „Guten Abend Herr Konsul – gut geschlafen?" Und es machte den Eindruck, als wollte er sich mit seinem neuen honorigen Freund gegenüber dem Wirt brüsten. Was für Georg schon genug peinlich war. Georg bestellte sich dann auch ein Pils und schnell war das Thema gewechselt. Da zu dem Bierchen auch ein regionaler Schnaps gehörte, bestellte Heller gleich zwei davon und feierte sich selbst für die gut getroffene Wahl der vorzüglichen Destillate.

An der Theke stehend, erzählte er noch die Geschichte von Schaffer zu Ende. Nach seiner Pleite mit den BMW-Niederlassungen und der

Scheidung von seiner Frau vor ein paar Jahren, suchte Schaffer wohl eher verzweifelt nach einer Beschäftigung, bzw. einer guten Geschäftsidee. Da er Heller lange Jahre kannte und ihn als tüchtigen Geschäftsmann in der Finanz- und Immobilienwelt wähnte, war es naheliegend, mit ihm ein paar lukrative Projekte einzugehen. Für Heller war es ein großer Vorteil, dass Schaffer sehr viele persönliche und politische Kontakte in der Region hatte, was ihnen sicherlich auch weiterhelfen würde. Gemeinsam kauften die Beiden über die Jahre einen großen Bestand an Immobilien, sanierten diese und verkauften sie mit großem Gewinn weiter, bzw. bewirtschafteten sie selbst als Vermieter. Des Weiteren wurde noch eine Baugesellschaft gegründet, welche ja letztendlich auch die Sanierungsarbeiten im Heringswalde übernehmen sollte und mit Schaffers politischen Kontakten konnten darüber hinaus neue Baugebiete in kurzer Zeit erschlossen werden.

Es wurde sehr viel Geld verdient und mit Hellers Kreativität wurden so gut wie keine Steuern bezahlt. Im Übrigen hatte sich Schaffer am Stadtrand ein Gutsherrenhaus zugelegt und vor ein paar kurzen Jahren eine wesentlich jüngere Russin geheiratet, mit welcher er noch zwei Kinder in die Welt gesetzt hatte. Beides, das Gutsherrenhaus und die besagte Dame, würden ihn unendlich viel Bares kosten, so dass er zum Geldverdienen verdammt war. Aber mit seiner Hilfe würde das schon alles funktionieren, denn es standen ja noch einige potenziell lukrative Projekte zur Umsetzung an. So die Geschichte von Heller.

Es waren fast zwei Stunden, sechs Bier und nicht weniger Schnäpschen vergangen und Heller trieb nun an sich auf den Weg zu seinem Lieblingsitaliener zu machen. Draußen stand ein silberner MB 350SL, den er stolz präsentierte und Georg zum Einsteigen drängte. Ein Taxi kam nicht in Frage, denn er hatte ja bisher so gut wie nichts getrunken. Da es Georg nicht anders ging, fuhren die Beiden dann zum besagten Ristorante. Unterwegs wurden die Vorzüge der Edelkarosse gepriesen und natürlich fehlte jetzt nur noch das berühmte „CC“ eines Konsulats an dem Fahrzeug.

Bei Giovanni angekommen, ging es auch gleich weiter mit zwei Begrüßungsgrappa und ein paar Höflichkeiten und schon saßen die Zwei am reservierten Tisch bei Kerzenschein und diversen anderen Getränken. Offensichtlich konnte Heller einiges vertragen und auch Georg bewies entsprechendes Durchhaltevermögen. Giovanni brachte kurze Zeit später einen Teller Antipasta, Grappa und für jeden noch ein Bierchen und setzte sich mit an den Tisch. Nach einer Weile hätte man den Eindruck haben können, als kannten sich die Drei schon jahrelang. Was zumindest für Heller und den Italiener zutraf. Ohne etwas bestellt zu haben, kam nach fast einer Stunde das Essen, was zu dieser Zeit auch bitter nötig war, denn die geistigen Getränke hatten den Beiden schon gut zugesetzt. An eine Fortsetzung der Unterhaltung über Schaffer und Hellers geschäftliche Pläne war an dem Abend nicht mehr zu denken und Heller outete sich als ein echter Chauvinist und erzählte einen Blondinenwitz nach dem anderen.

Der Abend setzte sich in gleicher Manier fort, wie er begonnen hatte. Die Lokalität wurde noch einmal gewechselt und die Beiden endeten in einer Art Kneip-o-Thek, in welcher ein ausgesprochen gutes Gin-Tonic serviert werden sollte. Man braucht sicher nicht unbedingt zu erwähnen, dass auch hier Heller bestens bekannt war. Diverse Gäste klopften ihm im Vorbeigehen auf die Schulter und bemühten sich, mehr oder weniger erfolgreich, um einen kurzen Augenblick des Small-Talks, bevor sie wieder im Dunkel des Etablissements entschwanden. Hellers Witze über die Damenwelt wurden immer heftiger und obwohl Georg einige davon gar nicht so schlecht fand, gingen sie ihm langsam auf die Nerven. Um das Thema nicht völlig zu wechseln, erkundigte er sich, ob Heller verheiratet sei und Kinder hätte. Auch jetzt antwortete Heller, sofern das überhaupt noch mit geordneten Gedanken möglich war, frei heraus und blieb keine Antwort schuldig. Ja, er war mal verheiratet aber schon längst geschieden und lebte jetzt mit seiner 16-jährigen Tochter und besagter Frau Dannemann zusammen. Und da waren sie wieder beim Thema. Es stellte sich heraus, dass Dannemann lediglich die Marionette von Heller war und bei all seinen geschäftlichen Aktivitäten als Strohfrau vorgeschickt wurde. Das war ihre einzige Aufgabe. Ansonsten war sie nur zum vögeln da, um auf das Haus aufzupassen und um Hellers Tochter zu umsorgen – was sie auch gerne machte. Fragen hatte sie keine zu stellen, was sie wegen mangelndem Interesse eh nicht tat, und sie war genau der Typ von Frau, wie ihn sich Heller immer gewünscht hatte.

Offensichtlich war diese Einstellung aber auch keine Einbahnstraße. Dannemann wusste schon was sie wollte und war sich ihrer Stellung und ihrem Lebensstil sehr berechnend bewusst. Außerdem hätte niemand ruhigen Gewissens behaupten können, dass Heller ein attraktiver Man war, was ja nicht weiter verwerflich ist, aber mit Sicherheit auch kein Mann, der sich aufopfernd um seine Beziehung kümmerte. Er musste also schon für diese Zweckgemeinschaft tief in die Tasche greifen. Die Dame war nicht nur ein teures Hobby, sie hatte auch eins. Dannemann war und ist eine begnadete Reiterin und hatte nachweislich schon viele Turniere auf höherem Niveau gewonnen. Sie verbrachte jeden Tag mehrere Stunden im Reitstall und war auch stolze Besitzerin von mindestens zwei Pferden. Und wie man weiß, ist das nicht billig zu haben. Sie musste also nur unterschreiben, vögeln und reiten. Auch nicht schlecht.

Georg war schon etwas überrascht über die Offenheit bezüglich Hellers Beziehung. Er versuchte nichts zu beschönigen oder in besserem Licht erscheinen zu lassen, geradezu gegenteilig, er plauderte munter aus dem intimen Nähkästchen.

„Isch bums mei Alde eh nur am morsche, da ich abends entwädder zu müd oder zu besoffe bin – und Ruck-Zuck bin isch damit färtisch. Und do fährt se voll droff ab – wie ei Raket saach ich dir…“, erklärte er sehr überzeugt von sich selbst.

Nicht dass es für Georg von maßgeblichem Interesse gewesen wäre über Hellers Interna im Hinblick auf seine Beziehung diese Details zu erfahren, so war es dennoch recht spannend, die Person Heller kennenzulernen. Bekanntlich macht ja auch der Genuss von mehreren Alkoholika die Zunge locker und man erfährt sehr viel über den wahren Charakter eines Menschen.

Inzwischen schon beim „Du“ angekommen, musste Georg zugeben, dass Heller schon eine Art Paradiesvogel war, bei dem Vorsicht hinsichtlich jedweder geschäftlichen und privaten Beziehung geboten war. Dennoch war er ihm alles andere als unsympathisch. Auffällig war nur, dass er Georg nicht eine persönliche Gegenfrage stellte. Was ihm gar nicht unrecht war, denn er hätte eh nichts ausgeplaudert.

Der Abend verlief mit gleichem Muster weiter und Georg suchte bald nach einer entsprechenden Ausrede, um sich zu verabschieden. Heller mochte das wohl gemerkt haben und erklärte:

„Ei du musst hier net hocke bleibe, wenn dir die sach so langsam zu viel werd. Ich geh auch gleich heim - muss morsche noch einiges mache un mit a paar Leut schwätze".

Nicht böse um diesen Hinweis, bestellte sich Georg über die Bedienung ein Taxi und ward auch kurze Zeit später verschwunden. Am Hotel angekommen dämmerte ihm, als er den Taxifahrer bezahlte, dass er nicht eine einzige Rechnung übernommen hatte. Nicht an der Hotelbar, nicht beim Italiener und auch nicht in der Kneip-o-Thek. Mit leichten Schuldgefühlen für seine Anstandslosigkeit fand er seinen Weg ins Zimmer, zog sich aus, bestellte telefonisch noch einen Weckanruf für 08:30 Uhr und verschwand unter der großen Steppdecke.

Der Morgen kam schnell - zu schnell. Mit einem riesigen Brummschädel und einem Geschmack im Hals wie eine Kuh im... ach, lassen wir das besser - wurde er von einer freundlichen Stimme am Telefon auf die gewünschte Zeit hingewiesen.

„Mann-o-Mann - nie wieder esse ich Antipasta. Da kriegt man ja eine unheimliche Rübe von...", grinste Georg wohl wissend um den wahren Grund seines Zustandes.

Egal. Drei Aspirin, eine kalte Dusche und ein gutes Frühstück würden es schon richten. Klirre kalt ließ er sich in der geräumigen Duschkabine berieseln und überlegte, ob er sich mit Heller für eine gewisse Zeit verabredet hatte. Er kam aber nicht sehr weit mit seinen Gedanken und verharrte bewegungslos und rot wie ein Krebs unter dem kalten Wasser. Erst als es so langsam anfing zu schmerzen merkte er, dass er wohl geraume Zeit unter dem kalten Nass gestanden hatte. Seine Gliedmaßen waren steif vor Kälte, sein Gehirn nicht spürbar und sein Schniedelwutz war offensichtlich nach innen gewachsen. Wie in Zeitlupe drehte er an dem roten Rädchen, um die Wassertemperatur aufzuheizen. Es fühlte sich an, als prasselten Nadelstiche auf seine Haut, obwohl das Wasser nur lauwarm wurde. Als er sich wieder einigermaßen bewegen konnte, nahm er das kleine Tütchen des hauseigenen Duschgels, verteilte es halbherzig über seinen immer noch krebsroten Körper und merkte, wie das Leben langsam in seinen Körper und sein Gehirn zurückkam. Fix noch Zähneputzen, föhnen und anziehen und schon würde die Welt nur auf ihn warten.

Nach einem opulenten Frühstück vom Buffet, gönnte er sich vor der Tür des Hotels die erste Zigarette und stellte fest, dass sich sein Geschmack im Mund noch nicht wesentlich gebessert hatte. Im gleichen Moment rumpelte und pumpelte es in seinem Magen und es wurde ihm schlagartig bewusst, dass es nicht nur für ihn, sondern bestimmt auch zum Wohle aller Gäste in der Lobby sein würde, wenn er sich jetzt sehr sehr schnell noch einmal in sein Badezimmer begeben würde.

Eilenden Schrittes und mit zusammen gekniffenen Arschbacken rannte er wie besessen auf die Elevatoren zu, dessen Türen sich glücklicherweise just in diesem Moment öffneten, um die mit viel Gepäck beladene Seniorengruppe zu entlassen. Es vergingen gefühlte Stunden bis sich die Aufzugtüren endlich vor ihm schlossen, um ihn in die dritte Etage zu befördern. Natürlich nicht ohne in der zweite Etage nochmal anzuhalten. In seinem Bauch brodelte es und es fühlte sich an wie eine geschüttelte Flasche Mineralwasser, die jeden Moment zu explodieren drohte. Mit Krämpfen im ganzen Bauchraum erreichte er gebückt sein Zimmer. Mit zittrigen Händen zog er die Plastikkarte durch den dafür vorgesehenen Schlitz und angekündigt durch ein leises, kaum vernehmbares Klicken sprang das kleine Licht am Schloss von Rot auf Grün und die Tür auf. Wie ein Berserker stürmte er, die Hose schon um die Knöchel gewunden, in das direkt links vom Eingang liegende Bad und schaffte es in buchstäblich allerletzter Sekunde sich aus dem Sprint heraus mit einer gekonnten Drehung auf den Klodeckel fallen zu lassen – welcher jedoch zu allem Unglück nicht hochgeklappt war. Fluchend und mit nie dagewesenen Blähungen sprang er wieder auf, riss den oberen Deckel in die Höhe und ließ sich wieder fallen. Keine Sekunde zu früh. Schon im Anflug mit seinem Hinterteil auf die Brille ging es los. Es gab kein halten und kein walten mehr. Mit einem Getöse, wie es die Welt in dieser Situation nicht gekannt hatte, entlud sich sein Magen schlagartig und er war fest davon überzeugt, die Schüssel gesprengt zu haben. Aber das war ihm jetzt auch egal. Erst flapsig, dann fest, dann flüssig - er erlebte einen so bunten Strauß an unterschiedlichen Konsistenten seines Abgangs, den er niemals für möglich gehalten hätte. Hätte er eine Kamera zur Hand gehabt, hätte er mit Sicherheit ein preiswürdiges Foto des Erwähnten gemacht - wenn nicht gar den Deutschen Fotobuchpreis gewonnen - die renommierteste Auszeichnung der Fotographie im deutschsprachigen Raum, dachte er versonnen und von sich selbst überzeugt. Erschöpft wie nach einem Marathon, saß er dankbar und zu Tränen gerührt auf der Schüssel und freute sich seines Lebens. Einzig ein sehr penetranter, säuerlicher Geruch störte ihn.

Noch nie hatte er sich körperlich so wohl und so leicht gefühlt. Er hätte fliegen können. Er öffnete die Balkontür und eines der großen Flügelfenster und ein kalter, angenehmer Wind durchflutete das ganze Zimmer. Zufrieden und sichtlich stolz auf seine Leistung packte er seine Siebensachen, schulterte seine fast neue Aktentasche und machte sich auf den Weg in die Lobby, um seine Rechnung zu begleichen. Der freundliche Matre hinter der Rezeption erkundigte sich nach seinem werten Befinden, was Georg eindeutig als „phantastisch" deklarieren konnte, und erklärte ihm, dass die Rechnung, inklusive der Getränke des Vorabends, bereits beglichen war. „Heller", dachte er sich, bedankte sich abermals und verließ mit etwas weichen Knien das Hotel in Richtung Parkplatz.

Ein paar Minuten später stand er dann auch schon fluchtend in einer sehr beengten Parkbucht in der Nähe der Fußgängerzone, wo Heller sein Büro hatte. Es musste so gegen 10:30 Uhr gewesen sein als er klingelte und ihm von einer künstlich lächelnden 60-erin geöffnet wurde. Heller selbst war offensichtlich auch noch keine 10 Minuten im Büro und begrüßte ihn mit einem kratzigen: „Morsche Georg, hock di här und sprich halt bitte net so laut, gelle".

Heller sah aus, als hätte er im Gepäcknetz eines Eisenbahnabteils geschlafen. Anzug, Hemd und Gesicht gleichermaßen zerknittert, sah man ihm sein Unbehagen förmlich an. Die Dame aus dem Vorzimmer brachte eine große Kanne Kaffee und die obligatorischen Laugenbretzeln und die Zwei saßen wie belämmert am Konferenztisch und rangen nach dem Sinn des Lebens und nach geordneten Gedanken, um ggf. ein Gespräch eröffnen zu können.

„Ei, den letzte Abend vergessen we mol ganz einfach, gelle. I hob kei Ahnung wie i heim komme bin und wo mei audo steht“, begann Heller sichtlich angeschlagen.

Georg war gar nicht böse darüber, dass offenbar kein geistig anspruchsvolles Gespräch zustande kommen würde und erkundigte sich lediglich nach den verursachten Ausgaben des Vorabends und der Hotelrechnung.

„Schon erledigt. Und wenn ich demnächst nach Dresden komme, bist Du dran“, sagte Heller in fast einwandfreiem Hochdeutsch.

„Muss wohl ein Sprachfehler aufgrund des Alkoholpegels sein“, dachte sich Georg.

Das Telefon klingelte zwischenzeitlich ein paar Mal und jedes Mal vertröstete er den unsichtbaren Gesprächspartner auf später, da er gerade in einer sehr wichtigen Besprechung war.

Georg nahm jetzt innerlich geistigen Anlauf und kam auf das Thema „Foster“ und „Vertragsabwicklung“ zu sprechen. Heller erklärte ihm, dass die Einholung aller erforderlichen Unterlagen gute vier Wochen dauern könnte, da es sich ja um eine nicht geringe Anzahl von Attesten und Grundbüchern handelte, welche Foster anfordern und einsehen müsse. Des Weiteren müsse er, Heller, noch eine Auszahlungsanweisung für den Notar erstellen, damit dieser die zur Verfügung stehenden Mittel entsprechend verteilen könnte. Georg sollte daher im Gegenzug in den nächsten Tagen ebenfalls eine entsprechende Auszahlungsanweisung an Heller schicken, damit er wisse, wie die Mittel eingeplant sind. Kurz zählten die Beiden mit Hilfe ihrer Finger die einzelnen Positionen ab und waren sich über das weitere Prozedere schnell einig. Die geplante Besprechung hinsichtlich der schon angekündigten und sehr wichtigen Projekte, wozu er Georg dringend brauchte, wurde auf einen Termin Mitte Februar verschoben. Mit immer noch flauem Magen verabschiedete sich Georg und verließ das Büro so gegen Mittag.

Mitten in der Fußgängerzone stehend, drehte er sich für einen Moment in den Wind und empfand die kalte Gesichtsmassage durch die Luftströmung um seinen Kopf als äußerst wohltuend. Die Menschen, die rechts und links in beide Richtungen an ihm vorbei gingen, registrierte er kaum und er konzentrierte sich jetzt lediglich auf das richtige Zusammenspiel seiner inneren Funktionen, welche ihr Equilibrium wohl noch nicht ganz gefunden hatten. Aus dem rechten Augenwinkel erkannte er dann ein großes, rotes **‚A'** und identifizierte dieses als Lösung aller seiner Probleme. Gerüstet mit Malloxan gegen Sodbrennen, Aspirin gegen Kopfweh, Fisherman's Friend gegen den grässlichen Geschmack in seinem Mund und einem Gratispröbchen einer völlig neuen Handlotion, machte er sich auf den Weg zu seinem Auto. Der vor genau 8 Minuten abgelaufene 3-Euro-Parkschein wurde noch mit einem 15-Euro Knöllchen ergänzt und Georg war sich sicher, dass diese Straßenräuber noch in der Nähe sein mussten und sich hinter parkenden Autos versteckten, um dem nächsten Opfer in der gleichen Sekunde aufzulauern, wo dessen Parkschein abgelaufen war. „Jede Politesse, braucht was auf die ....", ohne den Gedanken weiter zu spinnen, machte er sich jetzt auf den Weg zurück nach Dresden.

Er so schlapp und müde, als hätte er den Tag im Steinbruch gearbeitet. Nicht einmal das auf langen und kurzen Autofahrten übliche fluchen und schimpfen über andere Verkehrsteilnehmer war sehr ausgeprägt gewesen – obwohl es genügend Anlass gegeben hätte. Aber den gab es für Georg ohnehin immer.

Zuhause angekommen, erkannte Charlotte sofort den Zustand ihres Liebsten und fragte dann auch gleich sehr sarkastisch und scheinheilig:

„Haste Lust nochmal loszugehen – auf ein Bierchen oder zwei"?

Allein der Gedanke daran veranlasste seinen Magen sich sofort zu melden.

„Na klar, wollte ich auch gerade vorschlagen", war seine spontane Antwort.

Aber ein Blick in sein bleiches Gesicht verriet die Ernsthaftigkeit seiner Erwiderung. Er stellte seine fast neue Aktentasche an ihren angestammten Platz im Flur, entledigte sich seiner Krawatte und dem Anzug und ließ sich bekleidet mit nicht unbedingt salonfähigen Schlumperklamotten in seinen Sessel fallen. Charlotte bat er eine der immer vorrätigen Fidschi-Suppen zu bereiten, um seinen Salzhaushalt zu sanieren, was ihm erhebliche Linderung seiner angeschlagenen Befindlichkeit in Aussicht stellte. Gerne kam sie seinem Petitum nach und brühte sich gleichfalls eine dieser schmackhaft salzigen aber nicht unbedingt anspruchsvollen Gaumenkitzel aus den kleinen eckigen Zellophantütchen mit zweifelhaften asiatischen Inhaltsstoffen. Gemeinsam schlürften sie vorsichtig die heiße Köstlichkeit und Charlotte erfuhr in allen Regenbogenfarben den Verlauf der vergangenen 36 Stunden.

Die nächsten kurzen Wochen verliefen ohne nennenswerte Besonderheiten. Frau K. demonstrierte nach wie vor ihre Kompetenzen und Tugenden in der Behandlung von verwaltungstechnischen Herausforderungen, der Napoleon der Seitzer Wohnanlage ließ sich bedingungslos von seinen Untertanen, den Mietern, hofieren und durch kleinere Beigaben seine Wohlgefälligkeiten belohnen, Charlotte behob als Briefkastentante alle großen und kleinen Probleme im Leben der Geschundenen und Georg befasste sich mit den neuen, an ihn herangetragenen Projekten jeglicher Couleur, Heller und seinem Konsulat.

Ende Februar waren dann auch die Voraussetzungen für die Auszahlung der Kreditsumme für Heringswalde erfüllt. Foster informierte die DDB, Heller und Georg und instruierte alle Beteiligten über die weitere Vorgehensweise. Charlotte, als Vertreterin der beauftragten Hausverwaltung, hatte bereits eine entsprechende Auszahlungsanweisung an Heller, bzw. die H.H. Grundstücksgesellschaft mbH i.G. erlassen und glaubte sich guter Dinge, was die Abwicklung der ganzen Angelegenheit betraf.

Im regen Austausch mit Heller und seinen Vasallen wurde nämlich verabredet, dass der an die H.H. GmbH erteilte Auftrag zur Sanierung der Häuser in Heringswalde nicht wie vereinbart umgesetzt werden konnte. Das Hauptproblem für die Umsetzung des Vorhabens war die Entfernung zwischen Bad Kreuznach und Heringswalde. Ein Bautrupp aus dem fernen Westen hätte einen wesentlich höheren logistischen und damit auch geldlichen Aufwand verursacht als veranschlagt. Des Weiteren war Charlotte in der Lage, die geplanten Bauleistungen wesentlich günstiger regional zu beauftragen und zu überwachen, da hiesige Löhne maßgeblich zeitgemäßer waren als in dem entfernten Bad Kreuznach. Auch Georg war mit diesem Vorschlag sehr einverstanden gewesen, da sämtliche Bauvorhaben besser geplant und kontrolliert werden konnten.

Foster bestätigte gegenüber der DDB, dass alle Bedingungen zum Eigentumsübergang erfüllt seien und auch das Geld für die anstehenden Nebenkosten zur Verfügung stehen würden. Und so war es auch. Heller versicherte Charlotte und auch Georg, eine entsprechende Auszahlungsanweisung an Foster veranlasst zu haben, was dieser wiederum auch bestätigte.

Die Auszahlungsanweisung an Heller, bzw. an den Notar sah jetzt, so glaubten Charlotte und Georg, wie folgt aus: Kaufpreiszahlung an die SAB, Grunderwerbsteuer, Notargebühren, Maklerprovision, Provision Heller, Gründungskosten für die neue GmbH inklusive Stammkapital – 1,35 Millionen Euro, zuzüglicher Rücklagen für mögliche Doppelzahlung der Grunderwerbsteuer, Sanierungskosten gem. Baugutachten der Bank – 550.000 Euro und Schwarzgeld für Stiegemann für angebliche Bauzeichnungen 50.000 Euro. Gesamt: 2 Millionen Euro. Auszahlung der Darlehnssumme nach Bestellung der Grundschuld durch die DDB: 1,8 Millionen Euro.

Nach Erledigung aller Formalitäten, zahlte die DDB dann im März 2013 die Darlehnssumme auf das notarielle Konto in Wiesbaden. Der Nutzen-Lastenübergang war für den 01. April 2013 vorgesehen. Dieses Datum war eine bizarre Ironie des Schicksals, wie sich später noch herausstellen sollte.

Die Kommunikation zwischen Georg und Heller lief seit Anfang März auf Hochtouren. Für die anstehenden Sanierungen in Heringswalde überwies Notar Foster gemäß Vorgabe der H.H. Grundstücksgesellschaft i.G. eine Abschlagssumme von 300.000 Euro auf das Konto der PIB-Projektgesellschaft – Charlottes Firma – welche von Heller offiziell für die anstehenden Sanierungen beauftragt wurde. Die verbleibende Restsumme wurde ohne Wissen der beiden Dresdener still und heimlich auf das Konto der H.H. GmbH i.G. überwiesen. Weder Foster noch Heller machten Charlotte und Georg Mitteilung über diese Auszahlung. Im guten Glauben, dass zumindest die erforderliche Summe zur Zahlung der Grunderwerbsteuer – wie in ihrer Auszahlungsanweisung festgeschrieben – noch auf dem Konto des Notars bereitstand, wähnten sie alles in bester Ordnung. Wie sollten sie sich getäuscht haben...

Der vermeintliche Eigentums- und Nutzenübergang fand wie vorgesehen am 01.04.2013 statt. Wohl wissend, dass die Aufforderung zur Zahlung der Grunderwerbsteuer und damit die namentliche Eintragung ins Grundbuch als neuer Eigentümer gut und gerne acht Wochen und länger dauern kann, beauftragte Georg nichtsdestotrotz verabredungsgemäß die PIB-Projektgesellschaft im April mit der Sanierung der Liegenschaft in Heringswalde. Unterschiedliche Gewerke wurden an regionale Handwerksfirmen vergeben und für die nicht ganz so anspruchsvollen Sanierungsarbeiten wurde der eigene Bautrupp aus Seitz in Marsch in gesetzt.

Charlotte hatte mit der verwaltungstechnischen Umstellung und entsprechender Informationspflicht an die Mieter alle Hände voll zu tun. Mit den üblichen Stolpersteinen und Verzögerungen einer solchen Maßnahme verlief der Übergang nervig und stressig, aber letztendlich wie geplant.

An Urlaub war, wenn auch mehr als verdient, aber lange noch nicht zu denken, denn es gab noch eine andere große Baustelle. Seitz und die bevorstehende Einstellung der Fernwärmelieferung.

* * *

Gemäß dem umfangreichen Gutachten des schon im Januar beauftragten Energieberaters, musste jetzt sofort gehandelt werden, wenn eine Ersatzheizquelle bis Ende April installiert sein sollte. Immerhin ging es hier um über 7.000 qm und rd. 100 Familien, die Heizung und warmes Wasser benötigten.

Schon nach Vorlage des Gutachtens im Januar, wurde ein Bekannter von Georg, ein gewisser Herr Schneider aus dem Sauerland, welcher die Heizanlage in der Landhausvilla installiert und betreut hatte, beauftragt, ein entsprechendes Blockheizkraftwerk (BHKW) zu konzipieren und zu installieren – für die schon erwähnten 160.000 Euro. Wirtschaftlich war diese Investition durchaus sinnvoll. Die gesamten Heizkosten der Mieter würden jetzt nicht mehr an die Gemeinde zu zahlen sein, sondern an unsere beiden Dresdener. Und da die Produktion von Wärme mit einem BHKW wesentlich günstiger ist, hätten nicht nur die Mieter, sondern auch die Vermieter einen messbaren geldlichen Vorteil. Darüber hinaus sollte das BHKW ja auch noch Strom produzieren, welches aufgrund der gültigen Einspeisegesetze auf einen monatlichen Ertrag von 4.000 Euro schließen ließ.

Schneider, ein Ingenieur der Heiz- und Regeltechnik, hatte angeblicherweise schon einige solcher Anlagen gebaut. Aufgrund der durchweg guten Erfahrungen mit Schneider, wurde ein entsprechender Auftrag erteilt und eine Anzahlung von 50% geleistet. Das war im Februar 2013. Man kann sich vorstellen, dass die beiden Dresdener nun alle Hände voll zu tun hatten – hauptsächlich Charlotte. Hunderte von Rückfragen und Telefonate zu fast jeder Tages- und Nachtzeit waren die Regel. Begleitet von vielen Vororttermінen mit Schneider und seiner Crew in Seitz, nahm das Vorhaben langsam aber sicher Gestalt an. „Zeit“ war jedoch inzwischen ein Luxus, den keiner der Beteiligten mehr hatte. Besonders Charlotte musste sich fast zweiteilen, um diesen Hochseilakt zwischen Seitz und Heringswalde zu vollbringen. „Man würde Motetten auf sie singen und Gedichte über sie schreiben", argwöhnte Georg oftmals im stillen Kämmerlein, als er die beeindruckenden und fast schon täglichen Kraftakte Charlottes bewundernd anerkannte.

„Multi-Tasking" ist wohl die neudeutsche Bezeichnung für diese Fähigkeit", sinnierte er und wollte sich einreden, dass er selbst kaum Spazierengehen und Kaugummikauen zur gleichen Zeit koordinieren konnte. Und Charlotte – gewieft wie ein Jongleur auf dem Jahrmarkt, lavierte doch alle Erfordernisse mit geschickter Hand ohne „mullen und knullen", wie die Chinesen sagen, und Georg lobpreiste seine Liebste mit ehrlicher Hochachtung. Er liebte sie jeden Tag etwas mehr.

* * *

Georg war in diesen Wochen mehrmals in Bad Kreuznach bei Heller aus nicht minder wichtigen Anlässen gewesen. Hauptgrund waren die nunmehr gemeinsam, aber von Heller initiierten Projekte, die stetig Format annahmen. Das Hauptprojekt und gleichzeitig spannendste Vorhaben war ohne Frage, das unter dem Arbeitstitel „dib.24" laufende Projekt, mit dessen Realisierung Heller seine Meisterarbeit im Fach „unternehmerische Kreativität" abliefern wollte. Er begehrte sich ein Denkmal zu setzen und nach eigenem Dafür als „Titan unternehmerischer Leistungen" gefeiert in die Annalen einzugehen. Was auch der Fall werden sollte – zumindest aus Sicht der Finanzämter.

„dib.24" – eigentlich ein geniales Projekt. Das Logo, bewusst in tintenblau gehalten, sollte an das Markenzeichen der einstigen „Bank24", eine ehemalige Tochtergesellschaft der Deutschen Bank, erinnern. Das Kürzel „dib.24" stand für „Deutsche Immobiliendaten-Bank", ein Internet gestütztes Unternehmen, welches Rund-um-die-Uhr geöffnet haben sollte.

Der erste kreative Ansatz bestand schon in der angedachten Vermarktung des Logos. Der unbedachte Kunde sollte primär das Logo als „Deutsche Immobilien Bank24" wahrnehmen, wobei der Wortteil „daten" zwar nicht unterschlagen, jedoch in seiner Deutlichkeit bewusst unterdrückt werden sollte. Wie etwa „Deutsche-Immobilien(daten)-Bank24“. Der Begriff „Bank“ im Namenszug sollte darüber hinaus Vertrauen und Sicherheit suggerieren, wobei jedoch der voll ausgeschriebene Name des Unternehmens eh die Ausnahme bleiben und in der Vermarktung auf das Kürzel „dib.24“ beschränkt bleiben sollte.

Als Rechtsform für dieses Unternehmen wurde eine börsennotierte Aktiengesellschaft gewählt. „Klotzen und nicht kleckern“ – war das Credo des Initiators. Eine AG als Unternehmensform war und ist nach wie vor gesellschaftlich angesehen und steht hoch im Kurs der Allgemeinheit für Prestige, Vertrauen, Größe, Stärke und Kapital, vor allem wenn sie börsennotiert ist. Und als gewollte und angenehme Begleiterscheinung für den Vater des Gedankens, blieben die Hauptanteilseigner als Aktionäre dabei dezent im Hintergrund.

Nun sollte man auf den ersten Blick annehmen, dass ein Internet gestütztes Unternehmen, zumal es darüber hinaus auch noch eine „Datenbank“ sein sollte, nicht unbedingt etwas Neues war. Es gab inzwischen zahlreiche Internetplattformen für den Kauf und Verkauf von Immobilien und Finanzdienstleistungen jeder Art. Stimmt. Aber das war ja auch nicht vorrangiger Gedanke des homme d'fatal. Und die tatsächliche Dienstleistungspalette der „dib.24“ sollte sich von allen bekannten Internetplattformen maßgeblich abheben. Heller wollte einfach nur Geld verdienen – viel Geld – und das trieb ihn zu kreativen Höchstleistungen. Und es sei noch nicht einmal unterstellt, dass ein untugendhaftes oder gar unrechtes Ansinnen dahintersteckte.

Wie dem auch sei. Eine deutsche Aktiengesellschaft muss kapitalisiert werden, sie braucht also Geld. Und hier lag der eigentliche Clou des Plans. Das Zauberwort hieß: Ertrags-Equity. Ein später von Georg erfundener Ausdruck, den es bislang im Wirtschaftsglossar noch nicht gab, jedoch seiner geteilten Bedeutung und dem Vorhaben von Heller durchaus Rechnung trug. Ertrag = Ergebnis einer wirtschaftlichen Leistung, Equity (aus dem Englischen) = Marktwert = Wert eines Gutes oder einer Dienstleistung zum Zeitpunkt einer Transaktion. Und die zusammenführende Auslegung und Interpretation beider Begriffe in Verbindung mit großen und kleinen Immobilien, sollte den gewünschten Effekt der Kapitalisierung bringen. Um dieses auf den ersten Blick wirre Konzept zu verdeutlichen, sei es an einem Beispiel festgemacht.

Ein klassischer Kapitalanleger erwartet für seine Risikobereitschaft eine entsprechende Vergütung in Form von Zinsen. Kleines Risiko – niedrige Zinsen, großes Risiko – hohe Zinsen. Für eine mit Anlagewerten (z.B. Immobilien) abgesicherte Investition bedeutet das also ein kleines bis mittleres Risiko, je nach Beschaffenheit des Anlagewertes. Wenn dieses relativ überschaubare Risiko jetzt noch mit guter Rendite, also mit Zinsen, vergütet wird, findet eine derartige Offerte durchaus viele geneigte Anleger. In diesem Konzept waren für die Investoren abgesicherte Renditen von mindestens 6% p.a., zzgl. Bonus, vorgesehen. Konkret: Wenn ein Anleger die Summe von 100.000 Euro in Form von dib.24-Aktien anlegt und eine Rendite von 6% erzielt, hat er oder sie in einem Jahr 6.000 Euro Zinsen erwirtschaftet (mögliche Zinseszinsberechnungen sind der Einfachheit halber an dieser Stelle unterschlagen), zuzüglicher möglicher Boni, welche gemäß dem unternehmerischen Jahresgesamtgewinn berechnet würden.

Eine Aktiengesellschaft, wie jede andere Kapitalgesellschaft auch, kann aber nur dann Aktien, d.h. Anteilsscheine ausgeben, wenn entsprechende Gegenwerte im Vermögen der Gesellschaft vorhanden sind – andernfalls wäre sie nämlich insolvent, da die Verbindlichkeiten, also die Schulden des Unternehmens, das Firmenvermögen übersteigen. Und hier kommen die Immobilien ins Spiel.

Nehmen wir als Beispiel Georgs Großimmobilie in Seitz mit 110 Wohnungen. Die Nettomieteinnahmen, also reine Mieteinnahmen ohne Nebenkosten für Gas und Wasser, für diese Liegenschaft belaufen sich durchschnittlich auf rund 25.000 Euro monatlich, also auf 300.000 Euro jährlich. Die jährlichen Belastungen für Hypotheken, Versicherungen, Instandhaltungsrücklagen und Verwaltung, belaufen sich auf rund 120.000

Euro, mit eingerechneten Erträgen aus dem Stromverkauf über das BHKW. Also ein insgesamt positives Nettoergebnis von 180.000 Euro p.a.

Und jetzt kommt der Hammer:

Würde der besagte Überschuss von 180.000 Euro der avisierten Rendite von 6% für die in diesem Beispiel genannten Investoren gleichgesetzt, so käme das einer angelegten Investitionssumme von 3.000.000 Euro gleich (3 Mio. x 6% = 180.000). Und das ist die sogenannte „Ertrags-Equity“, was nichts anderes heißt, als das Aktien im Wert von 3 Millionen Euro, in der Argumentation gesichert durch eine Immobilie mit nachweisbaren Überschüssen, verkauft werden konnten.

Voraussetzung für die Realisierung war jedoch, dass der Eigentümer, also Georg, seine buchhalterische „Ertrags-Equity“ von 3 Millionen Euro an die Aktiengesellschaft notariell abtreten würde. Um diesen Weg gangbar und nachvollziehbar zu machen, musste die verfügbare „Ertrags-Equity“, also Georgs Einnahmeüberschuss aus der besagten Immobilie, von einem vereidigten Wirtschaftsprüfer bestätigt werden. Die Notarisierung dessen wäre indes kein Problem, da Notare alles notarisieren, was man ihnen vorlegt, da sie für den sachlichen und fachlichen Inhalt der Notarisierung keine Gewähr übernehmen und „nur“ den Geschäftsvorfall und die geleisteten Unterschriften rechtlich sicher beglaubigen. Und im Übrigen gab es ja noch Notar Foster in Wiesbaden.

Heller hatte auch schon einen geeigneten vereidigten Wirtschaftsprüfer gefunden, welcher ebenfalls von diesem Konzept so überzeugt war, dass er keinerlei Probleme mit der vorgesehenen buchhalterischen Behandlung dieser Vorgehensweise sah. Gleicher Wirtschaftsprüfer sollte zudem auch den vorgesehenen Börsengang, für die noch zu gründende AG begleiten. Dafür war ihm im Gegenzug eine Position im Vorstand dieser genialen Unternehmung schon sicher. Hinzu kam noch, dass der besagte Wirtschaftsprüfer sich legitim als „Graf von Brühl“ bezeichnete, was dem ganzen Ansinnen einen noch seriöseren Charakter verlieh. Und wenn diese Gruppe jetzt noch mit einem Konsul ergänzt werden würde… Heller kam aus dem Schwärmen gar nicht mehr raus und sah sich schon den Nobelpreis in Stockholm abholen.

Ganz nebenbei hatte Heller auch schon errechnet, dass die gesamte Liegenschaft in Heringswalde ein Ertrags-Equity von 3,2 Millionen hatte. Und wie der Zufall es wollte, hatten seine gemeinsamen Immobilien mit Schaffer, rund 200 Wohneinheiten, ebenfalls ein Ertrags-Equity von nachweislich 7 Millionen Euro. Also fast die gleiche Größenordnung, wie Georgs Liegenschaften in Seitz und Heringswalde. Gemeinsam wären sie also in Lage, über 13 Millionen Euro an Equity-Werten als Initialzündung für dieses Vorhaben einzubringen. Und da man logischerweise nicht die Kontrolle über eine AG verlieren möchte, werden 51% der Aktien im Eigenbesitz behalten, das hieß, das „nur" 6,5 Millionen in Form von Aktien im Rahmen des IPO (Initial Public Offering = erster Aktiengang an der Börse) ausgegeben würden. Aber das sollte lange nicht das Ziel der Übung sein, sondern lediglich der Anfang.

Durch einen flächendeckenden Vertrieb freier Finanzmakler, sollten die ersten Anlagepakete im Wert von über 6 Millionen Euro binnen weniger Wochen verkauft werden. Mit den erzielten Einnahmen würden dann weitere Großimmobilien eingekauft und die neue H.H. Grundstücksgesellschaft mbH wäre darüber hinaus als Baugesellschaft hervorragend geeignet, um das Ertrags-Equity zugunsten der AG weiter zu erhöhen.

Zweckdienlich waren grundsätzlich alle Immobilien mit einem Kaufpreisfaktor von mindestens 10. Das heißt, der Kaufpreis durfte die 10-fache Nettojahresmiete nicht überschreiten. Und das war durchaus realistisch in der angeschlagenen und von der Finanzkrise gebeutelten Immobilienbranche. Also, bei einer Wohnanlage mit 20 Einheiten und einer Jahresnettomieteinnahme von 120.000 Euro (500 Euro monatliche Nettomiete pro Wohnung), dürfte der Kaufpreis nicht über 1,2 Millionen Euro liegen.

Nach dieser Rechnung hieß das also, dass Großimmobilien mit einem Gesamtumsatz an jährlichen Nettomieteinnahmen von 600.000 Euro ohne jede Bankfinanzierung, also lastenfrei, gekauft werden konnten. Um bei unserem Beispiel zu bleiben, hieß das, dass der Kaufpreis für eine Großimmobilie nicht über 6 Millionen Euro sein durfte (Kaufpreisfaktor zehn). Und zufälligerweise, war das genau die angepeilte Summe, welche aus dem Verkauf des ersten Aktienpaktes der dib.24 erzielt werden sollte.

Stellte man nunmehr noch 20% der Mieteinnahmen für diverse Rücklagen ein (Instandhaltung, Verwaltung, etc.), bliebe ein Nettoüberschuss von 480.000 Euro p.a., was wiederum einem börsenfähigen Ertrags-Equity von sage und schreibe weiteren 8.000.000 Euro entsprach (8 Mio. x 6% = 480.000). Und was würde mit den Erträgen aus diesem zweiten Aktienpaket passieren? Richtig – neben großzügigen Tantiemen für die Hauptanteilseigner, sollte das Immobilienvermögen – und damit das gesamte Ertrags-Equity-Modell – weiter aufgestockt werden. The sky is the limit.

Man braucht nun nicht unbedingt ein Mathematikgenie zu sein, um festzustellen, dass binnen kurzer Monate eine Vermögensgrundlage durch den Verkauf von Aktien im mittleren zweistelligen Millionenbereich geschaffen würde. Würde man darüber hinaus die lastenfreien Immobilien mit nur 50% beleihen, hätte man einen noch weitaus größeren Hebel, um entsprechende Ertrags-Equity zu generieren. Aber…

Irgendwann wird beim Immobilienkauf in diesen Größenordnungen die Luft dünn, d.h., dass die Suche nach geeigneten Objekten zunehmend schwieriger wird. Und das will man ja nicht, wenn man gerade so schön in Fahrt gekommen ist – woll. Und schließlich muss man ja auch von irgendetwas leben.

„Was im Großen geht, muss auch im Kleinen funktionieren“, so die Ratio von Heller. Und wofür hat man denn die „dib.24“. Natürlich für Jedermann. Und was braucht Jedermann? Natürlich Geld. Ergo wurde das Dienstleistungsprogramm der „dib.24“ maßgeblich erweitert. Genial.

Nach dem Motto: „Wir finanzieren Alles und Jeden“, wurden schlagkräftige Werbespots entwickelt. „Die clevere Alternative zur Hypothek“, „Wir machen Ihr Eigenkapital frei“, “Ihre Idee – unsere Bonität“, usw. usw.

Die AG wäre ja inzwischen mit fetten Finanzpolstern durch den Verkauf von Aktien, gesichert durch das Immobilien Ertrags-Equity-Modell, ausgestattet und wüsste im Grunde nicht wohin mit ihrem Geld. Also sollte es verliehen werden – und das an fast Jedermann.

Kleinkredite bis 5.000 Euro ohne Schufa sollten lediglich ein Abfallprodukt werden. Wissend, dass „nur“ 20% dieser Kredite den Bach runter gehen, konnten diese Summen locker mit den 80% der gesunden Kredite aufgerechnet werden. Schließlich verlange man ja auch entsprechende Risikozinsen, welche diese Klientel gerne bezahlen würde. Sofern der Antragsteller auch noch eine Anstellung haben würde, kämen entsprechende Lohnabtretungen als weitere Sicherheit hinzu und im Übrigen würde man für jeden Kunden eine Kreditausfallversicherung abschließen. Und wenn es tatsächlich mit einem Kleinkredit den Bach runter gehen sollte, hätte man wenigstens was zum Abschreiben - wofür hat man denn das Kollektiv der Steuerzahler.

Der zweite Grund dieser warmherzigen Angebote war natürlich, dass man dem neuen Kunden sämtliche Versicherungen dieser Welt aufspitteln konnte. Einmal Kunde - immer Kunde. Und darüber hinaus ließen sich entsprechend qualifizierte Kundeninformationen - denn es sind ja nicht alle Klienten kaputt - sehr gut und sehr teuer an andere Marketingagenturen und Vertriebsgesellschaften verkaufen. „Big Data“ war das Zauberwort.

Als ergänzende Maßnahme und Publicity, und nicht zuletzt um Geld zu verdienen, sollten flächendeckend Geldautomaten an gut besuchten öffentlichen Plätzen und Veranstaltungsorten aufgestellt werden. Eine Aufstellerfirma stand bereit und würde den Betrieb und die Wartung der Geräte eigenständig übernehmen. Üppige Automatengebühren und saftige Dispositionszinsen würden die Kosten decken und für gute Gewinne sorgen. Auch für die rechtlichen Voraussetzungen zum Aufstellen von Geldautomaten in Deutschland und in der EU war schon (fast) gesorgt. Entsprechende Lizenzen waren dazu zwingend erforderlich, denn es durfte ja schließlich nicht jeder Dahergelaufene Geldautomaten aufstellen und geschweige denn, damit Geld verdienen - das wäre ja noch schöner. Und was die notwendigen Genehmigungen für die Geldautomaten anging… es sollte alles noch schöner, noch abenteuerlicher und noch vielversprechender werden. Aber der Reihe nach…

Jeder Kunden mit einem Konto bei der dib.24, sollte einen Überziehungskredit in Höhe von zwei Monatsgehältern eingeräumt bekommen.

Die abermals fälligen Gebühren für dieses Service verstanden sich dabei von selbst. Ohne weiteres, konnte jeder Kunde auch eine Kreditkarte ohne Schufaauskunft von der dib.24 erhalten. Entsprechende Umsatzgebühren von einem Prozent netto, Jahresgebühren von 100 Euro und zu zahlende Zinsen von 14% auf die kreditgestützten Umsätze, sollten jährliche Gewinne von mindestens 500.000 Euro pro 1.000 Kunden erzielen. Bei 10.000 Kunden – naja, es läpperte sich.

Aber halt! Die dib.24 war ja keine Bank im herkömmlichen Sinne und durfte somit auch keine Bankdienstleistungen im Sinne von Aktienverkäufen, Geldautomaten, Kreditkarten, Darlehen und Finanzierungen für Jedermann anbieten???!!! Aber auch dafür war schon gesorgt, wie wir gleich erfahren werden.

Was die Immobilienfinanzierung für (fast) jedermann anging, war das Konzept ähnlich dem Plan „unserer" Großimmobilien gestrickt, nämlich über entsprechende Abtretungen des Kunden nach dem Ertrags-Equity-Modell. Der treuherzige Mandant würde darüber hinaus, mit seiner Immobilienfinanzierung bei der dib.24, gleichzeitig sämtliche persönlichen und hausbezogenen Versicherungen mit abschließen dürfen – und das bringt bekanntlich auch jede Menge Geld. Denn die Masse macht's.

Im Rahmen der eigentlichen Immobilienfinanzierung, würde sich in jedem Fall auch ein äußerst attraktives Angebot für den Mandanten im Sinne der für ihn noch unbekannten Ertrags-Equity errechnen lassen, was der Ersteher der jeweiligen Immobilie sicherlich gerne wahrnehmen würde, denn: „sonst gibt's nämliche keine Finanzierung – die er oder sie bei einer traditionellen Bank eh nicht bekommen hätte", so Heller.

Ein Beispiel: Ein arbeitsloser Maurer erbt von seiner geliebten Tante ein unbelastetes Häuschen mit einem Marktwert von 300.000 Euro. Er sieht nun die Chance seines Lebens für sich und seine Familie und möchte sich Selbstständig machen, denn Miete braucht er ja nicht mehr zu bezahlen. Er trägt sein Anliegen bei seiner Hausbank vor – und wen wundert's – er wird dreikantig rausgeschmissen. Natürlich bekommt er kein Geschäftsgründungsdarlehn von der Bank, weil er arbeitslos und ohne finanzielle Rücklagen ist und seine Selbstständigkeit ohne fundierten Businessplan auch nicht wirklich überzeugt. Zudem hat die Hausbank überhaupt kein Interesse an dem geerbten Häuschen als Sicherheit, da sie schon genügend kaputte Immobilien im Bestand hat. Und schon wird der Maurer mit seinen hehren Zielen zu einem gern gesehenen Kunden der dib.24. Und natürlich würde er von der dib.24 sofort 200.000 Euro bekommen.

Die begründende Kreditbeurteilung der dib.24: Bei einer monatlichen Belastung von 1.100 Euro für den gewünschten Kredit, wäre das begleitende Ertrags-Equity für das geerbte Häuschen 88.000 Euro zugunsten der dib.24.

Und so sieht die dazugehörige Rechnung aus, wenn, rein hypothetisch, das Haus vermietet wäre: 220 qm x 7€ = 1.540€ monatliche Mieteinnahmen, abzüglich der 1.100€ Hypothekenbelastung = 440 Euro monatlicher Überschuss x 12 = 5.280 Euro jährlicher Überschuss, multipliziert mit 16,666, welches dem Renditezinssatz der Ertrags-Equity von 6% entspricht und somit 88.000 Euro in Form von weiteren Aktienverkäufen zugunsten der dib.24 ausmacht.

Um den benötigten Kredit von der dib.24 überhaupt zu bekommen, müsste der Maurermeister selbstverständlich die entsprechenden Abtretungen für die rein hypothetische Miete erklären.

Der noch arbeitslose Maurermeister wäre also ein perfekter Kunde für die Deutsche Immobilien(daten)-Bank. „Egal wie man es auch dreht", so Heller, „die dib.24-AG kann nur gewinnen".

Auch wenn der Kredit in Höhe von 200.000 Euro für den besagten Maurermeister baden gehen sollte, was in diesem Fall durchaus wahrscheinlich ist (75% aller neu gegründeten Unternehmen fallen, gemäß einer Studie des Deutschen Industrie- und Handelskammertags, innerhalb der ersten drei Jahre der Insolvenz zum Opfer und werden liquidiert), kann die dib.24 entweder das Haus des Kunden verwerten und für den Marktwert in Höhe von 300.000 Euro, also mit gutem Profit, verkaufen. Alternativ vermietet sie als neuer Eigentümer das einstige Domizil des Maurermeisters und erhöht dadurch, nach gleicher Rechnung, das Ertrags-Equity auf 300.000 Euro, da auch dieses Haus für die dib.24 lastenfrei wäre. Durch einen entsprechenden Aktienverkauf in Höhe der genannten Ertrags-Equity, wäre das Haus eh schon bezahlt und ein schöner

Batzen könnte an Gewinnen verbucht werden. Wahrlich ein Heller und ein Batzen im wahrsten Sinne des Wortes... Was der gleichnamigen Volksweise eine völlig neue Bedeutung geben könnte.

Um nunmehr eine ausreichende Anzahl an Kunden mit Finanzierungswünschen zu bekommen, müsste eine Internet-gestützte Plattform als Multiplikator installiert werden. Und damit schließt sich wieder der Kreis im Sinne der dib.24.

Vorgesehen war ein Pool von hauptsächlich deutschen und angrenzend europäischen Immobilien. „Alles aus einer Hand" - Käufer, Verkäufer und eine garantierte Finanzierung gleich mitgeliefert.

Gleichzeitig wollte man einem Verkäufer die Veräußerung seiner Immobilie binnen 30 Tagen garantieren. Nun liegt es aber einmal in der Natur eines jeden Hausbesitzers, dass selbiger der Meinung ist, sein Objekt sei natürlich der Top-Preis unter allen vergleichbaren Immobilien. Dementsprechend gehen die Preisvorstellungen zwischen Verkäufer und der realen Welt oftmals weit auseinander. Der von dib.24 garantierte Verkaufspreis, läge natürlich gut 20% unter dem jeweils aktuellen Marktwert. Ein Verkäufer hätte nun die Wahl - monatelanges Warten, um vielleicht einen höheren Preis zu erzielen - oder sofort für einen reduzierten Preis verkaufen.

„Die Hausbesitzer würden schon von ganz allein kommen, wenn sie merken, dass sie ihre Bude anderweitig nicht loskriegen", so Heller. Und damit hatte er nicht mal ganz unrecht - die Finanz- und Immobilienkrise zeigte ihre Auswirkungen besonders, was den Privatverkauf anging.

Die Internetplattform sollte indes nur mit Passwort und nur für akkreditierte Vertriebspartner der dib.24 zugänglich sein. Natürlich kostenpflichtig. Ergänzt werden sollte dieses Vertriebskonzept durch flächendeckende Filialbetriebe in jedem Bundesland - natürlich auch kostenpflichtig und als Franchise-System aufgebaut. Mittels einem sehr anspruchsvollen Software, sollte auch jeder Partner auf Knopfdruck in der Lage sein, eine Immobilie - egal an welchem Standort - zu bewerten und innerhalb kürzester Zeit für alle anderen Partner der dib.24 zugänglich ins Intranet zu stellen.

Das Regional-Direktorium wären die Franchise-Nehmer. Ein Landesdirektor mit maximal vier weiteren Regionaldirektoren in jedem Bundesland, welche wiederum bis zu vier Filialen in den jeweils größten Städten einrichten könnten. Alle freien Mitarbeiter wären den jeweiligen Filialen direkt angegliedert und oblägen der Weisung der Regionaldirektoren. Es verstand sich dabei von selbst, dass die AG, neben den Franchise- und Lizenzgebühren, eine entsprechende Umsatzbeteiligung erfuhr.

„Gar nicht mal so schlecht", dachte sich Georg je mehr er in diesen Tagen und Wochen über die geistigen Ergüsse Hellers nachdachte. Er war ja schließlich promovierter Ökonom...

Was das Marketing anging, so sollte es aber richtig krachen. Durch die Schaffer-Kontakte zur Automobilbranche, wurden erste Sondierungsgespräche für den publikumswirksamen Einsatz von Kleinwagen geführt. Konkret ging es um die Nutzung von jährlich 1.000 (!!!) Smart's unter dem Motto: „Fahrspaß mit dib.24". Die Idee war so einfach wie genial.

Der Flottenverkaufsdirektor dieser Marke räumte der dib.24-AG für ihr Vorhaben ein Zahlungsziel von mindestens 90 Tagen ein, abgesichert durch dib.24-Aktien. Voraussetzung war die Abnahme von 1.000 Fahrzeugen pro Jahr und die exklusive Vermarktung der Marke als gleichzeitiger Hauptsponsor bei und mit allen Werbeaktivitäten. Durch die Abnahme dieser großen Anzahl an Fahrzeugen und durch den Werbeeffekt als Hauptsponsor, reduzierte sich der Kaufpreis der Fahrzeuge dementsprechend und stand letztlich bei 40% unter dem üblichen Ladenpreis für Jedermann.

Die Fahrzeuge sollten in der ganzen Bundesrepublik vor Einkaufszentren und bei öffentlichen Events im Rahmen von Fahrgewinnspielen im Wochenturnus verlost werden. Der Kunde musste für die Teilnahme am Gewinnspiel lediglich eine Karte ausfüllen, auf welcher ein paar „unverfängliche", persönliche Fragen zur familiären Versicherungs- und Einkommenssituation, durch einfaches Ankreuzen, beantwortet werden mussten. Der Gewinner einer jeden Verlosung durfte dann für ein langes Wochenende einen brandneuen Smart fahren, bevor er ihn für den nächsten Einsatz zurückgeben musste. Dass er oder sie, sowie alle anderen

Teilnehmer an der Verlosung, anschließend mit Werbung und Verkaufsanrufen von Versicherungen und anderen Dienstleistern wahrlich bombardiert wurde, versteht sich von selbst. Denn das war ja maßgeblicher Bestandteil dieser Aktion.

Das „gewonnene“ Fahrzeug war natürlich von allen Seiten mit Aufklebern der dib.24 versehen und so fuhren die „Gewinner“, eingezwängt in einem winzig kleinen Fahrzeug, stolz wie Oskar Werbung im ganzen Lande und vermarkteten auf diesem Wege, wenn auch ungewollt, die Dienstleistungen der dib.24 flächendeckend.

Aber damit nicht genug. Die „Gewinner“ und alle anderen Aspiranten, welche das Kärtchen mit ihren persönlichen Daten eingeworfen hatten, waren natürlich das gefundene Fressen für Werbeangriffe aller Art während den Aktionstagen. Selbstverständlich wurden Pröbchen, Broschüren und Offerten vieler weiterer Anbieter, welche als Trittbrettfahrer an diesen Aktionen teilhaben wollten, unter das „dumme“ Volk gebracht. Und für diese sehr effektive Werbekampagne sollten die teilhabenden Firmen auch tief in die Tasche greifen. Marketing kostet nun mal Geld.

Und was passierte nach 90 Tagen mit den Autos, die nun bezahlt werden mussten? Na sicher - sie wurden kurz vor Ablauf der Frist für 30% unter Neupreis verkauft. Durch die Schaffer-Kontakte zu entsprechenden Autohändlern, standen geeignete Multiplikatoren bereit, welche die Fahrzeuge gerne zu diesem Schnäppchenpreis übernehmen würden. Flankierend würden natürlich auch eigene Anstrengungen zum Verkauf der Fahrzeuge an Einzelkunden unternommen - und eine Finanzierung über die dib.24 gleich mit angeboten. Genial.

Zusammengefasst: Der Neupreis eines Fahrzeuges belief sich auf rund 20.000 Euro. Der Flotteneinkaufspreis, mit einem Rabatt von 40%, sollte lediglich 12.000 Euro sein. Der Verkaufspreis nach 90 Tagen würde auf 14.000 Euro festgeschrieben. Die Werbeeinnahmen durch jeden beteiligten „Trittbrettfahrer“, beliefen sich, je nach Umfang der Maßnahme, auf mindestens 500 Euro pro teilnehmenden Werbepartner. An jeder Aktion konnten sich maximal vier Partner beteiligen, was insgesamt also 2.000 Euro an Werbeeinnahmen bescherte. Das Ergebnis dieser geplanten, deutschlandweiten Aktionen: Ein Nettoerlös von mindestens 4.000 Euro pro Fahrzeug (2.000 Euro Gewinn durch den Fahrzeugverkauf und 2.000

Euro Ertrag durch Werbepartner) – also insgesamt 4.000.000 Euro p.a., gefüllte Datenbanken von qualifizierten Kunden zum Eigennutz und zum Adressenverkauf und ein mittelbares Ertrags-Equity durch den Einsatz der besagten Erträge von weiteren 6 Millionen Euro durch den mit Immobilien gesicherten Aktienverkauf. What a concept!

Aber nun zurück zu dem schon erwähnten „Problem" bezüglich notwendiger Banklizenzen, um die geplanten Dienstleistungen der dib.24 überhaupt umsetzen zu können.

Es ist ja alles nicht ganz so einfach in Deutschland. Es kann ja nicht jede dahergelaufene Person oder Firma eine eigene Bank eröffnen oder genehmigungspflichtige Finanzprodukte verkaufen. Natürlich müsste die dib.24-AG mindestens eine entsprechende Gewerbeerlaubnis nach Para. 34c der Gewerbeordnung (Vermittlung von Finanzdienstleistungen) haben, aber das muss auch jeder poplige Makler und Versicherungsheini.

In diesem Fall wäre das aber bei Weitem nicht ausreicht gewesen, denn die dib.24 agierte mit klassischen Bankprodukten (Kredite, Kreditkarten, Hypotheken und Geldautomaten) und würde dafür eine sehr teure und sehr schwierig zu realisierende vollumfängliche Banklizenz benötigen – welche sie nicht hatte und auch nicht bekommen würde. Ganz davon abgesehen, dass der Prozess vom Antrag bis zur (unwahrscheinlichen) Erteilung einer Banklizenz Jahre dauern würde. Aber zum Glück gibt es ja die sogenannten Schattenbanken und willige Finanzpartner, die alle staatlich vorgeschriebenen Voraussetzungen erfüllten und die entsprechenden Bankcharter hatten. Wie das?

Die Vermittlung von Versicherungen und Finanzierungen wäre abgedeckt mit § 34c der Gewerbeordnung, welche die dib.24 auch bekommen würde und damit die dicken Provisionen aus diesen Dienstleistungen vollumfänglich einstreichen könnte.

Für die Ausgabe von Aktien braucht man jedoch eine emittierende Bank, also ein akkreditiertes Geldinstitut, welches den Börsengang begleitet und die Aktien auch in der breiten Masse verkauft. Letzteres sollte in diesem Fall von dem vereidigten Wirtschaftsprüfer und seines Zeichens „Graf von und zu" vermittelt und sichergestellt werden. Und für die

Vergabe von Krediten und Kreditkarten und anderen Finanzdienstleistungen jedweder Art, benötigte man aber ebenfalls eine zugelassene Bank mit entsprechende Lizenzen. Und für diese zwingenden Notwendigkeiten, waren nun zwei Varianten im Gespräch.

Zum einen hätte sich die dib.24 (fast) jede x-beliebige Bank als Partner nehmen können, sofern man entsprechende Sicherheiten in Form von werthaltigen Aktien oder Bargeldeinlagen, hinterlegt hätte.

Das die Masse der angeblich so seriösen deutschen Geldinstitute in Wahrheit skrupellose und vor nichts zurückschreckende, betrügerische Abzocker, Geldhaie, Profitmacher und Blutsauger sind, wird schon allein durch die Cum-Ex und Cum-Cum Deals einiger kleiner Privatbanken und viel schlimmer noch, auch durch die großen, biedermeierlichen, arroganten Selbstdarsteller, mit „gelben“ und „blauen“ Bankenlogos, welche jedem Bürger bekannt sind, sehr deutlich. Verstrickt in milliardenschwere Steuerbetrügereien, zum Teil gedeckt und unterstützt durch staatliche Institutionen und politische Entscheidungsträger, haben sie jahrelang den deutschen Steuerzahler um Milliarden Euro geprellt und betrogen. Warum? Aus reiner Profitgier.

Aber auch halbstaatliche und genossenschaftliche Geldinstitute, wie die Sparkassen und Volksbanken, sind in die negativen Schlagzeilen geraten, da sie ihre Kunden durch überhöhte Konto- und Kreditgebühren und durch nicht gezahlte Renditen aus langjährigen Sparverträgen, jahrzehntelang kaltschnäuzig abgezockt haben – und auch sie sind sich natürlich keiner Schuld bewusst. Geld regiert eben doch die Welt – also die perfekten Partner für die edlen und großen Ziele der dib.24.

Erste Sondierungsgespräche über eine mögliche Zusammenarbeit mit den „Großen der Branche“ wurden durch den Wirtschaftsprüfer und Grafen „von und zu“ im Auftrag der dib.24 bereits geführt. Ziel: Die Positionierung der dib.24 als Schattenbank.

Konkret: Durch die werthaltige Sicherheiten wird ein entsprechender Kreditrahmen, mit günstigen Sonderkonditionen, von der vermeintlichen Partnerbank der dib.24 zur Verfügung gestellt. Kommt nun der unbedarfte „König Kunde“ mit seinem Darlehnswunsch zur dib.24, welche als

Schattenbank der „Großen“ fungiert, erhält er einen entsprechenden Kreditvertrag mit einer im Kleingedruckten eingebauten Klausel, welche ausführt, dass der eigentliche Kreditgeber eine Partnerbank der dib.24 ist.

Für den Endkunden, dem Kreditnehmer, geht die Abwicklung und Rückzahlung dieser relativ teuren Kredite indes über die Konten der dib.24, welche wiederum ihren wesentlich günstigeren Kreditrahmen bei der Partnerbank bedient. „König Kunde“ wird von der Partnerbank natürlich nicht Schufa-geprüft, muss auch keine Sicherheiten oder Einkommensnachweise hinterlegen, denn der übergeordnete dib.24-Kredit ist ja durch die Hinterlegung von Sicherheiten komplett abgesichert. Und defacto arbeitet die dib.24 somit als Schattenbank für die ausgeprägte Profitgier der „Großen“.

Es sei noch erwähnt, dass auch die bekannte Firma „Wirecard“ mal als Schatten- und Partnerbank der „Großen“ angefangen hat. Das unrühmliche Ergebnis ist der Welt hinreichend bekannt. Und mal wieder ist sich die Bankenwelt und die Politik natürlich keiner Schuld bewusst.

Und wie sollte das Projekt nun konkret umgesetzt werden? Die für die dib.24-AG emittierende Bank erhält eine Einlage von beispielsweise 20 Millionen Euro (Geld genug ist ja da). Mit dieser Summe können im Tagesgeldbereich schon ordentliche Zinsen verhandelt werden. Drei Prozent sind dabei durchaus konservativ gerechnet. Gleichzeitig erhält die dib.24 einen Kreditrahmen in gleicher Höhe zu guten Konditionen, da entsprechende Sicherheiten durch die Bareinlage und andere Immobilienwert vorliegen, von beispielsweise 4%. Natürlich werden die 4% NUR für den tatsächlich genutzten Anteil des Kreditrahmens berechnet. Wenn also aus dem 20 Millionen Euro Kreditrahmen nur eine Million Euro abgerufen werden, wird auch nur für diese eine Million der entsprechende Zins von 4% verlangt. Wenn die dib.24 nunmehr an 200 Kunden einen Kredit oder Kreditkarten in Höhe von jeweils 5.000 Euro vergibt, wäre eine Million Euro aus dem verfügbaren Kreditrahmen verbraucht.

Also: Zwanzig Millionen Euro hinterlegt und zu 3% Tagesgeld verzinst = 600.000 Euro Zinserträge (ohne Zinseszins). Eine Million Euro aus dem Kreditrahmen der Partnerbank zu 4% geliehen = 40.000 Euro

Zinsaufwand (ohne Zinseszins). Diese eine Million Euro wird an die Königskunden der dib.24 für kleinkreditübliche 10% Zinsen weitergegeben, was wiederum 100.000 Euro an Zinseinnahmen beschert. Nettoergebnis: 660.000 Euro Gewinn (!), nämlich: 600.000 Euro Zinserträge durch Festgeld, abzüglich 40.000 Euro Zinsaufwand für den genutzten Teil des Kreditrahmens, zuzüglich 100.000 Euro Zinseinnahmen durch Kundenkredite. Und das mit einer Darlehnsvergabe von NUR 1 Million Euro an dib.24-Kunden. Ergo: Je mehr Geld an dib.24-Kunden verliehen würde, umso ertragreicher das Ergebnis für alle Beteiligten.

Dieses Konstrukt zwischen Unternehmen und akkreditierten Banken ist dabei noch nicht einmal unüblich und ist inzwischen als „Schattenbanksystem" innerhalb der Finanzbranche fast salonfähig. Eine „Schattenbank" ist also eine private Institution, welche im gesetzlichen Rahmen zugelassene Finanzgeschäfte betreibt, jedoch keine eigene Bankzulassung besitzt. Und tatsächlich gibt es auch direkte Tochtergesellschaften von akkreditierten Großbanken, welche sich genau dieses Konstrukt zu eigen machen. Also Banken, die außerhalb ihrer eigenen, öffentlich als seriös propagierten Tätigkeitsfelder, aktiv als Schattenbank im Verborgenen, unsichtbar für die unbedarften und unwissenden Bürger und Steuerzahler, agieren und Millionen durch die Abzocke ihrer Schattenkunden verdienen.

Eine von der EU in Auftrag gegebene Untersuchung hatte dazu festgestellt, dass inzwischen über 60 Milliarden Dollar jährlich im Schattenbankensystem umgesetzt werden. Es sei daher angemerkt, dass die EU und andere nationale Bankenkontrollgremien, z.B. die BAFIN (Bundesanstalt für Finanzdienstleistungsaufsicht) diese Milliardenumsätze verbieten bzw. massiv regulieren wollen. Aber man kennt das ja von der Krähe und dem Auge - und im Übrigen werden darüber noch Jahrzehnte ins Land ziehen, bis entsprechende Gesetze auf EU-Basis erlassen werden - wenn sie überhaupt zustande kommen.

Und zum anderen gab es ja auch noch Plan „B" in Hellers Kosmos der unbegrenzten Möglichkeiten. Nämlich die eigene Bank. Und was ist naheliegender, als eine legale Off-Shore-Bank, z.B. auf den Bahamas zu gründen.

Was ist aber nun eine Off-Shore-Bank?

Definition gemäß dem Gabler-Wirtschaftslexikon:

Ein Offshore-Finanzplatz bezeichnet in wörtlicher Übersetzung einen küstenfernen Finanzplatz. Offshore ist in diesem Zusammenhang nicht geografisch, sondern vielmehr juristisch zu verstehen: die Finanzplätze liegen außerhalb der üblichen Rechtsnormen. Unter Offshore-Banking versteht man Bankgeschäfte in einer anderen Währung als jener des Sitzstaates.

Viele dieser Finanzoase gehören auch heute noch dem britischen Commonwealth an, was wiederum weitere Möglichkeiten für Bankgeschäfte auf der ganzen Welt legal ermöglicht.

Bekanntermaßen ist ja auf den Bahamas vieles möglich, um das weltweite unternehmerische Entwicklungspotential zu fördern und mögliche Erträge steuerlich zu optimieren. Neben Sonne, Strand und Meer, haben die Bahamas eine Vielzahl von legalen und kreativen Unternehmenslösungen anzubieten, welche sie auch sehr aktiv vermarkten. Und wenn wir mal ganz ehrlich sind – was ist daran verwerflich?

Die Bahamas ist ein kleiner Inselstaat im Atlantik, südöstlich von den Vereinigten Staaten von Amerika. Zur Inselgruppe der Bahamas zählen ca. 700 einzelne Atolle, wovon lediglich 30 Eilande mit insgesamt 360.000 Menschen bewohnt sind. Das Temperaturmittel liegt bei angenehmen 27°C bei gleicher Wassertemperatur. Durchzogen von Riffen und Korallen, gehört diese Inselgruppe zu den wohl schönsten Regionen dieser Welt. Haupteinnahmequelle für die Bewohner sind die Touristen und für die Regierung die niedergelassenen Superreichen mit ihrer üppigen Kaufkraft sowie die Gründungskosten und Jahresgebühren für ansässige Unternehmen und Banken. Eine Unternehmenssteuer nach unserem Verständnis gibt es nicht und Unternehmensergebnisse müssen auch nicht veröffentlicht werden. Es versteht sich daher auch von selbst, dass in diesem Paradies keine umweltverschmutzenden industriellen Unternehmen angesiedelt sind (bestenfalls „nur“ mit ihrem Verwaltungssitz) und sich das wirtschaftliche Gefüge daher fast ausschließlich auf Dienstleistungsunternehmen beschränkt, insbesondere Banken. Es ist nicht nur sauberer und lukrativer, sondern auch legal.

Es gibt viele Mythen über das Off-shore-banking, welches hauptsächlich mit Steuerhinterziehung und Geldwäsche in Verbindung gebracht wird. Und natürlich gibt es „schwarze Schafe“ auf der ganzen Welt, die ihr Geld mit dubiosen und illegalen Geschäften verdienen. Und Deutschland ist da keine Ausnahme – wie wir schon gelesen haben. Aber allen Horrorgeschichten zum Trotz, sind die meisten Off-shore Finanzplätze seriös und an gleichsam strenge Gesetze gebunden, die wir in Deutschland, als die Moralapostel dieser Welt, so vehement verteidigen. Die Regierungen dieser vermeintlichen Finanzoasen haben nur ein besseres und attraktiveres, aber legales, Geschäftsmodell, welches bestenfalls zur Optimierung möglicher Steuerlasten geeignet ist. Und das ist nun mal nicht illegal. Wer die Pflicht hat Steuern zu zahlen, hat auch das Recht seine Steuern im Rahmen geltender Gesetzte legal zu optimieren.

Beispiel Bahamas: Die Bahamas unterhalten eine demokratische Grundordnung und sind seit 1973 als ein bei der UNO (unserem Weltparlament) anerkannter und akkreditierter Staat autonom. Nach wie vor gehört die Bahamas-Inselgruppe aber zum englischen Commonwealth, was der einstigen Kolonialmacht Englands im 17. Jahrhundert zu schulden ist, und wird daher nach wie vor durch den König von England als Staatoberhaupt vertreten. Auf der Insel selbst ist von der englischen Krone ein Generalgouverneur eingesetzt, welcher sich mit zunehmender Begeisterung den ganzen lieben langen Tag seine Klöten hin und her schaukelt oder im Falle einer Gouverneurin, ausgiebig an ihrem Teint arbeitet und zwischendurch mal ne' Runde Golf spielt. Seit dem 01. September 2023 hat Cynthia Pratt dieses unangenehme Amt inne. Und warum sollte ein hiesiger Unternehmer diese freizügig angebotenen und rechtlich sauberen Rahmenbedingungen für seine geschäftlichen Aktivitäten nicht nutzen? Man wird dem Commonwealth, also Großbritannien, ja wohl kaum unterstellen, illegale und antidemokratische Strukturen zu fördern?!

Inzwischen gibt es über 400 zugelassene Banken auf den Bahamas. Immer noch im internationalen Ansehen mit einem „Geschmäckle“ versehen, ist die überwiegende Anzahl der Bankinstitute, wie bereits beschrieben, mit seriösen und legalen Geschäften unterwegs. Durch einige hochpublizierte Zwischenfälle, wie von den „Zumwinkels“ und „Hoeneß“ dieser Welt, werden natürlich auch alle anderen legalen Aktivitäten in den vermeintlichen Steueroasen sehr populistisch in der Öffentlichkeit verpönt und jeder, der auch nur im Ansatz mit den staatlichen Freigeistern dieser Welt zu tun hat, ist in den Augen der Gesellschaft und des deutschen Staates ein Schwerverbrecher. Sei's drum.

In New Providence, der Hauptstadt der Bahamas, oder auch in Nassau, kann eine Bank mit einem Aufwand von weniger als 50.000 Euro gegründet werden. Die neu gegründete Bank erhält von der Regierung über das Finanzministerium einen entsprechenden Bankcharter, also eine Banklizenz, und wird über die eigene Zentralbank des Landes reguliert. Warum ist die Gründung einer Bank auf den Bahamas so kostengünstig? Weil eine Bank wie ein ganz normales Unternehmen behandelt wird und ergo, keine hochgesteckten und kaum erfüllbare Auflagen für den Fiskus und ihre Kunden, anders als in Europa oder den USA, erbringen muss. Die unternehmerische Freiheit und Verantwortung, natürlich innerhalb der gesetzlichen Leitplanken, steht als oberster Maßstab in der Verfassung und bietet den international Agierenden den benötigten Freiraum für ihre Geschäftsmodelle.

Die gesetzlichen Auflagen sind minimal und für jede Bank und für jedes Unternehmen auf den Bahamas gleich. Finanzdienstleister dürfen Geld entgegennehmen, Konten für ihre Kunden einrichten, Kredite gewähren, Kreditkarten ausgeben, Bürgschaften ausstellen und am weltweiten Bankenhandel teilnehmen, sofern sie in anderen Ländern eine Korrespondenzbank finden, also ein Geldinstitut, welches den Bankcharter der Bahamas anerkennt.

Sämtliche internationalen Geldtransfers werden über die landeseigene Zentralbank abgewickelt und jedes Kundenkonto der privaten Banken, ist bei der gleichen Zentralbank bekannt und gelistet. Der größte Unterschied zu unseren Zentralbanken ist jedoch, dass die Zentralbank der Bahamas niemals Geld an „ihre" angeschlossenen Banken verleiht (so wie es für europäische Banken bei der Europäische Zentralbank in Frankfurt am Main gang und gäbe ist) und auch nicht für die Einlagen der Kunden oder für ausgegebene Bürgschaften haftet. Das heißt, ALLE Bankaktivitäten müssen von einer privaten Bank auf den Bahamas in vollem Umfang durch 100%-Eigenkapital gedeckt sein.

Stellt die Bank zum Beispiel eine Bürgschaft für ihre Kunden – eine natürliche Person oder ein Unternehmen – aus, so wird durch die

Zentralbank geprüft, ob entsprechende Mittel in Höhe dieser Bürgschaft der jeweiligen Bank zur Verfügung stehen. Nur in diesem Fall, wird sie die Bürgschaft genehmigen und abzeichnen und die entsprechenden Summen, in Höhe der gewährten Bürgschaften oder Kredite, der jeweiligen Bank für die gesamte Laufzeit der Transaktion, einfrieren. Damit liegt das gesamte Risiko der Bankgeschäfte alleinig bei jeweils ausführenden Bank selbst und der ansässige Steuerzahler läuft nicht einmal im Ansatz Gefahr, für mögliche Kredit- oder Bürgschaftsausfälle haftbar gemacht zu werden.

Im Vergleich zu den Bahamas, liegt die gesetzlich vorgeschriebene Eigenkapitalquote für die europäischen Banken bei nur sage und schreibe 4% ihrer Bilanzsumme, d.h., sie können mit Milliarden agieren und spekulieren, ohne sie eigentlich selbst zu besitzen oder dafür zu haften - unglaublich.

Das Ergebnis dieser europäischen, grobfahrlässigen Regelung, sind die immer wiederkehrenden, weltweiten Finanzkrisen, für welche - wie sollte es auch anders sein - der brave und minderbemittelte Steuerzahler und Bankkunde in der EU aufkommen muss.

Aber halt - es wird doch was gemacht im Sinne der Bürger. Aufgrund der jüngsten Finanzkrisen soll, nach Wünschen der EU, die verpflichtende Eigenkapitalquote der EU-Banken auf astronomische 8% (!) erhöht werden - was aber natürlich noch in weiter Ferne steht, denn gut Ding will Weile haben und letztendlich, entscheidet diese wichtige Maßgabe ja auch alleinig nur die EZB, unabhängig aller staatlichen Einflüsse. Wer's glaubt, wird selig...

Und nun soll noch einer sagen, dass die Europäer die besseren Banker sind. Das sind sie eben nicht, weil sie im Gegensatz zu den Bahamas-Banken vom Staat über die Zentralbanken aufgefangen werden. Dann kann man auch schon mal eine dicke Lippe riskieren.

Zugegeben, die Einlagen der Kunden bei einer Bank auf den Bahamas sind nicht staatlich abgesichert. Ist die Bank pleite, sind die Kundengelder in aller Regel verloren - aber auch dafür gibt es freiwillige Sicherungsmöglichkeiten über internationale Versicherungskonzerne.

Aber was ist denn nun der Umkehrschluss dieser Situation? Unternehmen aus aller Welt gründen ihre eigene Bank und eine weitere Firmenniederlassung auf den Bahamas oder in anderen Finanzoasen dieser Welt und sind selbst oftmals nur ihr einziger Kunde aus genau den besagten Haftungsgründen und aus der vermeintlichen Verantwortung gegenüber jedem anderen, potenziellen Fremdkunden. Es ist doch nichts, aber auch gar nichts dagegen einzuwenden, wenn eine Bank nur einen Kunden hat. „Halten und Verwalten von eigenem Vermögen" – oftmals auch Gesellschaftsgegenstand einiger GmbHs und Stiftungen in Deutschland.

Und nichts anderes war „Plan B" im Ansinnen des Vorhabens der dib.24. Die eigene Bank hätte genau das getan, was eine Partnerbank, wie bereits beschrieben, getan hätte. Nur wäre es für die Anteilseigner der dib.24 noch etwas profitabler geworden. Was ja nicht verwerflich ist.

Weitere, wenn auch wesentlich kleiner Projekte, waren parallel in Planung und sollten als Ergänzungen zum angedachten Konzern auf Machbarkeit geprüft werden. Georg hatte inzwischen alle Hände voll zu tun und war fast vollzeitmäßig mit Heller & Co. beschäftigt. Wöchentliches pendeln zwischen Dresden und Bad Kreuznach war inzwischen zur Regel geworden. Charlotte und ihre Truppe hatten bis über beide Ohren mit Seitz und Heringswalde zu tun. Neuvermietungen, Sanierungen, Katzenpisse, Mieter- und Hausmeisterprobleme und natürlich der Bau und Betrieb des neuen BHKW in Seitz.

Kapitel Vier

Seitzer Geschichten

Ein ehemaliges Regime lebt weiter

Der Bürgermeister der kleinen Gemeinde kochte vor Wut und Mike, der Landgasthofwirt, den beiden Dresdenern zur Feier des Tages eine schmackhafte Hochzeitssuppe. Nicht das der Anlass besagter Feier Rückschlüsse auf die bestellte Suppe schließen ließ, nein – es war lediglich der Tag, an dem in Seitz die Fernwärme für das „Ghetto" abgeschaltet wurde. Der 1. April 2013.

Schon seit Wochen brodelte es Seitz, insbesondere im Gemeinderat. Die Gerüchte, dass die Verbrecher aus Dresden ein eigenes Heizkraftwerk bauen wollten, ließ die Kommune einfach nicht zur Ruhe kommen. Es war schier undenkbar, dass jemand es wagte, dem allmächtigen Paten der Gemeinde die Stirn zu bieten, welche er gleichsam auch zu jeder Gelegenheit runzelte und mit lauten Flüchen und Verleumdungen gegen die Dresdener, sich selbst und seinem Gemeinderat Mut zu sprach.

Fassungslosigkeit, Ablehnung, Verdrängung, Hass, Neid, Wut und Rage – alle psychosomatischen Hypothesen wurden von Rasch in diesen Wochen ausgelebt. Als dann auch noch der Bautrupp aus dem Westen im Ghetto anrollte, war das Maß voll, die Gemeindekassen leer und der Bürgermeister einem Herzinfarkt noch nie so nah gewesen. Und wie die Ironie des Schicksals manchmal spielt, hatte Rasch tatsächlich in dieser Zeit einen kleinen Infarkt erlitten und ward kurzzeitig außer Gefecht gesetzt – was die beiden Dresdener jedoch nicht mitbekommen hatten und nur durch Hörensagen im Landgasthof erfuhren.

Es wurden alle Geschütze aufgeboten, die das Land zu bieten hatte. Die schon begonnene Rufmordkampagne wurde in Wort und Schrift weitergeführt und regelmäßig erschienen im Seitzer Durchhalteblättchen große und kleine Artikel über die Fremden, die sich mit Betrug und Geldwäsche in die Gemeinde eingekauft hatten.

Der erste April war ein finsterer Tag für Seitz und den Gemeinderat. Die Fernwärme des ortseigenen Heizhauses war im Ghetto tatsächlich abgeschaltet worden und rabenschwarze Wolken zogen, trotz herrlichem Frühlingswetter, am Stimmungshorizont der Gemeinde auf. Die Gemütslage der Räte war vergiftet und im ganzen Dorf machte sich eine äußerst unangenehme und spürbare Spannung breit. Die Ruhe vor dem Sturm.

Charlotte und Georg waren in diesen Wochen öfters in Seitz als eigentlich vorgesehen. Es war wichtig aus erster und zweiter Hand zu erfahren, was in der Gemeinde und im wirren Kopf des Lokalmatadors vor ging. Größter Quell allen Wissens war natürlich Horst, der unangefochtene König und Hausmeister der Wohnanlage. Im Untergrund ließ er seine Untertanen und Lehnsträger ausschwärmen, um die neusten Entwicklungen der politischen Großwetterlage geheimdienstmäßig zusammenzutragen. Konkrete Fakten standen dabei weniger im Vordergrund als die Enttarnung der jeweiligen Stimmungsmacher der einzelnen Fraktionen im Gemeinderat. Bei Weitem war nämlich nicht jeder der Räte „Pro-Rasch" eingestellt, nur hatte niemand das Rückgrat gegen ihn aufzubegehren und nur ganz wenige, wenn überhaupt jemand, konnten es sich leisten Kritik zu üben oder sich gar gegen die Meinung des Herrschers zu stellen. Die alten Seilschaften aus ehemaligen Tagen lebten und waren wohl auf. Fast jeder im Gemeinderat war als selbstständiger Kleinunternehmer tätig und jeder fürchtete mit dem wirtschaftlichen Schwert des herrischen Königs geköpft zu werden, wenn er nicht untertänigste Gehorsamkeit zu allen Entscheidungen lebte.

Der bei weitem öffentlichste Kontrahent des Regenten war der ehemalige Sparkassenbanker und jetziger Inhaber einer Drogerie mit angeschlossenem Baumarkt, Dr. Beine. Sobald er hörte, dass die Dresdener im Ort waren – und das war binnen Minuten nach deren Ankunft der Fall – schickte er sich stante pede an, den Beiden eine Nachricht für ein dringend notwendiges Treffen zu übermitteln.

Zur besagten Zeit, meistens in der Dämmerung des Tages oder im Schatten der Dunkelheit, machte er sich mit seinen zu kurz geratenen Beinen, flink wie ein Wiesel, auf den Weg zum Gasthof. Mit blanken, blitzenden, aber sehr freundlichen Augen und einem breiten Lächeln, welches sein Gesicht fast faltenlos erscheinen ließ, begrüßte er die Dresdener und schüttelte mit seinen winzig kleinen Händen dieselben der Beiden, als hätte man sich Jahre nicht gesehen.

Seine sehr innige Begrüßung war dabei durchaus herzlich und aufrichtig. Man bequemte sich dann meistens auf der Eckbank an einem der Rundtische im Schankraum und bestellte auch gleich ein frisches Warsteiner und eine Weinschorle, um auf das Wiedersehen anzustoßen. Gekleidet in feinem Hosentuch aus dunkler Baumwolle mit 40% Popelinanteil, einem buntkarierten Oberhemd mit etwas zu langem Arm und einem darüber gezogenen Pullunder mit zwei querlaufenden Streifen, auf welchem man bei näherer Betrachtung Teile des gestrigen Mittagsessens ausmachen konnte, saß der kleine Mann freudig die Beine baumeln lassend und sichtlich zufrieden, wie ein Kind zwischen seinen Eltern.

Die Drei erkundigten sich gegenseitig nach dem jeweiligen Befinden des anderen, sprachen kurz über bedeutende Weltgeschehnisse wie die Irankriese und die nicht minder wichtigen, neu aufgestellten Schilder am nahe gelegenen Dorfteich, welche sehr schön die regionale Vogelvielfalt in Bild und Schrift dem interessierten Wanderer näherbringen sollten.

Der Wirt und sein Team huschten hin und wieder vorbei und prüften mit professionellem Blick den Pegelstand der Gläser und den ihrer Gäste und das Gespräch der Drei kam seinem ersten Höhepunkt entgegen.

In der Drogerie mit angeschlossenem Baumarkt war noch eine Rechnung in Höhe von 20,95 Euro offen. Es ging offensichtlich um ein von Horst auf Rechnung gekauftes Wasserhahnendstück und eine Dichtung, wobei das zur gleichen Zeit erworbene Kaugummi natürlich nicht mitberücksichtigt wurde - denn das war ja privat. Und da er kein großes Aufsehen um diese unsägliche Angelegenheit machen wollte, hatte er sich schriftliche Mahnungen per Post nach Dresden erspart. Aber dennoch – diese Position stand nach wie vor auf Seite 12 in der neben der Kasse liegenden und mit kariertem Papier ausgestatteten DIN-A5 Kladde und musste dringend ausgestrichen werden. Wie sollte er das auch sonst dem Finanzamt bei einer etwaigen Buchprüfung erklären.

Nachdem die beiden Dresdener alle Vorzüge von kariertem Papier im DIN-A5 Format gegenüber dem ordinären Linienpapier erfahren hatten, schlugen sie vor, die noch offene Nota umgehend und auf der Stelle in bar zu begleichen – obwohl Dr. B. nicht die entsprechende Rechnung zur ordnungsgemäßen Prüfung dabei hatte. Hocherfreut und nach dreimaligen nachfragen, ob diese doch wohl eher unbürokratische Handhabe denn auch wirklich vertretbar sei, nahm er die klingende Münze gerne in Empfang. Er bedankte sich mehrmals für das entgegengebrachte Vertrauen und versicherte den Beiden, dass sie selbstverständlich auch weiterhin über ihren Pedelle auf Rechnung einkaufen könnten.

„Nur die 8mm Dichtungen sind nicht immer vorrätig", erklärte er staatsmännisch mit offensichtlichem Sachverstand um die Bedürfnisse eines Hausmeisters.

Da man jetzt schon mal beim Thema „Geld" war, fragte der kleine Mann in großer Verantwortung gegenüber der Gemeinde an, ob man nicht erwägen könne, eine größere Rate auf die von der Gemeinde geforderte Summe von nunmehr rund 70.000 Euro als Zeichen guten Willens zu bezahlen. Er hatte letztendlich ja auch das geheime Gespräch mit der Geschäftsführung der ARGE in seinem Hause arrangiert und war zugegen, als man seitens der Verwaltung versicherte, dass selbstverständlich die tatsächlichen und gerechtfertigten Aufwendungen für die Wohnnebenkosten der Leistungsempfänger übernommen würden. Nur war das bisher noch nicht geschehen. Und das wusste auch der pfiffige Hobbydiplomat sehr genau. Nicht dass er sich auch nur im Entferntesten ausgerechnet hatte, dass aufgrund seiner Anfrage auch nur ein Cent geflossen wäre, so war es doch sein offizieller Grund und Anlass gegenüber der Gemeinde mit den unrühmlichen Dresdenern in der Öffentlichkeit an einem Tisch zu sitzen.

Dorfbekannte Gäste kamen und gingen und fast jeder dieser Zeitgenossen grüßte Dr. B. höflich, was dieser mit einem fast königlich wirkenden Winken durch eine mehrmalige, geschmeidige Halbdrehung der rechten gehobenen Hand erwiderte. Es sollte ruhig jeder wissen, dass er die Initiative für die Gemeinde ergriff und alles daransetzte, eine gütige Einigung mit den säumigen Schuldnern zu erzielen - denn eine Klage seitens der Gemeinde gegen Georg sollte unmittelbar bevorstehen.

Insgeheim hatte der gewiefte Gemeinderat jedoch ein ganz anderes Ziel. Er wollte endlich seinen Bürgermeister stürzen und die Vetternwirtschaft in der Gemeinde ein und für allemal aufdecken und beenden. Und dafür kamen ihm die zwei störrischen Dresdener gerade recht.

Beine wusste mehr über die perfiden und illegalen Machenschaften des kommunalen Imperators, als jeder andere Gemeinderat und er hätte diese auch beweisen können, wenn…, ja wenn er nur ein kleines bisschen Mut und Charakter haben würde. Aber das hatte er nicht. Auch er war einer der angsterfüllten und weichlichen Mitläufer, der aus Furcht vor seinem Meister lieber Korruption und Nepotismus übersah, als seinem Gewissen im Namen der Gerechtigkeit und Demokratie zu folgen. Er wollte lieber als politischer Meuchelmörder im Hintergrund agieren und falls der große Knall kommt, sich auf die dann jeweils sichere Seite schlagen. Sollte der Coup gelingen, hätte er sich als Tyrannenmörder feiern lassen können und sollte er danebengehen, wäre er der loyale Gemeinderat, welcher alles im Sinne der Gemeinde versucht hatte, um die Scharlatane aus Dresden zur Verantwortung zu ziehen.

Um seinen Plan umzusetzen, musste er den Dresdenern nur genügend Hinweise auf die Machenschaften in der Gemeinde geben, ohne jedoch zu konkret zu werden und gegebenenfalls als Mitschuldiger dieser Taten dazustehen. Gleichzeitig durfte er es sich auch nicht leisten, konkrete Beweise zu übergeben, denn die Herkunft dessen hätte ihn unweigerlich als Komplizen des Komplotts überführt.

Er entschied sich also das Thema „Heizhaus" anzusprechen. Er erklärte den Dresdenern, dass sich die Gemeinde, trotz leerer Kassen, vor ein paar kurzen Jahren entschlossen hatte, ein modernes und effizientes Heizhaus für sehr viel Geld zu bauen. Natürlich nur zum Nutzen und Vorteil ihrer Bürger. Geschickt sprach er von den damaligen Diskussionen im Gemeinderat und davon, dass es nach Ansicht der meisten Räte eigentlich gar keinen Bedarf an einem neuen Heizhaus gegeben hatte, aber der

Bürgermeister in vielen Diskussionen, innerhalb und außerhalb der offiziellen Sitzungen, jeden einzelnen Rat von der Notwendigkeit dieser Anlage überzeugen konnte.

Der örtliche Bauunternehmer war auf einmal sehr von der Dringlichkeit des Vorhabens überzeugt, genauso wie der regionale Heizungs- und Anlagenbauer, welcher anfänglich vehement gegen den Bau einer neuen Heizung plädierte, da die alte Einrichtung mit wesentlich geringerem Aufwand technisch zu modernisieren gewesen wäre.

Jede einzelne Stimme im Gemeinderat kippte nach und nach zugunsten der hehren Pläne des Bürgermeisters. Nur Beine war die offizielle Stimme gegen das Vorhaben und unterstrich so öffentlich wirksam das System der demokratischen Meinungsbildung im Dorfparlament.

Man braucht jetzt nicht weiter zu erklären, dass natürlich zufällig in dieser Zeit die meisten Gemeinderäte mit ihren kleinen Handwerksunternehmen großzügige Aufträge von der Kommune erhielten. Und wer kein eigenes Handwerk hatte, wurde auf andere Weise bedacht, indem man zum Beispiel den Vorsitzenden des örtlichen Sportvereins mit opulenten Modernisierungen in seinem Verein zur positiven Stimmabgabe überzeugen konnte.

„Selbstverständlich hatte das eine nichts mit dem anderen zu tun“, erklärte Beine mit bewusst zynischem Unterton.

„Und da ein anderer Sportfunktionär im Gemeinderat ebenfalls nicht für das Heizwerk gestimmt hatte, flog dieser samt seiner ganzen Abteilung aus dem Verein raus. Seitdem gibt es in unserer kleinen Gemeinde zwei Sportvereine. Der eine ist supermodern ausgestattet und hat das Sagen auf der Sportanlage und der andere Verein hat nichts an Ausstattung und darf im besten Fall von Zeit zu Zeit anfragen, ob es gestattet sei, auf der neuen Anlage zu trainieren. Aber auch das war reiner Zufall, denn es brodelte schon lange innerhalb des Vereins, so dass eine Teilung sowieso unvermeidbar gewesen sei“, attestierte Beine mit erster Mine und einem Augenzwinkern.

„Als das neue Heizhaus dann stand“, so der kleine Mann, „waren die Probleme auch schon da“. Die Anlage war wesentlich teurer geworden als geplant und die wenigen Wärmeabnehmer waren zum größten Teil kommunaleigene Einrichtungen, welche ihre Heizrechnung aus dem von der Gemeinde zugesprochenen Budget begleichen mussten. Also rechte Tasche – linke Tasche.

Die Kassen der beauftragten Kleinunternehmer waren gefüllt und Kasse der Gemeinde wurde zusehends leerer. Es musste also eine kreative, aber legale Buchführung her. Grundkosten, Arbeitskosten, Investitionszuschüsse, besondere Abgaben, Leitungskosten, Instandhaltungs- und Verwaltungskosten und viele andere kleine Rechnungspositionen wurden den unwissenden Wärmeabnehmern auf die jährliche Endabrechnung geschrieben. Die Nebenkostenanteile für die gemeindeeigenen Einrichtungen wurden aber zum größten Teil vom Landkreis erstattet, da im Rahmen der letzten Verwaltungsreform diese Aufwendungen zentral vom Landratsamt verwaltet wurden. Das Landratsamt indes holte sich wiederum maßgebliche Mittel in Form von Zuschüssen des Landes und des Bundes zurück, da ja eine maßgebliche Investition, nämlich der Bau eines neuen, ökologisch sinnvollen Heizwerks, mit den Förderprogrammen „Aufbau Ost“, realisiert werden konnte. Und der zuständige Landrat war übrigens ein sehr guter und alter Bekannter aus ehemaligen Tagen des einstigen Brigadiers und jetzigen Bürgermeisters. Wehe dem der da böses denkt...

Auf Fragen der Dresdener, ob denn die in Rechnung gestellten Nebenkosten ihre Richtigkeit hätten, empfahl Dr. B. diese doch mal genau zu hinterfragen.

„Genaues kann ich natürlich auch nicht sagen, da ich kein Verwaltungsfachmann bin und auch die Endabrechnungen nicht gesehen habe, doch möchte ich anmerken, dass Sie nicht die Einzigen wären, die die Abrechnungen hinterfragen würden. Der im Ort niedergelassene Arzt und der lokale Edeka-Markt haben sich schon wegen zu hoher Nebenkosten von der Fernwärme der Gemeinde abgehängt und sich für eine andere Wärmeversorgung entschieden“.

Das Warum und Wieso blieb natürlich unbeantwortet. Listig grinsend und augenscheinlich sehr zufrieden mit sich selbst und seiner diplomatischen Redekunst, prostete er in die Runde und fragte, ob er denn auch mal Einen ausgeben sollte, bevor er sich auf dem Heimweg machte. Charlotte und Georg sahen sich nur kurz an und bekundeten umgehend wortgewandt und überzeugend, dass sie darauf bestanden, selbst die letzte Runde, wie die sechs vorhergegangen, zu übernehmen, da sie in Dr. B. einen guten und ehrlichen Freund gefunden hatten und ihr Dank für seine vertrauenswürdigen Ausführungen, seine guten Ratschläge und bei Weitem nicht selbstverständliche Hilfe, nicht mit Gold hätten aufgewogen werden können. Und von daher wäre es doch ohne jede Frage, dass er sich als ihr Gast betrachten durfte. Sichtlich gebauchpinselt und vollends überzeugt von den honorigen Argumenten der Beiden, bestellte er sich fix noch ein Bier auf Rechnung der Dresdener und resümierte über seine politische Karriere in der „Gemeinschaft der Freien Wähler", welche nach seiner festen Überzeugung eine echte Alternative zu allen anderen Parteien war.

Nach einer weiteren, guten halben Stunde und einer zwischenzeitlich weiteren Abschiedsrunde auf Kosten der Dresdener, polterte Horst, der Kalfakter der Wohnanlage, mit einem „netten Pärchen" im Schlepptau in den Landgasthof. Dr. Beine nahm den „Wachwechsel der Gäste" zum Anlass, um sich nun endgültig zu verabschieden. Er hüpfte geschmeidig von der Eckbank, begrüßte die Neuankömmlinge nicht weniger herzlich als wie er sich von Charlotte und Georg verabschiedete und warf sich lässig einen leichten Windblouson in Kindergröße über. Die inneren Fingerspitzen beider Hände hoch über seinem Kopf zusammengehakt, verabschiedete er sich gestenreich aus der Ferne von Mike dem Gastwirt und verschwand wie ein geölter Blitz, mit leichtem Hochwasser seiner dunklen Baumwollhose mit 40% Popelinanteil, aus der Gaststätte. Der schwach nach außen strahlende Lichtkegel der Gaststube ließ ihn dann auch alsbald aus den Augen der Zurückbleibenden in der Dunkelheit entschwinden.

Horst und das „nette Pärchen" nahmen selbstredend die soeben frei gewordenen Plätze ein und freuten sich auf das langersehnte Feierabendbierchen. Charlotte kannte die Beiden wohl schon und Georg erinnerte sich, sie auf dem Sommerfest begrüßt zu haben. Nachdem auch Horst mitbekam, dass Georg die zwei zusätzlichen Gäste nicht richtig zuordnen konnte, stellte er sie sofort mit einem Fingerzeig auf die jeweilige Person vor.

„Das ist Carola, meine Frau und das ist Maik, ihr Freund“, erklärte er wie selbstverständlich. Ruhe. Georg sah Charlotte und die anderen drei Gäste der Reihe nach an und sagte:

„Na klar, hätte ich doch gleich wissen müssen“, und begrüßte, nunmehr förmlich vorgestellt, die Zwei mit einem freundlichen Händedruck.

Maik, der Freund von Horst seiner Ehefrau, hatte eine Art die Hand zu schütteln, die schwer zu beschreiben ist. Völlig kraftlos und ohne jeden Gegendruck, fühlte es sich ungefähr so an, als hätte man etwas in der Hand, was man des Öfteren auf dem Gehsteig findet und sich maßlos darüber ärgert, wenn man es unter dem Schuh kleben hat - nur nicht ganz so angenehm. Carola indes reichte ihre sich glitschig anfühlenden Fingerspitzen kurz zur Begrüßung und sah dabei mit sturem Blick unter den Tisch. Charlotte rettet die für die Zwei offensichtlich unangenehme Situation, indem sie sagte: „Schön, dass ihr gekommen seid. Hatte ich Georg noch gar nicht gesagt“, und erklärte, dass Carola und Maik dem Hauswart Horst sehr zur Hand gehen würden und eine sehr große Hilfe im Umgang mit den Mietern seien.

„Carola verschönert die Treppenaufgänge in allen drei Blöcken durch regelmäßiges Saubermachen und Maik hilft bei den wöchentlichen Mietersprechstunden und ist auch sonst ein hilfsbereiter Mediator bei den nicht so ganz seltenen Unstimmigkeiten zwischen den Mietparteien“.

„Und dafür bekommt er 50 Euro im Monat und jetzt trinken wir erst mal einen“, ergänzte Horst mit erhobener Hand, um sich beim Wirt bemerkbar zu machen.

„Aber nur einen“, versicherte Horst ernsthaft, da sie ja alle morgenfrüh wieder raus mussten und die Nacht um 5 Uhr vorbei sei.

Carola und Maik stimmten ihrem „Chef“ unumwunden zu und ergänzten die Bestellung um jeweils ein Schnäpschen. Isabell, die freundliche Bedienung, brachte das Gewünschte, ließ sich von Horst seine unendliche Liebe zu ihr bestätigen und verschwand lachend schnell wieder hinter der Theke.

Leider begab es sich nun, dass der Gesprächsbedarf der Fünf wesentlich größer war als gedacht. Man sprach über die politische Lage im Dorf, über die Wut des Bürgermeisters, über Katzenpisse und andere Ereignisse, welche das Leben im Ghetto nicht einfacher machten.

Carola bestätigte zwischen jedem weiteren Schnäpschen ihren ausgeprägten Sinn für Ordnung und Sauberkeit und Horst und Maik philosophierten über die benötigte Anzahl an Flaschenbier, womit sie in den nächsten Tagen ihre Helfershelfer bezahlen mussten. Denn es musste gemäht werden und schließlich kann man ja nicht alles selbst machen.

Inzwischen wurde das „allerletzte“ Bierchen zum achten Mal bestellt und man war der Meinung, dass eine kleine Stärkung nun sehr gut zur besseren Verarbeitung der zu sich genommenen Erquickungen beitragen würde. Isabell, die galante Dienstmagd, nahm eine entsprechende Bestellung auf, Horst versicherte ihr abermals seine unendliche Liebe, Carola gab zum Besten, dass sie einen sehr ausgeprägten Sinn für Ordnung und Sauberkeit hatte und Maik lächelte verständig und über den Dingen stehend in Richtung Charlotte, dass die beiden anderen bestimmt schon „Drei/Acht“ auf dem Kessel haben und deshalb das eine oder andere öfters wiederholten.

„Aber ich passe schon auf“, sagte der bullige, schwitzende Mann und trank schnell sein Schnäpschen, bevor es zu warm werden würde.

Charlotte und Georg hatten die Ruhe weg. Sie hörten geduldig allerlei Geschichten und huldigten die Drei für ihr Engagement, kamen nicht umhin bei den meisten der „allerletzten“ Runden mitzuhalten und sahen ihr augenblickliches Schicksal als eine Art Investition in das Verständnis um die dunklen Tiefen einer ihnen völlig unbekannten Welt. Sie wussten, dass sie die Drei noch brauchen würden, und so nahm der Abend seinen Lauf für weitere drei Stunden.

Die Verabschiedung erfolgte dann gegen Eins mit dem schon bekannten Händedruck, Carola versicherte den beiden Dresdenern mit verschwommen Augen, dass sie einen sehr ausgeprägten Sinn für Ordnung und Sauberkeit hätte, Maik bedankte sich für das sehr angenehme Gespräch und versicherte seine absolute Loyalität im Sinne der gemeinsamen Sache und Horst sagte: „Die sind alle bekloppt". Und schon schunkelten sie gemeinsam durch die Tür in die Nacht. Georg und Charlotte genehmigten sich noch einen Absacker und waren dann auch schnell in ihrem Zimmer verschwunden.

Und wieder kam der nächste Morgen viel zu schnell. Nach ein paar gefühlten Minuten Schlaf empfing sie Mike gegen 09:00 Uhr im Frühstücksraum mit einem wirklich reich gedeckten Buffet, Kaffee und ausreichend Aspirin. Die Dresdener waren die einzigen Gäste an diesem Morgen und brauchten daher auch nicht ihre augenscheinlich angeschlagene Befindlichkeit großartig zu verbergen.

Ein halbes Brötchen, ein Ei und jede Menge Kaffee, ließen den Tag alsbald in seiner vollen Schönheit entfalten. Mike machte einige flapsige Bemerkungen über die neuen „besten" Freunde der Beiden und setzte sich nach getaner Arbeit mit an den Frühstückstisch.

Das Gespräch wurde dann sehr schnell sehr ernst. Wissend um die Vertraulichkeit ihrer Gespräche, betonte Mike abermals, wie sensibel dieses Thema sei und das es letztendlich um seine Existenz gehen würde, wenn herauskäme, dass er der „Informant" sei. Wie recht er nur hatte.

Für Mike war das Gespräch vom Vorabend mit Dr. B. von Interesse. Er überhörte zwangsläufig einige Bemerkungen von Beine und wusste genau, worum es ging. Wie von Charlotte und Georg richtig vermutet, wollte B. Rasch den Garaus machen – hatte aber mehr Angst wie Vaterlandsliebe. Mike bestätigte die grauenvolle Entscheidungsfindung im Rat, welche letztendlich zum Bau des nicht benötigten Heizhauses führte.

Das Rasch ein ausgesprochenes Charakterschwein war, war den beiden Dresdenern seit langem klar – nicht zuletzt durch die frevlerischen Eskapaden im Umgang mit seiner Ehefrau. Das aber offensichtliches

Schindluder im großen Stil mit öffentlichen Mitteln getrieben wurde, war bisher nur zu erahnen.

Mike erklärte, dass das Heizhaus mit weit überzogenen Rechnungen durch Fördermittel des Landes und Bundes finanziert wurde und die Gemeinde selbst nicht einen roten Kreuzer de facto dazugegeben hatte, obwohl ein Eigenanteil von 30% Voraussetzung für die Beteiligung des Bundes gewesen war. Rechnungen wurden manipuliert und vorsätzlich gefälscht, um den geforderten Eigenanteil darzustellen. Die so „freigewordenen" Mittel, gingen dann in eine eigens dafür angelegte „schwarze Kasse", welche natürlich von Rasch selbst verwaltet wurde.

Man erinnere sich auch an den Aus- und Umbau der „Tanke", die Gaststätte der Lebensgefährtin des Bürgermeisters. Gemeindeeigene Baumittel, Gerät und Personal wurden für dieses Projekt eingesetzt. Die Aufträge gingen natürlich ausschließlich an die Unternehmer im Gemeinderat, die somit auch im Boot der unredlichen Machenschaften saßen und von daher bei allen Entscheidungen im Rat einfach nur die Klappe halten mussten.

Mike kam in Fahrt und man sah, wie er sich durch seine Ausführungen Luft verschaffte und sich seinen Frust von der Seele redete. Wut und maßlose Enttäuschung war dem einstig so voller Hoffnung gewesenen Kneipier offen anzusehen und auch er würde alledem lieber heute als morgen ein Ende setzen. Wenn er es nur beweisen könnte und nicht um sein wirtschaftliches Dasein bangen müsste.

Ein weiteres Großprojekt der Gemeinde war eine Linksabbiegerspur auf die zum Dorf parallellaufende Landstraße. Direkt hinter dem Gasthof verlief eine aus dem Dorf kommende Kopfsteinpflasterstraße, welche nach gut 100 Metern auf die besagte Landstraße traf. Leider hatte genau diese Ausfahrt keine eigene Linksabbiegerspur und verlief somit nur rechtsseitig auf die gut ausgebaute Landstraße in Richtung Havelburg. Ein Unding in den Augen des Bürgermeisters. Es musste Abhilfe her und entsprechende Bauplanungen wurden in Auftrag gegeben und letztendlich vom zuständigen Landrat genehmigt. Das Problem war nur, dass die kommunaleigene Straße nicht genügend Platz für einen entsprechenden

Ausbau bot, da die Zubringerstraße, gemäß den geltenden Baugesetzen, eine Mindestbreite haben musste.

Das rechts an der geplanten T-Kreuzung angrenzende Privatgrundstück, welches ausreichend Platz hatte, gehörte zufälligerweise dem örtlichen Bauunternehmer und Gemeinderat, welcher dort mit seiner Familie in einem großzügig gebautem Domizil, welches rückwärtig mindestens 80 Meter von der Straße entfernt lag, zufrieden lebte.

Die Lösung der Probleme lag ja nun eigentlich auf der Hand. Man brauchte dem Anwohner ja nur ein paar Meter seines Grundstückes abzukaufen und schon hatte man ausreichend Platz für den Bau einer neuen Linksabbiegerspur.

Natürlich wollte der besagte Anlieger, Bauunternehmer und Gemeinderat, nichts von seinem Grundstück verkaufen und beschwerte sich gleichsam über die unweigerlich drastisch steigende Lärmbelastung, welche durch die neue Linksabbiegerspur auf ihn und seine Familie gesundheitsgefährdende Auswirkungen haben würde. Immerhin würde ja eine Hauptverkehrsarterie aus dem 1700-Seelendorf direkt an seinem Anwesen vorbeiführen – und das sei unzumutbar.

Nach langen Minuten der Verhandlungen wurde man sich aber offensichtlich dennoch einig. Die Gemeinde kaufte dem Bauunternehmer und Gemeinderat einen 3-Meter breiten und 50-Meter langen Streifen seines Grundstücks ab und hatte somit die gesetzlichen Auflagen für das wichtige Infrastrukturprojekt erfüllt. Der Preis des Grundstücks war natürlich aufgrund des Härtefalls gegenüber dem Anwohner maßgeblich erhöht worden und lag weit über den üblichen Einheitswerten der Region. Darüber hinaus bekam der Geschundene noch eine neue Schallschutzmauer zugesprochen, welche jedoch von der Ansehnlichkeit auch zum Dorf passen musste. Und das hieß nichts anderes, als dass eine schöne und beachtenswerte Bruchsteinmauer, passend zum rückwärtigen Haus und zum besseren Antlitz der Gemeinde, eingeplant wurde.

Aber dann konnte es auch schon losgehen. Wie vorgeschrieben wurde eine entsprechende Ausschreibung zum Bau der öffentlichen Linksabbiegerspur veranlasst und im Rahmen des anzuwendenden

Regionalprinzips vergeben. Und an wen? Na, an den hiesigen Bauunternehmer, welcher zuvor schon einen Grundstücksstreifen an die Gemeinde für teures Geld verkaufen „musste". Es war zwar nicht das günstigste Angebot, aber dennoch vertretbar, da Bauaufträge ja letzten Endes den regionalen Unternehmen zugutekommen sollten und nicht irgendwelchen überregionalen Tiefbaugesellschaften, welche nichts mit der Gemeinde zu tun hatte.

Die Baumaßnahme wurde alsdann auch zügig umgesetzt. Seitz hatte eine Linksabbiegerspur und eine neue Bruchsteinmauer am Ortsausgang, was bestimmt die touristische Attraktivität des Dorfes, neben den neuen Schildern am Dorfteich, maßgeblich vergrößern würde.

Der Hausherr des Grundstücks wurde fürstlich für sein Elend entlohnt, der Bauunternehmer in gleicher Person, hatte einen gut dotierten Auftrag und der Bürgermeister ein echtes Vorzeigeprojekt zum Nutzen aller Bürger dieser jetzt noch schöneren Gemeinde. Und wie es nun mal im richtigen Leben so ist, wurde die komplette Zufahrt zum 80 Meter entfernten Wohnhaus, wohlgemerkt auf dem privaten Grundstück des Bauunternehmers, neu befestigt, verbreitert und geteert. Natürlich auf Kosten der Gemeinde. Macht ja nix, wenn ein ursprünglicher Kostenvoranschlag mal ein bisschen überzogen wird – machen doch alle so. Und schließlich muss der Bauunternehmer ja auch von irgendetwas leben.

Ein weiteres Kapitel aus dem politischen Leben in Schilda war der Kauf eines neuen Feuerwehrwagens mit modernster Technik zur Bekämpfung großer und kleiner Brände. Es könnte ja mal ein Feuer ausbrechen und wie dumm sieht das denn aus, wenn die freiwillige Feuerwehr nicht mal mit einem adäquaten Fahrzeug anreisen konnte.

Der entsprechende Beschluss ging ohne Gegenstimmen durch den Gemeinderat und flugs wurde ein neues und modernes Fahrzeug bei einem befreundeten Nutzfahrzeughändler, natürlich mit Fördermitteln, bestellt.

Nur das Beste war gerade gut genug und in der Tat wurde ein sehr stattliches Feuerwehrauto mit allem Drum und Dran ein paar Wochen später geliefert. Das dumme war nur, dass es nicht in die alte Feuerwehrgarage passte. Es war einfach zu groß. Mal wieder hatte sich der Bürgermeister zum Wohle Aller durchgesetzt und mit an Dummheit nicht zu überbietender Handhabe die Kohle der Steuerzahler zum Fenster rausgeschmissen. Ob nun ein Löschfahrzeug in dieser Größenordnung und Ausstattung überhaupt gebraucht worden wäre, sei mal dahingestellt. Es geht hier einfach um die Unfähigkeit einzelner Entscheidungsträger und um die offensichtlich nichtvorhandene Kontrolle der vorgeschalteten Behörden.

Nichtdestotrotz, dass neue Löschfahrzeug musste gefeiert werden. Und wenn sich die Gemeindekasse mit einem Feuerwehrfest noch etwas aufbessern ließe – umso besser.

Gesagt, getan und schon waren die Planungen für diese überregionale Veranstaltung in vollem Gange. Bürgermeisterkollegen, Gemeinderäte und Honoratioren aus allen umliegenden Dörfern sowie die Bewohner des noch schöner gewordenen Örtchens, wurden zur Einweihung der neuen Löschstation eingeladen und Rasch war der Mann der Stunde. Nur mit ihm konnte die Region was werden und genau so ließ er sich feiern und auf den Schild heben. Es störte Niemanden, dass das Feuerwehrauto nicht in die Garage passte und wahrscheinlich hatte diese Kleinigkeit auch keiner der Gäste bemerkt. Und wenn – es hätte niemand gewagt ernsthaft dagegen aufzubegehren.

Das Feuerwehrfest wurde wortwörtlich mit Pauken und Trompeten des regionalen Musikvereins zünftig gefeiert. Es mangelte nicht an guter Laune und auch nicht an Steaks, Bratwurst und Getränken, welche von einigen abgestellten Jungfeuerwehrleuten an die minderbemittelte Menge verkauft wurde.

Die erwirtschafteten Erlöse sollten ebenfalls der Feuerwehrkasse zugeführt werden und waren somit als „Guter Zweck" Grund und Anlass genug, um entsprechende Preise zu verlangen. Das Bier floss in Strömen, die Fässer wurden leer, die Gäste voll und auch die schwarze Kasse des Bürgermeisters konnte entsprechenden Zuwachs verzeichnen. Denn – eine

Unternehmerin einer örtlichen Gastronomie, nämlich der „Tanke", erklärte sich uneigennützig bereit, die notwendige Logistik für das Fest zu übernehmen.

Auf offizielle Rechnung kaufte die „Tanke" üppige Mengen an Getränken, Würstchen und Steaks - natürlich inklusive der gesetzlichen Mehrwertsteuer. Das erworbene Labsal wurde dann an die Feuerwehr übergeben, welche es in Eigenregie verkaufte.

Da die freiwillige Feuerwehr üblicherweise eine gemeinnützige Einrichtung ist, unterliegt sie auch nicht der Mehrwertsteuer. Bier, Würstchen und Steaks wurden also Brutto-für-Netto an den Mann und die Frau gebracht. Die „Tanke" ließ sich jedoch die beim Einkauf berechnete Mehrwertsteuer vom Finanzamt erstatten und deklarierte die Produkte für den eigenen Wiederverkauf. Der Feuerwehrverein stellte der Unternehmerin dann noch großzügig eine Spendenquittung für die günstig überlassenen Delikatessen aus, welche dann ebenfalls dem Finanzamt zur Verrechnung gegen die doofe Steuer vorgelegt werden konnten. Der Feuerwehrverein bezahlte lediglich einen kleinen Obolus für die Zapfanlage und den Grill, sowie den Einkaufspreis der Köstlichkeiten ohne Mehrwertsteuer. Die überschüssigen Naturalien wurden natürlich uneigennützig von der Gastronomin zurückgenommen und „vernichtet", sobald das Haltbarkeitsdatum es vorschreiben würde. Es waren also alle glücklich und zufrieden - bis auf Einen. Mike der Landgasthofwirt.

Während er erzählte, zog alles noch einmal wie in Zeitlupe an ihm vorüber. Wie hatte er sich vom Bürgermeister und einigen Gemeinderäten nur einlullen lassen, als er sich entschloss, die Scheune in einen Landgasthof zu verwandeln. Es wurde ihm versprochen, dass alle kommunalen Events, auch die der Sportvereine und der Feuerwehr, nur mit ihm als alleiniger Ausrichter bewirtschaftet werden.

Es war jedoch alles nur Schall und Rauch. Seitdem die „Tanke" wiederbelebt wurde, gingen mehr und mehr Veranstaltungsaufträge an die Lebensgefährtin des Bürgermeisters und Mike hatte das Nachsehen. Nur Veranstaltungen, an denen die Dame selbst teilnehmen wollte oder Veranstaltungen, denen sie einfach nicht gewachsen war oder die Lokalität fehlte, wurden Mike zugeschustert. Und dennoch musste er stets nett und freundlich gegenüber allen Lokalmatadoren sein, um die geschrumpften Umsätze seines Hauses nicht ganz in den Keller zu fahren.

Der größte Hammer allerdings, so Mike, war das Projekt „Landschulheim". Da auf dem Lande in der Mitte von Nirgendwo die Luft einfach besser ist, wurde die Notwendigkeit um ein neues Landschulheim von der Gemeindeführung schnell erkannt. Fördermittel waren im Überfluss vorhanden und brauchten nur abgerufen zu werden.

Inzwischen schon zur Routine geworden, machte man sich schnell an die Planung. Die örtlichen Unternehmer wurden wie eh und je mit allen relevanten Aufträgen bedacht und der Kostenvoranschlag war schnell fertig. Es gab aber nun ein anderes Handicap, was dringender Lösung bedurfte, wenn das Projekt nicht scheitern sollte.

Eine 100%-ige Fördermittelfinanzierung war möglich, wenn, ja wenn das Bauvorhaben die magische Summe von 350.000 Euro nicht übersteigen würde. Da erfahrungsgemäß in der Gemeinde aber recht großzügig geplant wurde, lagen die tatsächlich veranschlagten Kosten jedoch 55.000 Euro über den als Obergrenze zugelassenen Baukosten.

Aber guter (Gemeinde-) Rat ist ja nun mal nicht teuer. Der offizielle Kostenvoranschlag wurde einfach um die entsprechende Summe reduziert und konnte Punktgenau für die Fördermittelhöchstsumme beim Land eingereicht werden.

Dem Antrag wurde wie gewünscht stattgegeben und die Gemeinde erhielt stolze 350.000 Euro für das neue Landschulheim. Da der Herr aller Reusen jedoch auf einer gut gefüllten schwarzen Kasse saß, waren der wirtschaftlichen Kreativität keine Grenzen gesetzt. Die erschwindelten 350.000 Euro wurden gemäß den Statuten an die beteiligten Unternehmer ausgeschüttet und etwaige Mehrkosten aus der unsichtbaren schwarzen Kasse beglichen. Das hatte wiederum zur Folge, dass die beteiligten Gewerke ebenfalls zu einem guten Teil „schwarz" abgerechnet werden konnten. Wie gehabt, machten sich die Mitwirkenden mal wieder die Taschen auf Kosten der Steuerzahler voll und rechneten so ganz nebenbei den von der klammen Kommune erteilten Auftrag als Nullrechnung, also

Auftrag ohne Gewinn, beim Finanzamt ab. Mehr noch, die meisten Handwerker konnten offizielle Verluste verbuchen, da ja ein Festpreis für das jeweilige Gewerk vereinbart wurde, was aber in den meisten Fällen offiziell nicht zu halten war. Um dieses uneigennützige Handeln zum Nutzen und Wohl der Gemeinde zu kompensieren, wurden im Nachgang die Verluste durch andere Gemeindeaufträge aber ersetzt.

Schwarze Schafe gibt es ja nun bekanntlich überall. Das aber die Hausbank der Gemeinde, nämlich die regionale Sparkasse, diese kriminellen Aktivitäten aller Beteiligten unterstützte, lässt einem fast die Sprache verschlagen. Die wohlgesonnene Sparkasse wusste von allen Details der Kostenvoranschläge und gab dennoch die reduzierten und getürkten Aufträge zur Erstattung an die maßgeblichen Behörden weiter. Und wer glaubte man sei nun am Ende der Dreistigkeiten mit Lug und Betrug, was das Landschulheim angeht, der täuschte sich gewaltig.

Nach der Fertigstellung des neuen Landschulheims wurde nach schon bekanntem Muster ein entsprechendes Fest zur Einweihung gefeiert und die ersten Schulklassen kurz danach begrüßt. Da der Bürgermeister und seine Entourage jedoch allesamt an chronischer, geistiger und intellektueller Inkontinenz litten, ist es nicht verwunderlich, dass die fortlaufende betriebswirtschaftliche Rechnung des Landschulheims nicht aufging.

Obwohl einige Schulklassen in diese von Gott verlassene Gegend kamen, waren es bei Weitem nicht so viele Schüler als das die Herberge auch nur annähernd ausgelastet gewesen wäre. Und das hieß für die Gemeinde „draufzahlen". Was natürlich ein Unding war.

Jeder kaufmännische Lehrling im ersten Ausbildungsjahr hätte leicht errechnen können, was die zu erwartenden operativen Kosten für die Bleibe ausmachen würden. Ob belegt oder nicht belegt – eine Immobilie kostet nun mal Geld. Eine rudimentäre Rentabilitätsberechnung hätte den Break-even-Punkt, also die benötigte Auslastung, um auf eine schwarze Null zu kommen, schon lange bevor die Anlage gebaut worden war, aufgezeigt. Die Schlaumeier aus Schilda hielten aber genau das für überflüssig und standen wieder einmal vor einem Dilemma, verursacht durch die unhaltbaren Inkompetenzen und kriminellen Energien ihres Schultheißen. Und wieder sagte keiner der Beteiligten auch nur ein Wort.

Kurze Rede langer Sinn – es musste eine Lösung her. Die Räte der kleinen Bananenrepublik tagten abermals und rauften sich die Köpfe beflissen um machbare Ideen zur Abhilfe.

„Heureka", musste es durch den Saal geschallt haben, als das erbärmliche Kollektiv der Gemeindeführung einer vermeintlichen Lösung auf der Schliche war. Das Landschulheim sollte ab sofort an ganze Familien als Urlaubsunterkunft vermarktet werden. Nicht nur würde es dem touristischen Aufschwung der Gemeinde dienen, nein, man hätte auch die Auslastung der Unterkunft und die finanzielle Unabhängig der Liegenschaft gesichert. Und wer weiß, wahrscheinlich würde man sogar noch Überschüsse und Gewinne erwirtschaften. Was für eine rosige Zukunft...

Man feierte sich selbst in den Himmel des Olymps und sah sich fast den Göttern gleich, die eine dermaßen weise Entscheidung zur Lösung des Problems nicht hätten finden können. Dass das Vorhaben jedoch gegen alle auch nur erdenklichen Gesetze verstoßen würde, war den kühnen Managern völlig egal.

Die Nutzung eines jeden Landschulheims ist jedoch zweckgebunden und darf nicht kommerziell, wie ein Hotel, an jedermann vermarktet werden. Erschleichung von Fördermitteln, Zweckentfremdung einer staatlich geförderten Liegenschaft, Kommerzialisierung kommunalen Besitztums – jeder Jurastudent hätte eine eigenständige Dissertation über diese kriminellen Machenschaften schreiben können und hätte bestimmt mit Summa Cum Laude abgeschlossen.

Vielmehr noch, Mike war mal wieder der Dumme. Er war mit seinem Landgasthof die einzige gute Pension der gehobenen Mittelklasse im nahen Umkreis und ohne Konkurrenz im Ort. Die wenigen Touristen, die sich nach Seitz verliefen, konnten gar nicht anders, als sich bei Mike einzumieten und genau dieser Zustand machte es für ihn und seine Mannschaft erst möglich, ohne größere Verluste zu überleben.

Er hatte sich seinerzeit von Rasch und der Gemeindeführung überreden lassen, substanzielle Investitionen zu leisten und das gesamte Risiko auf sich zu nehmen. Keiner dieser Scharlatane hatte auch nur ein Quäntchen an Risiko übernommen und alle versprachen ihm das Blaue vom Himmel, dass er der Einzige sein und bleiben würde, der in Seitz eine kommerzielle Herberge betreiben dürfe.

Die Granden des Idiotentums versicherten ihn zu unterstützen, wo sie nur konnten und alle ihre politischen Veranstaltungen und natürlich auch ihre Gäste und alle Touristen, nur und ausschließlich in Mikes Landgasthof zu verköstigen und unterzubringen.

Und alles, so schien es, versank nun in der Bedeutungslosigkeit. Die neue Konkurrenz in Form der „Tanke" und das Landschulheim als direkte Rivalität im Kampf um jede Übernachtung, artete nunmehr in einen erbitterten Erwerbskampf ums Überleben. Fassungslosigkeit und Hilflosigkeit machten sich in den Zügen ihres Freundes breit und die Beiden sahen, dass er gedanklich in diesem Moment ganz weit weg war.

Charlotte und Georg waren einfach nur bestürzt über das, was sie gerade gehört hatten. War es tatsächlich möglich, dass ein dermaßen betrügerisches Unterfangen auf Dauer unentdeckt bleiben sollte? Was war mit der Prüfungspflicht der übergeordneten Verwaltungen? Dem Landratsamt, der Verwaltungsgemeinschaft, den Banken, den Fördermittelstellen des Landes und des Bundes? Klar war, dass die Seilschaften des Herrn Rasch nicht in der Gemeinde endeten und bis in die Spitze des Landratsamtes reichten. Natürlich kann nicht der Kauf einer jeden Briefmarke von vorgesetzten Verwaltungsbehörden geprüft werden, jedoch sollte ein entsprechendes Controlling auf Dauer angelegte Betrügereien zu Tage bringen.

Nachdem sich Mike wieder etwas beruhigt hatte, fragten Charlotte und Georg, wie man diesen Ungeheuerlichkeiten ein Ende setzen könnte. Und es kam von Mike eine Antwort, welche genauso ungeheuerlich war.

„Dr. Beine hat von allen Vorgängen, was die Rechnungen und Anträge für das Landschulheim anging, Kopien von den Originalunterlagen in seinem Safe. Er könnte auf der Stelle beweisen, dass die ausgezahlten Fördermittel erschlichen wurden und Rasch in großem Umfang die Vorgänge manipuliert hatte“, erklärte er sichtlich nervös und mit hochrotem Kopf.

„Ebenso wissen alle anderen Gemeinderäte was hier läuft, aber solange sie selbst Nutzen und Vorteile aus diesen Machenschaften ziehen, werden sie nichts sagen. Auch für Beine ist die Angst mehr als begründet, da er selbst noch einige „Leichen“ bei Rasch im Keller hat und sich daher um seine eigene Wohlfahrt sorgt“, sagte Mike mit gedämpfter und ratloser Stimme.

„Solange wir keine Beweise haben, können auch wir nichts machen“, stellte Charlotte fest und war genau wie Georg gedanklich in einer Sackgasse des Machbaren gelandet.

„Das kann doch alles gar nicht sein“, sinnierte Georg. „Es muss doch einen Weg geben, um von Beine die nötigen Belege zu bekommen. Wer weiß denn noch von diesen konspirativen Gaunereien und könnte sie unter Umständen beweisen“, fragte er betreten mit der inneren Sicherheit keine Antwort zu bekommen. „Hoffmann“, antwortete Mike.

„Hoffmann der Heizungsmonteur weiß, wenn überhaupt, noch am meisten über den ganzen Mist. Er war an der Planung des Heizhauses und an allen anderen Projekten im Dorf beteiligt. Und dass da etwas mit eurer Heizrechnung nicht stimmt, hat er mir auch schon im Suff gesagt“.

Ratlos saßen die Drei belämmert am Frühstückstisch und „verdauten“ die Seitzer Geschichten fassungslos ohne scheinbare Aussicht auf Abhilfe. Charlotte hatte alles stichpunktartig mitgeschrieben und die Beiden versicherten Mike, dass sie über alles nachdenken wollten und ihnen bestimmt eine Lösung einfallen würde. Das war zu diesem Zeitpunkt allerdings mehr Wunschdenken als greifbare Realität.

Gute zwei Stunden waren vergangen, als dann die ersten Mittagsgäste kamen und die vertrauliche Gesprächsrunde damit aufgelöst wurde. Mike verschwand in der Küche, die beiden Dresdener auf ihrem Zimmer und die Hoffnung auf Entspannung komplett. Ohne Worte und in Gedanken verloren, packen sie ihre sieben Sachen, um sich alsdann wieder Richtung Süden auf den Weg nach Hause zu machen. Unterwegs plauderten sie über dies und das und überlegten, wie sie Rasch das Handwerk legen konnten.

„Aber eigentlich geht es uns doch gar nichts an. Warum sollten wir uns die Birne über Dinge zermartern, die uns nun wirklich egal sein sollten", dachte Georg, schloss das Thema ab und versuchte auf andere Gedanken zu kommen. Leichter gesagt als getan…

Das Blockheizkraftwerk in Seitz war in Betrieb genommen und funktionierte wie geplant. In den kommenden Wochen stellte Charlotte fest, dass die Energiekosten, im Vergleich zum Vorjahr, um fast die Hälfte gesunken waren. Die Einnahmen aus dem eingespeisten Strom beliefen sich auf rund 4.000 Euro pro Monat und im Ghetto lief alles seinen gewohnten Gang. Streitigkeiten, Mietersprechstunden, Katzenpisse. Allerdings war es für Seitzer Verhältnisse zu ruhig – zumindest was den Bürgermeister und seine Angriffe auf die Dresdener anging. Sollte es nur die Ruhe vor dem angekündigten Sturm sein?

Und genauso war dann auch. Der Postbote klingelte eines schönen Maientages und stellte ein Einschreiben vom Landgericht Berndal zu.

Die Gemeinde Seitz hatte Klage auf Zahlung der noch offenen Wärmerechnungen eingereicht. Gegenstand der Klage war eine Forderung über „nur" 35.000 Euro aus dem Jahr 2010. Obwohl diese Maßnahme nicht ganz unerwartet kam, wurde jetzt erst mal Kriegsrat gehalten, um die weitere Vorgehensweise abzusprechen. Fakt war – die Gemeinde hatte Wärme geliefert. Fakt war auch, dass die Rechnungen nicht eindeutig waren und nach Charlottes Dafür wesentlich zu hoch, was die abgenommene Wärmemenge und die verwaltungsüblichen Nebenkosten anging.

Um die gesetzte Frist von 14 Tagen zur Gegendarstellung einzuhalten, beauftragte Georg einen ihm bekannten Rechtsanwalt mit dem Ruf eines knallharter Wirtschaftsjuristen. Rechtsanwalt Schulze war ein sehr adretter und gepflegter Mann um die 50, jedoch mit dunklen Augenringen gestraft, die jedem Mafiosi Furcht eingeflößt hätten. Freundlich, eloquent, aber sehr bestimmend, übernahm er gleich die Federführung in dieser Angelegenheit und informierte unverzüglich das Gericht und die Kläger über sein Mandat. Charlotte und Georg bekamen von ihm eine Liste mit unendlichen Hausaufgaben bezüglich dieser unsäglichen Umstände und viele persönliche Gespräche in seiner Kanzlei sollten die penibel geplante Strategie perfektionieren. Bei einem Stundensatz von 385 Euro sollte man das auch erwarten.

Charlotte hatte inzwischen mit Herrn Hoffmann aus Seitz Kontakt aufgenommen. Er wartete die Heizungen im Ghetto und wusste als Gemeinderat natürlich um die Querelen mit den „bösen" Dresdenern. Dennoch war er, nach eigener Aussage, natürlich auf ihrer Seite.

Als eine vermeintliche Vertrauensbasis zwischen Charlotte und Hoffmann geschaffen war, fragte sie ihn unumwunden nach Einzelheiten über das Heizhaus und den ihr zugetragenen Machenschaften des Bürgermeisters, natürlich ohne auch nur ein Wort über Mike oder Beine zu verlieren.

Immer wieder ließ Hoffmann erkennen, dass gewisse Ungereimtheiten in der Rechnungslegung auch von anderen Kunden moniert wurden, jedoch kam er niemals explizit auf ein konkretes Problem zu sprechen. Er machte seinen Unmut über Rasch deutlich, solange keine Zeugen anwesend waren und ließ des Öfteren durchblicken, dass man mal ein Augenmerk auf die Durchflussmenge der Brennstoffe und die Verrohrung der Gesamtanlage legen sollte. Er eierte genauso rum wie alle anderen und hatte Angst um sein wirtschaftliches Überleben, wenn er sich öffentlich gegen Rasch stellte.

Charlotte war inzwischen fest davon überzeugt, dass die Durchflussmenge an Brennstoffen nicht stimmen konnte. Das eigene Blockheizkraftwerk benötigte nur die Hälfte an Öl für die gleiche Wärmemenge und die Verrohrung zwischen dem Heizwerk und den Wohnblöcken war mehr als ominös und undurchsichtig. Zu guter Letzt war sie vollends der

Meinung, dass andere Gebäude mit an ihrer Zähleruhr hingen und nur so diese exorbitante Verbrauchsmenge zustande kommen könnte.

Georg hatte inzwischen in vielen langen Stunden Herrn Schulze über die Situation in Seitz und über den verwerflichen Charakter des Bürgermeisters unterrichtet und fütterte ihn stetig mit Charlottes neuen Erkenntnissen und Vermutungen bezüglich der Situation vor Ort.

Die Anwaltsrechnungen beliefen sich unterdessen auf mehrere Tausend Euro und ein Ende war nicht in Sicht. Schulze schrieb Schriftsatz über Schriftsatz und geilte sich an dem Gedanken auf, den Bürgermeister auch für alle anderen seiner Missetaten zur Rechenschaft zu ziehen.

Nach wochenlanger Arbeit und vielen abgerechneten Stunden, war es dann so weit. Schulze gab den vom Landgericht mitgeteilten Termin zur ersten Verhandlung bekannt.

Im Oktober 2013 machten sich die drei Dresdener dann auf den Weg nach Berndal, um das Projekt „Heizrechnung" vom zuständigen Kadi bewerten zu lassen.

Rasch und sein Hofstaat, sowie der Anwalt der Gemeinde, waren pünktlich im Gerichtssaal. Schulze zog grimmig den schwarzen Talar über seinen tadellos sitzenden Dreiteiler und ein recht junger Richter nahm thronend über den Anwesenden seinen Platz ein.

Nachdem die Sachverhalte vom Richter vorgetragen wurden, hatte jede Partei die Möglichkeit zur Stellungnahme und zur Antragsstellung. Der Anwalt der Gemeinde, ein Ossi mit schwerstem Akzent, diffamierte nochmals den Beklagten in gewohnter Rasch-Manier und handelte sich gleichfalls eine entsprechende Rüge des Richters ein, als dann das Wort an Schulze erteilt wurde.

Georg traute seinen Ohren nicht. Schulze trug in einer noch nie erlebten Art und Weise die Argumentation der Verteidigung vor. Wortgewandt aber mit einer Aggressivität, die einem nur die Sprache verschlug, bezichtigte er Rasch als ehemaliger Brigadier die damaligen DDR-Machenschaften durch Korruption und Betrug bis zum heutigen Tage anzuwenden. Er beschrieb den Charakter des Bürgermeisters in einer Manier, welche zwar allesamt stimmte, jedoch jeglichen Anstand vermissen ließ. Gleichzeitig gelang es ihm mit einer rhetorischen Höchstleistung seinen Vortrag so zu strukturieren, dass ein Tadel seitens des Richters ausblieb. Rasch saß Schulze am anderen Ende des Raums direkt gegenüber und schäumte vor Wut. Seine Ohren waren so rot wie ein Feuerhydrant und seine Halsschlagadern kurz vorm Platzen.

Nachdem sich das Gemeindegremium nunmehr langatmig beim Richter über die Unverschämtheiten des Rechtsanwalts Schulze beschwert hatte, wurden die mündlichen Anträge gestellt. Der Gemeindesyndikus beantragte den Beklagten gemäß der schriftlich vorliegenden Klageschrift auf Zahlung zu verurteilen und Schulze beantragte die Klage abzuweisen und ließ durchblicken, dass er im Gegenzug eine Gegenklage auf Schadenersatz in Erwägung zieht, was mit schallendem Gelächter und Kopfschütteln von Rasch & Co. quittiert wurde.

Der erste Verhandlungstag war damit auch schon vorbei. Charlotte, Georg und ihr Rechtsanwalt verabschiedeten sich höflich von Rasch und seiner Entourage, was durch Blicke, die hätten töten können, erwidert wurde und verließen den Hort der Gerechtigkeit in Richtung Fußgängerzone.

Die Drei diskutierten dann, in der Sonne sitzend bei einem Kaffee, die Verhandlung und Schulze war in bester Laune anzusehen, dass er die Angriffe auf Rasch mehr als genossen hatte und sich als diabolischer Advokat, fernab von Dresden und ohne Rücksicht auf seinen Ruf, austoben konnte. Er räumte dem Verfahren grundsätzlich gute Chancen auf Erfolg für die Dresdener ein, sofern die vorgetragenen Umstände und Anschuldigungen bewiesen werden konnten. Als nächstes wollte man nun den Schriftsatz des Gerichts zur weiteren Stellungnahme abwarten und dann die nächsten Schritte planen.

Er verabschiedete sich anschließend in höflicher Manier und verschwand flinken Schrittes in den Gassen dieser trostlosen Kleinstadt aus den Blicken der Zurückgebliebenen.

In Gedanken verloren verweilten Charlotte und Georg noch einige Minuten, ohne ein Wort zu sprechen, zurückgelehnt in ihren Korbstühlen. Sie genossen die letzten warmen Sonnenstrahlen des Jahres und bestaunten die Menschen, die an ihnen vorüber flanierten mit teils ungläubigen und teils freigeistigen Blicken.

„Wir sollten einen Tall & Fat Store aufmachen“, sagte Charlotte nach einer Weile völlig unvermittelt und prustete im gleichen Moment, amüsiert über ihre eigenen Gedanken, auch schon los, was Georg ebenfalls sofort ansteckte und aus der gedanklich entrückten Welt in die Realität zurückholte. Sie bezahlten ihre Rechnung und die des Juristen und machten sich dann ebenfalls auf den Weg zurück nach Dresden.

Die kommenden Wochen und Monate verliefen wie gewohnt mit viel Stress für alle Beteiligten. Charlotte und Georg kauften zwischenzeitlich noch zwei, drei kleinere Mietshäuser an der Ostsee und im Sauerland, schlugen sich mit unweisen Mietern rum, ärgerten sich über Behörden und Banken, warfen Schulze abertausende Euro an Honoraren in den Rachen und bewältigten den üblichen Balanceakt zwischen Dresden und Sauerland.

Der finanzielle Engpass für die Gemeinde Seitz nahm indes stetig zu und es wurde bekannt, dass das Ghetto sage und schreibe 40% der gesamten Heizmenge des unrühmlichen Gemeindeheizwerks abgenommen hatte, was jetzt in den Wintermonaten natürlich finanziell besonders zum Tragen kam. Es fehlten massive Einnahmen, nein, es fehlten fast alle Einnahmen aus Lieferungen für Fernwärme, da die anderen Kunden fast alles gemeindeeigene Einrichtungen waren. Die Schule, der Kindergarten, die Sporthalle und natürlich die Feuerwehrstation. Der einzig andere zahlende Kunde, war die Bundeswehr, welche eine ihrer externen Unterkünfte mit Fernwärme der Gemeinde versorgte. Das viel zu groß gebaute Heizwerk hatte also nach abschalten des Ghettos noch viel mehr Freikapazitäten und wurde zu einem der erfolgreichsten Verlustgeschäfte für die Kommune. Rasch war unter Druck.

Was die gerichtliche Auseinandersetzung mit der Gemeinde anging, so wurde seitens des Gerichts ein vereidigter Gutachter bestellt, welcher die in Rechnung gebrachten Wärmelieferungen auf sachliche und fachliche Wahrhaftigkeit prüfen sollte.

Was natürlich nicht geprüft wurde, war die Verrohrung der Anlage. Obwohl seitens der Dresdener mehrmals auf Vermutungen inkorrekter Durchflussmengen aufmerksam gemacht wurde, hatte Schulze zum ersten Mal gepennt und keine technische Bewertung der Anlage verlangt. Ingenieur Schneider, welcher seinerzeit das Blockheizkraftwerkt installiert hatte, war sich ebenfalls sicher, dass andere Objekte in den Genuss der durchlaufenden Wärme kommen mussten, da er keine Zwischenzähler bei den von dem Hauptrohr abgehenden Verteilern finden konnte. Und eine Besichtigung der Heizräume in den anderen Häusern wurde seitens der Gemeinde ebenfalls verwehrt. Lediglich ein Verlaufsplan der Verrohrung wurde angeboten und ein Hinweis auf die eingebauten Schieber, welche den Durchfluss steuerten, sollte die Genauigkeit der Durchflussmengen in die jeweilig angeschlossenen Liegenschaften darlegen. Ferner standen auch keine Jahresendrechnungen für die anderen angeschlossenen Objekte zur Verfügung, welche ein weiterer Beweis für vermeintliche Preisfindung pro Kilowattstunde und der abgenommenen Wärmemenge als solche, gewesen wären. Und das war der zweite Patzer des überbezahlten Anwalts…

* * *

Zwischenzeitlich in Bad Kreuznach: Heller war, wie sich in den letzten Wochen des Jahres 2013 herausstellte, nichts als ein skrupelloser Defraudant, der sich auf Kosten seiner Kunden und Partner auf betrügerische Art und Weise die Taschen füllte. Das Projekt „dib.24“ war von vornherein eine Farce und zu nichts anderem Nutze, als unbedarften Anlegern mit Hochglanzprospekten das Geld aus dem Beutel zu ziehen. Obwohl es ein durchaus realistisches Projekt hätte sein können.

Georg merkte erst spät, vielleicht zu spät, welche arglistigen und strafwürdigen Vorhaben Heller zum Ziel bringen sollten. Mit einem weit verzweigten Geflecht aus Scheinfirmen, sammelte er Geld für seine heiligen Projekte, plünderte sie dann im wahrsten Sinne des Wortes aus und lies sie anschließend eiskalt in Konkurs gehen. Natürlich war er nie selbst Geschäftsführer dieser Firmen. Einige seiner Freundinnen und Bekannten spannte er gewissenlos vor den Karren der Schande, versprach ihnen Ruhm und Reichtum, um sie am Ende mit den Trümmern ihrer Existenz zurückzulassen. Er selbst ließ sich in jedem einzelnen Fall eine uneingeschränkte Generalvollmacht für jede dieser Firmen ausstellen und hatte somit Card Blanche für alle seine frevlerischen Vorhaben, ohne selbst jemals verantwortlich zu zeichnen.

Der vorgesehene Plan für Georg in diesem Konstrukt sah nicht anders aus. Als Konsul sollte er als Vorzeige-August und Frühstücksdirektor vor den Karren der angedachten Aktiengesellschaft „dib.24" gespannt werden. Hauptaktionär wäre Heller natürlich selbst gewesen. Und als unfreiwillige Mittäter hatte er seine Partner ja auch schon eingefangen. Der unbedarfte Graf von und zu Brühl, welcher in seiner Eigenschaft als Wirtschaftsprüfer für die Richtigkeit aller wirtschaftlichen Prognosen und Berichte zeichnete, seine Notare, welche gegen jede Ethik ihres Berufsstandes verstießen, indem sie sittenwidrige Verträge notarisierten und nicht zuletzt seine Helfer bei den Banken, welche Blindlinks ohne weitere Prüfungen und lediglich auf die Bonität der eingesetzten Geschäftsführer abgestellt, Kredite in großem Stil an seine Firmen vergaben. Jeder im Kreise dieser Personen hätte gar nicht anders gekonnt, als sich diesen Machenschaften auch weiterhin zu verschreiben, wollten sie nicht ihren Ruf als seriöse Repräsentanten ihrer Gilde aufrechterhalten oder gar im Strudel der Gesetzlosigkeit untergehen.

Hellhörig wurde Georg im Spätsommer des gleichen Jahres, als er feststellen musste, dass die fällige Grunderwerbsteuer für die Liegenschaft in Heringswalde immer noch nicht bezahlt war, obwohl Heller, bzw. Notar Foster, die notwendigen Summen zur Verfügung hatten. Natürlich bekam er während des ganzen Sommers Mahnungen und

Zahlungsaufforderungen vom zuständigen Finanzamt in Weißenberg und konfrontierte auch Heller mit den jeweiligen Schreiben der ausstehenden Zahlungen, doch wurde er jedes Mal von Heller eines Besseren belehrt, nämlich, dass die Grunderwerbsteuer lange bezahlt sei und die vom Finanzamt einfach nur bescheuert wären. Zahlendreher in der Steuernummer, Bankenfehler, falsche Summen und viele andere Ausreden waren gut genug, um Georg auf Distanz zu halten und ihn zu beruhigen.

Das Fass zum Überlaufen brachte dann die Erkenntnis, dass die eingeplanten und ausgezahlten 600.000 Euro zur Komplettsanierung der Immobilien offensichtlich nicht mehr zur Verfügung standen. Fakt war zwar, dass Heller, bzw. seine Lebensgefährtin Frau Dannemann als eingesetzte Geschäftsführerin der H.H. Grundgesellschaft mbH, 300.000 Euro schon im März an die PIB-Projektgesellschaft in Dresden überwiesen hatte, jedoch weitere 300.000 Euro und die bereitgestellte Grunderwerbsteuer nach wie vor einbehalten wurde. Die überwiesene Summe an die PIB-Projektgesellschaft, war ja lediglich eine Anzahlung für den übergebenen Auftrag zur Sanierung der Häuser in Heringswalde, was auch Sinn machte, denn die Instandsetzung der jeweiligen Gewerke war aus Dresden wesentlich einfacher und kostengünstiger zu realisieren als aus dem fernen Bad Kreuznach.

Abermals konfrontiert mit dieser Situation, erklärte Heller Georg im November allen Ernstes, dass sein Partner, Herr Schaffer, sämtliche Konten seiner Firmen ohne sein Wissen geplündert hätte und alles Geld weg wäre. Er, Schaffer, hätte wohl ganz dringend Geld für sein Gutsherrenhaus gebraucht, da eine notwendige Anschlussfinanzierung noch nicht gesichert war.

Georg traute seinen Ohren nicht. Er fragte Heller, ob er schon die Staatsanwaltschaft, bzw. die Polizei eingeschaltet hätte oder was er nun zu tun gedenke. Beides wurde von Heller verneint und die realistische Aussicht auf Rückzahlung durch die besagte Anschlussfinanzierung bis Ende des Jahres versichert.

Das reichte Georg natürlich nicht als Antwort. Er setzte Heller nunmehr die berühmte Pistole auf die Brust und explizierte, dass er sich selbst an die Staatsanwaltschaft wenden würde, da es ja schließlich um sein Geld ginge und er die Ausflüchte einer möglichen Rückzahlung bis Ende des Jahres so nicht akzeptieren könne. Ganz bewusst formulierte er sein Ansinnen gegen Schaffer und nicht gegen Heller, da er ihn für die Lösung des Problems noch brauchen würde und ihn zumindest so lange bei der Stange halten musste.

Heller war natürlich nicht mit Georgs Plänen einverstanden und bat zumindest um Aufschub von vier Wochen, um seinem Freund Schaffer die Möglichkeit zu geben, den Schaden wieder gut zu machen.

Was nun? Auf der einen Seite durfte er Heller nicht total verprellen, indem er ihn angriff und in die Ecke drängte und sich somit jeder Chance auf Ausgleich beraubte und auf der anderen Seite, wissend das Heller nie um Ausreden verlegen war, etwas zu unternehmen, um nicht einen Totalverlust zu erleiden.

Er bekundete daher sein Einverständnis, weitere vier Wochen zu warten, hatte dazu jedoch eine Bedingung. Er wollte vorab einen verbindlichen Termin bei einem Notar in Bad Kreuznach, um gegebenenfalls den Kaufvertrag mit der H.H. Grundstücksgesellschaft mbH über die erworbene Liegenschaft in Heringswalde rückabzuwickeln – und das noch bevor das Jahr 2013 zu Ende war.

Widerwillig stimmte Heller dem Vorschlag zu, denn eine andere Möglichkeit gab es für ihn nicht, wenn er noch etwas Zeit gewinnen wollte. Falls der damalige Kaufvertrag vom 23.12.2012 rückabgewickelt würde, so hieß das, dass die H.H. Grundstücksgesellschaft wieder Eigentümer der Häuser sein würde und rechtlich gesehen, der Kaufvertrag mit Georg nie existiert hätte. Natürlich hieß das auch, dass der Verkäufer, also die H.H. Grundstücksgesellschaft mbH, im Gegenzug den Kaufpreis rückerstatten müsste.

Auch wenn Georg wusste, dass der gezahlte Kaufpreis von 1,85 Millionen Euro im Falle einer Rückabwicklung schwerlich von der H.H. GmbH hätte gezahlt werden können, so war er doch einigermaßen gewiss, dass Heller eine entsprechende Finanzierung für das Objekt realisieren konnte - im ungünstigsten Fall durch die Übernahme der Finanzierung bei der DDB - wenn er nicht alle seine Firmen und Immobilien aufs Spiel setzen wollte.

Und tatsächlich wurde auch ein Termin zur Rückabwicklung bei einem Notar Feith in Bad Kreuznach für den 22.12.2013 um 10:00 Uhr bestätigt. Georg übermittelte dem Notar vorab den Kaufvertrag, welcher aufgehoben werden sollte und stellte sicher, dass alle notwendigen Unterlagen zur rechtlichen Rückübertragung der Immobilien vorlagen.

Wie erwartet, verrann die zugestandene Zeit, ohne dass eine Zahlung Hellers erfolgt war oder die Grunderwerbsteuer beglichen worden wäre. Georg setzte sich also wieder einmal in sein Auto und fuhr zum vereinbarten Termin nach Bad Kreuznach.

Heller, sichtlich irritiert, war schon da als Georg pünktlich in der Kanzlei ankam. Nach einer kurzen und merklich kühleren Begrüßung als gewöhnlich, besprach man vor dem Termin noch ein paar Einzelheiten und Georg hörte die letzten Märchen über Schaffer den Taugenichts und wie er es angestellt hatte, Heller und seine Firmen, um über eine Million Euro zu betrügen. Aber Heller hatte natürlich auch schon Plan „B" in der Tasche und alles war wie immer kein Problem. Er erklärte Georg in sichtlich besserer Stimmung, dass, sobald die Immobilien rückabgewickelt sind, er schon einen Käufer für die H.H. Grundstücksgesellschaft mbH, inklusive aller Grundstücke hätte und sie damit alle Sorgen los wären und vielmehr noch, einen kleinen Gewinn realisieren würden.

„Wer's glaubt wird selig", dachte sich Georg und hörte im gleichen Moment ihre Namen und eine Aufforderung zum Eintreten über den Lautsprecher im Wartezimmer.

Notar Feith war ein promovierter Jurist der offensichtlich, schließend auf die Größe seiner Kanzlei, einen guten Ruf in Kreuznach genoss und dementsprechend ausgelastet war. Die Erschienenen forderte er auf sich zu legitimieren und stelle nach Prüfung der Ausweise fest, dass Heller nicht der Geschäftsführer der H.H. GmbH war und monierte sogleich, dass eine Angelegenheit von dieser Tragweite gefälligst vom Geschäftsführer selbst zu unterschreiben sei, da unter Umständen die Gültigkeit der Generalvollmacht angezweifelt werden könnte – zumal ihm die Person „Heller" auch nicht persönlich bekannt war.

„Holla", dachte sich Georg und erinnerte sich umgehend an den Beurkundungstermin vor genau einem Jahr. Notar Foster hatte seiner Zeit nämlich keine Hinweise auf die mögliche Anfechtbarkeit der Generalvollmacht gemacht und bei genauerem Nachdenken, den Beteiligten auch keine beglaubigte Kopie der angeblichen Generalvollmacht ausgehändigt oder vorgezeigt. Sollte dieser Umstand vielleicht den damaligen Kaufvertrag hinfällig machen? Auf jeden Fall wollte Georg prüfen lassen, ob dieser Punkt von Bedeutung war.

Notar Feith befragte Heller nach dem derzeitigen Aufenthaltsort des Geschäftsführers und ob dieser, sofern am Ort, verfügbar wäre, um diesen Vertrag selbst unterschreiben zu können. Heller blieb also nicht sehr viel übrig als seine Lebensgefährtin, Elke Dannemann, in ihrer Funktion als Geschäftsführerin anzurufen und sie herzubitten. Nach einem kurzen Telefonat mit der besagten Dame, bestätigte er ihre Ankunft in wenigen Minuten, da sie eh zufällig in der Stadt und damit in der Nähe sei.

Georg war eher überrascht von dieser Wendung, nahm sie aber gefällig zur Kenntnis. Der Notar setzte Georg und Heller zwischenzeitlich über die Auswirkungen dieser Vertragsaufhebung in Kenntnis und wies auf die jeweils anstehenden Fristen und Verpflichtungen einer jeden Partei hin. Heller stellte dann noch ein paar sinnlose Fragen, um vom Thema abzulenken und um die Zeit zu überbrücken, als dann auch schon eine Notariatsmitarbeiterin Frau Dannemann ankündigte und ins Zimmer geleitete.

Nachdem auch sie sich ausgewiesen hatte und der Notar feststellte, nunmehr die tatsächliche Geschäftsführerin vor sich zu haben, befragte er auch sie, ob sie sich der Tragweite dieser Aufhebung bewusst wäre und belehrte sie über die anstehenden Pflichten, welche aus dieser Vertragsaufhebung entstehen würden. Frau Dannemann nickte beflissen, hatte aber nicht den Hauch einer Ahnung um was es überhaupt ging. Sie hätte in diesem Moment auch für den Untergang der Titanic und den Absturz der Hindenburg unterschrieben. Aber – sie verpflichtete sich jetzt eine von ihrer Gesellschaft verkaufte Liegenschaft im Osten zurückzunehmen und Georg 1,85 Millionen Euro auszuzahlen.

Genau einen Tag bevor sich die ursprüngliche Kaufvereinbarung jährte, war Georg also diese unliebsame Liegenschaft wieder los und auch die elendigen Auseinandersetzungen mit dem Finanzamt würden zu guter Letzt ein Ende haben – so dachte er...

Gut eine Woche war vergangen, das Weihnachtsfest vorbei und das neue Jahr eilte im Stundentakt näher, als ein großes Couvert mit einer beglaubigten Kopie des Aufhebungsvertrages von Notar Feith in Dresden ankam.

„Nun können wir in Ruhe weitermachen", freute sich Charlotte „und sind mit diesem scheiß Vertrag zumindest einige Sorgen los".

„Dem Herrn sei's getrommelt und gepfiffen", resümierte Georg und merkte, wie seine schon chronisch schlechte Laune etwas besser wurde. „Lass' uns das Ding zur Seite legen und die zwei Feiertage etwas zur Ruhe kommen, ohne dass wir uns permanent über diesen Penner aufregen müssen", ergänzte er noch, tat's und widmete sich dem leckeren von Charlotte zubereiteten Eierpunch.

Der Silvesterabend verlief wie die beiden vorherigen – langweilig, zu zweit und ohne große Aufregung. Nach dem obligatorischen „Diner for One" im Dritten, bemühten sich die Zwei krampfhaft um eine relaxte Atmosphäre, bereiteten das Raclette vor und ließen sich von den Gute-

Laune-Shows im Zweiten berieseln. Sie sprachen über dies und das und ertappten sich immer wieder dabei über das offensichtlich ihr Leben bestimmende Thema „Seitz, Katzenpisse, Heller und Heringswalde“ zu reden. Aber dennoch – so schlecht war der Abend dann auch nicht.

Die Stunde des Jahreswechsels nahte und Charlotte holte den kaltgestellten Sekt, zwei Gläser und vier Wunschraketen. Zusammen saßen sie nebeneinander auf ihrem Kanapee, hielten die mit Sekt gefüllten Gläser in der Hand und verfolgen stumm den Countdown in das neue Jahr.

...3-2-1 – und schon krachten die Böller und Raketen im Fernsehen wie auf den Straßen und in Nachbars Garten. Die zwei prosteten sich zu, stellten ihre Gläser ab und umarmten sich lang und innig, ohne ein Wort zu sagen. Das mussten sie auch nicht. Sie dachten an ihre Jungs, die ihre eigenen Silvesterpläne hatten und an das scheiß Jahr was hinter ihnen lag und waren sich in diesem Moment so nah wie schon lange nicht mehr. Sie wussten, dass sie es nur gemeinsam schaffen würden und fühlten die Energie von längst verloren gedachter Kraft und Liebe durch ihre Körper fluten. Und ihnen war noch nie so klar: Sie waren eine Seele in zwei Leibern.

Zusammen gingen sie, in Daunenjacken eingemummelt, auf ihre Dachterrasse und bewunderten den durch farbenprächtige Raketen hell erleuchteten Himmel über Dresden. Die Nacht war klar und kalt und aus jeder Himmelsrichtung hörten sie die Menschen lachen und feiern. Aus der Ferne hämmerten dumpf die musikalischen Bässe einer wohl offensichtlich großen Feier, die ihren Höhepunkt jetzt mit einer beeindruckenden Lasershow am sternenklaren Nachthimmel erreicht hatte. Charlotte stellte ihre Wunschraketen in die nunmehr leere Sektflasche vor ihren Füssen, zündete mit zittrigen Händen nacheinander die kleinen Lunten der Raketen an und beförderte für jeden in der Familie eine in das dunkle Firmament. Es war nicht schwer zu erraten, was sie sich in diesem Moment für jeden von ihnen wünschte und Georg sah, wie ein kleines Tränchen über ihre Wange kullerte, bevor es zu einem winzig kleinen Kunstwerk auf dem frostig weiß angerauten Boden direkt neben der Sektflasche verschmolz. Er liebte sie und war sich dessen noch nie so sicher wie in diesem Augenblick...

Das neue Jahr hatte dann auch bald seine ersten Tage hinter sich und Georg machte sich an die Arbeit, die am Projekt „Heringswalde“ beteiligten Institutionen über die Rückabwicklung des Kaufvertrages zu informieren. Allen voran – Mitteilung an das Finanzamt Weißenberg, denn diese Genies hatten bereits kurz vor Weihnachten 2013 sämtliche Verwaltungskonten bei der Commerzbank in Dresden und Arnsberg, auf welchen Miete und Nebenkosten aus Seitz und anderen Objekten eingingen, gesperrt. Grund war natürlich die immer noch ausstehende Grunderwerbsteuer für die Liegenschaft „Heringswalde“, für dessen Eintreibung bereits ein gerichtliches Mahnverfahren in Gang gesetzt wurde und als Ergebnis dessen eine vorläufig vollstreckbare Verfügung zur Sperrung aller Bankkonten zu Gunsten des Finanzamtes gerichtlich erteilt wurde.

* * *

Zurück in Seitz: Im Mai 2014 lag das Gutachten des vereidigten Sachverständigen bezüglich der rechtmäßigen Heizkostenabrechnung dem Gericht dann endlich vor. In einem letzten Verhandlungstag wurden alle Beteiligten erneut zum Landgericht Berndal geladen und der Experte konnte seine geistigen Ergüsse zum Besten geben. Das Ergebnis, nach langwierigen Erläuterungen im Fachchinesisch:

„Die in Rechnung gestellten Heizkosten der Gemeinde wurden geprüft und sind ortsüblich und angemessen“, so der Sachverstand.

„Im Namen des Volkes ergeht folgendes Urteil: Der Beklagte wird verurteilt, die von der Gemeinde Seitz in Rechnung gestellte Restforderung in Höhe von 35.000 Euro für gelieferte Fernwärme im Jahre 2010 zu bezahlen. Die Gerichtskosten trägt der Beklagte, die Verhandlung ist geschlossen“...!!!

Die Dresdener hatten den Prozess mit Pauken und Trompeten verloren und Rasch war die Genugtuung mehr als deutlich anzusehen. Mit Gelächter, Hohn und Spott auf die Verlierer und abfälligsten Bemerkungen über den SS-gleichen Rechtsanwalt, verließen sie das Gericht. Schulze lud Charlotte und Georg noch auf eine Tasse Kaffee ein und erklärte, dass er selbstverständlich die schriftliche Urteilsbegründung abwarten werde und gegebenenfalls Revision beim Oberlandesgericht in Magdeburg einlegen werde. Die Beiden hörten die wasserfallartigen Ausführungen ihres Anwalts kaum mehr und waren wie betäubt von dem gerade Erlebten.

Als man sich nach einiger Zeit wieder gefangen hatte, hatten Charlotte und Georg schon noch einige Fragen. Warum ging es in dem Prozess nur um die Rechnung von 2010 und was ist mit den Rechnungen für 2011, 2012 und nunmehr 2013? Schulze erklärte, dass die Forderungen für die Folgejahre jetzt problemlos und sehr schnell von der Gemeinde eingeklagt werden könnten, da sie sich auf das eben verkündete Urteil für das Jahr 2010 stützen. Für den Fall, dass die Gemeinde den Prozess verloren hätte, hatte man sich „nur" auf das Jahr 2010 konzentriert, da die Prozesskosten nach dem Streitwert bemessen werden und diese für 2010 am geringsten waren, so der Anwalt. Und was war mit den Durchflussmengen?

„Irrelevant" erklärte Schulze weiter, „die verbrauchten Kilowattmengen pro Quadratmeter liegen zwar im oberen Mittelwert des Landesdurchschnitts, sind aber nichtsdestotrotz noch akzeptabel. Von daher ist die Durchflussmenge nicht von Interesse".

Mit dieser Antwort waren die Beiden natürlich nicht einverstanden. Aus einer bestimmten Menge Heizöl wird eine bestimmte Menge Wärme in Form von Kilowatt erzeugt. Mit den in Rechnung gestellten Mengen an Heizöl, hätte man also leicht errechnen können, welche Menge Wärme, in Form von Kilowatt, geliefert worden wäre. Und genau diese Berechnung stand nicht zur Verfügung. Schulze erklärte, dass es das auch nicht muss, da lediglich eine bestimmte Menge an Kilowatt zu „ortsüblichen und angemessenen Preisen" abgerechnet worden wäre. Da nunmehr gerichtlich bestätigt wurde, dass jedes Kilowatt seinen gerechten Preis hatte, sei es von untergeordneter Bedeutung wie viel Heizöl zu Produktion dieser Menge notwendig war.

„Und die Zähleruhr in ihrem eigenen Heizkeller hatte die korrekte Durchflussmenge ja auch bestätigt", fügte er hinzu. „Deswegen konnten wir auch, entgegen ihrer Annahme, nicht beweisen, dass andere Häuser über ihren Zähler mitversorgt und beheizt wurden". Und für ihn war die Sache damit dann auch erledigt.

Charlotte und Georg saßen noch eine Weile und sinnierten darüber was nun passieren würde. In spätestens 4 Wochen hätten sie das vollstreckbare Urteil auf dem Tisch und weitere zwei Wochen, um die Rechnung zu bezahlen. Wenn sie Schulze nun veranlassen würden, wegen irgendeiner Kleinigkeit Einspruch einzulegen, wären sicherlich nochmals 3 Monate rauszuholen. Insgesamt, so waren sie sich einig, hätten sie noch mindestens 4 bis 6 Monate, um alles Notwendige zu veranlassen. Und dann kam ihnen der Gedanke aller Gedanken überhaupt.

Sie würden in aller Kürze ein höchstrichterliches Urteil haben was bestätigt, dass die Wärmekosten „ortsüblich und angemessen" sind.

„Mit diesem Urteil unter dem Arm", so Georg, „können wir schnurstracks zur ARGE in Havelburg marschieren und unsere Forderungen unverzüglich einfordern", erklärte er sichtlich aufgeregt in der Annahme, den „Stein der Weisen" nun gefunden zu haben.

„Die ARGE hatte stets moniert, dass die Wärmekosten wesentlich zu hoch sind und sie diese nicht übernehmen würden. Es war lediglich eine Obergrenze von 1,10 Euro pro Quadratmeter als angemessen befunden worden und die von uns geforderten 1,80 Euro entbehrten angeblich jeder Realität nach Aussage der ARGE", erklärte er mit fragendem Unterton seiner Charlotte.

„Ich bin jetzt schon seit 5 Jahren ehrenamtlicher Richter am Sozialgericht und habe diese Art von Fällen oft genug verhandelt. Ich weiß, dass die ARGE die tatsächlichen Verbräuche gemäß dem zweiten Sozialgesetzbuch übernehmen müssen", wusste er aus sicherer Erfahrung. „Die einzigen Ausnahmen sind exzessiver Verbrauch, also wenn jemand 5x am Tag badet oder bei offenem Fenster die Heizung auf volle Pulle laufen lässt – und das wiederum erkennt man an den Verbrauchsmengen – oder, wenn das Haus energetisch marode ist. Und beides ist nachweislich nicht der Fall. Wie viel schulden die uns eigentlich über die Jahre"? „Sind inzwischen schon über 180.000 Euro", antwortete Charlotte mit sicherem Wissen um ihre Hausverwaltung.

„Das ist die Lösung. Wir hätten so die Kuh so vom Eis – oder nicht"?

Georg war sich seiner Sache mehr als sicher und durch Charlottes Bestätigung über die Höhe ihrer Forderungen, war er auch gar nicht mehr böse um den verlorenen Prozess. „Rasch würde schon sein Fett wegkriegen“, dachte er sich und war im festen Glauben an die Gesetze dieses Landes und davon überzeugt, dass die Gerechtigkeit schon ihren Weg finden würde.

„Weißte was“, setzte Charlotte nun auch gänzlich ohne Zweifel an ihrem neuen Plan nach, „wenn das alles so ist, können wir die ARGE auch noch für alle entstandenen Anwalts- und Gerichtskosten in Regress nehmen, von den Zinsen einmal ganz abgesehen, und das hat sich gewaschen. Wir haben inzwischen über 20.000 Euro an Schulze bezahlt und die Gerichtskosten stehen auch noch aus. Na, die werden mit uns noch Spaß haben. Und jetzt los – ab nach Dresden – wir haben Arbeit“, lachte sie, bezahlte, gab Georg noch einen dicken Kuss und sagte: „Mach‘ dir keine Sorgen Schatz, wir kriegen das schon hin“. „In der Truhe liegt der Saft – oder wie heißt das Sprichwort“, zwinkerte ihm zu und freute sich über die offensichtlich anstehende Lösung dieser Misere.

Die Rückfahrt nach Dresden war recht unterhaltsam. Die Beiden philosophierten über alle möglichen und unmöglichen Szenarien, wie sie Rasch seiner verdienten Strafe zuführen konnten. „Wir verlangen erst mal eine Nutzungsgebühr für die Rohrleitungen, welche durch unsere Häuser und über unsere Grundstücke laufen. Fast alle Zubringerrohre, vom Heizwerk zu den gemeindeeigenen Liegenschaften, sind mit unserer Anlage verbunden und führen durch unsere Keller – und für lau geht jetzt gar nichts mehr“, stellte Charlotte fest und war in Gedanken schon bei der Aufrechnung der Nutzungsmiete für die vergangenen drei Jahre.

Die nächsten Tage verbrachte Charlotte damit, die noch offenen Positionen für Miete und Nebenkosten penibel zu dokumentieren. Sie unterteilte ihre Berechnungen zwischen „Selbstzahlern“, und „Leistungsempfängern“ und erstellte für jeden säumigen Mieter eine genaue Abrechnung über die noch offenen Summen. Unfassbare 90% der Schuldner waren von der ARGE abhängig und der Hauptanteil der Forderungen setzte sich aus Nebenkosten, also Aufwendungen für Heizung und Wasser, zusammen. Ein kleinerer, wenn auch substanzieller Anteil, waren offene Mietzahlungen.

Glücklicherweise ergänzte Charlotte nach Übernahme der Wohnanlage vor drei Jahren in kluger Voraussicht alle Mietverträge der damaligen und zukünftigen Bewohner mit Abtrittserklärungen für Miete und Nebenkosten. De facto hieß das nichts anderes, als dass die Miete und die Aufwendungen für Heizung und Wasser direkt von der ARGE auf das Konto des Vermieters überwiesen wurden – ein gängiges und nicht unübliches Verfahren im Umgang mit Leistungsempfängern. Und der Grund dafür liegt auf der Hand.

Bekannterweise ist ja die Höhe der Transferleistungen, also Aufwendungen zur Sicherung des Lebensunterhalts, für jede bedürftige Person und Familie recht eng bemessen, aber ausreichend, um menschenwürdig zu leben. Übernommen werden angemessene Kosten für Unterkunft und Wohnnebenkosten und ein Handgeld von monatlich 364 Euro für jede erwachsene Person, sowie ein angepasster, gestaffelter Betrag für jedes Kind. Darüber hinaus gibt es jährliche Sonderzuwendungen für häusliche Neuanschaffungen und Kleidung, sowie in besonderen Härtefällen Zuschüsse für ernährungsrelevante Mehrkosten und ergänzende Heilfürsorge. Alles in allem kommt eine Familie mit zwei Erwachsenen und zwei Kindern auf ein Nettoeinkommen von rund 2.700 Euro monatlich – fürs Nichtstun.

„Arbeit muss sich lohnen“, hört man wie von einer niemals enden wollenden Schallplatte der Politiker aus allen Fraktionen. Nur das tut es leider nicht. Geringverdiener, die Vollzeit arbeiten, wie das oft bemühte Beispiel einer Frisörin oder Kassiererin, erzielen einen durchschnittlichen Nettolohn von nicht mehr als 1.400 Euro im Monat. Wo ist da die gefühlte Gerechtigkeit? Entweder sind die Sozialleistungen zu hoch oder der Stundenlohn zu gering. Was immer auch die Wahrheit sein mag, der Groll in Teilen der Bevölkerung ist gerechtfertigt.

War vor 20 Jahren das Angewiesensein auf öffentliche Leistungen verpönt und beschämend, so ist es inzwischen leider zu einem Lebensstandard geworden, der in weiten Teilen des Landes gesellschaftsfähig geworden ist. Dies gilt besonders für strukturschwache Regionen mit hoher Arbeitslosigkeit und für das immer größer werdende Groh an Menschen ohne ausreichende Schul- und Berufsausbildung. Und im Grunde kann man den Betroffenen ihre Haltung noch nicht einmal verübeln.

Verdienen doch viele Arbeitskräfte oftmals weniger als eine Hartz-IV-Familie an Leistungen bezieht, so ist die berechtigte Überlegung gestattet: „Warum“? Warum sollte jemand einen schlecht bezahlten Job annehmen, wenn gleiches oder größeres Einkommen steuerfrei und ohne Aufwand erzielt werden kann. Hat man die Grundbezüge durch staatliche Leistungen erst einmal gesichert, ist es ein leichtes, im Rahmen von erbrachter „Nachbarschaftshilfe“, noch ein paar Euro hinzuzuverdienen. Und genau diese Haltung war und ist flächendeckend die vorherrschende Lebensphilosophie im Seitzer Ghetto.

Ausdrücklich soll an dieser Stelle nicht die Forderung nach höheren Mindestlöhnen, frei nach dem Motto „Arbeit muss gerecht bezahlt werden“ aufgebracht werden, als vielmehr die berechtigte Frage, ob die derzeitigen Gesetze, welche das soziale und gesellschaftliche Zusammenleben aller Schichten maßgeblich beeinflussen, überhaupt noch zeitgemäß, gerecht und unter Berücksichtigung der demografischen Entwicklung, sinnvoll sind.

Sozial- und Arbeitsgesetze, Steuergesetze und Abgabenverordnungen, Gesundheits- und Pflegekosten und nicht zuletzt die Rentengesetze – nur wenn alle diese Paragrafen und Verordnungen auf den Prüfstand kommen und als eine Einheit verzahnt betrachtet werden, kann eine annähernd gesellschaftliche Gerechtigkeit überhaupt erst erreicht werden. Und dieses Ansinnen geht nicht einher mit den ehemals kommunistischen und sozialistisch-radikalen Wahn- und Wunschvorstellungen „Alle Menschen sind Gleich“ (nur manche sind Gleicher), sondern beruhen maßgeblich auf dem Recht zur Eigenständigkeit des Einzelnen, auf der Verpflichtung und der Berechtigung zur individuellen Eigenverantwortung, auf einer staatlichen Fürsorgepflicht zur Grundversorgung benachteiligter, kranken und alten Menschen, auf der Förderung von Kunst und Kultur, auf der Sicherstellung von Bildung für Jedermann und der Freiheit von Forschung und Lehre in der Wissenschaft.

Der Mensch als Individuum muss grundsätzlich für sich selbst verantwortlich sein. Die staatlich gesetzten Leitplanken durch sinnvolle Gesetze und Fürsorge sind wichtig und richtig, müssen aber vorrangig den Kanon der Freiheit und Selbstverantwortung des Einzelnen ermöglichen. Bürokratie und Gängelung darf genauso wenig überzogen und vorherrschend in der Gesellschaft präsent sein, wie blinder Sozialgrößenwahn mit einer füllhornartigen Umverteilungsmentalität weg von denen die ihr Geld redlich verdienen, hin zu denen, die es sich in der großzügigen, sozialen Hängematte der Gesellschaft bequem gemacht haben.

Ganz sicher könnten noch etliche Bücher und Doktorarbeiten über dieses Thema geschrieben werden, was bestimmt auch der Fall sein wird, dennoch ändert es nichts an der derzeitigen Situation einer überzogenen, staatlichen Versorgungsstruktur, welche ohne den Anspruch auf sinnvolles „Fördern und Fordern“ bald nicht mehr bezahlbar sein wird.

Sei's drum – den Betroffenen, in diesem Fall den Mietern im Ghetto, sei kein Vorwurf gemacht, wenn sie die derzeitig gültigen Gesetze ausnutzen und optimieren.

* * *

Die Abtretung von Mietzahlungen und den dazugehörigen Nebenkosten war in allen diesen Fällen lediglich eine Präventivmaßnahme. Es liegt nun einmal in der Natur des Menschen, besonders wenn sie etwas labil im Umgang mit ihren eigenen Lebensumständen sind, dass knapp bemessene Mittel gerne schon mal für andere Annehmlichkeiten des Lebens ausgegeben werden, als das die ungeliebte Miete bezahlt wird. Nur kann sich ein Vermieter dieses Verhalten aber nicht sehr lange leisten. Hypotheken, Steuern, Versicherungen, Reparaturen, Verwaltungen, Löhne, Betriebsmittel, Leerstände und Vermietungskosten müssen monatlich aus den

Mieteinnahmen bezahlt werden. Fallen diese aus, sieht es für den Vermieter sehr schnell sehr schlecht aus. Banken, Versicherungen und Versorger lassen nun mal nicht mit sich reden und sind auch nicht an den Umständen von etwaigen Mietausfällen interessiert. Nur Bares ist Wahres und ansonsten ist deins bald meins.

Die Vereinbarungen hinsichtlich der direkten Abtretung von Miete und Nebenkosten an den Vermieter waren rechtlich zulässig und einwandfrei formuliert. Jeder neue Mietvertrag hatte eine entsprechende Klausel, welche hervorgehoben im Mietvertrag für Jeden leicht verständlich und eindeutig verfasst war. Für bestehende Mietverträge wurde eine entsprechende Zusatzvereinbarung mit jedem Mieter gemacht. In beiden Fällen musste der Mieter und die ARGE, beziehungsweise der zuständige Sachbearbeiter, diese Klausel gesondert zur Kenntnis nehmen und dementsprechend abzeichnen – was sie auch taten.

Was die Sachbearbeiter den Vermietern allerdings nicht sagten war, dass die Mieter, d.h. die Kunden der ARGE, die Abtretung jederzeit ohne jedwede Begründung zurücknehmen konnten. Kam ein Leistungsempfänger also auf die Idee, dass das Geld für seine Miete anderswo besser angelegt war, so brauchte er nur seinen zuständigen Sachbearbeiter bei der ARGE zu informieren und schon wurden die Leistungen für Miete und Nebenkosten auf das Privatkonto des Herrn oder der Dame überwiesen. Eine Mitteilung seitens der ARGE an die Vermieter gab es darüber natürlich nicht. Mehr noch – dass auch nur einer dieser hellen Köpfe in der Verwaltung auch nur ein einziges Mal hinterfragte, warum ihr Kunde jetzt auf einmal die Mietgelder auf sein eigenes Konto überwiesen haben wollte, war so abwegig und abstrus, wie Bürgermeister Rasch der Aufrichtigkeit zu bezichtigen.

Transferleistungen sind Mittel, welche von allen rechtschaffenden Menschen in diesem Lande in den großen Topf der Solidarität zum Wohle der Gesellschaft eingezahlt worden sind – und das ist auch gut so. Die mit der Verwaltung dieser Gelder betrauten Personen sind allesamt Beamte und Angestellte im Staatsdienst und werden ebenfalls von den Bürgern dieses Landes bezahlt. Man sollte doch nun annehmen dürfen, dass diese Menschen einer gewissen Verpflichtung zur Sorgfältigkeit unterliegen und das Geld der Allgemeinheit mit Sinnhaftigkeit und Augenmaß einsetzen, anstatt stumpfsinnig, mit nicht zu übertreffender Dummheit und Ignoranz, öffentlichen Mittel zu vernichten. Transferleistungen sind zweckgebunden! Und was zum Teufel geht in dem Spatzenhirn eines Sachbearbeiters vor, wenn ein Hartz-IV-Kunde verlangt, dass die zweckgebundenen Mittel für Miete und Nebenkosten nicht mehr dem Vermieter zugeführt werden sollen? Es gibt aber auch nicht eine einzige Begründung oder Rechtfertigung für so ein unverantwortliches Verhalten unserer Staatsdiener. Das Stattgeben eines solchen, sehr offensichtlich unseriösen, Antrags ist nicht nur fahrlässig, sondern schon grob fahrlässig und müsste mit einer strafrechtlichen Bewertung geahndet werden.

Auch die Gespräche mit anderen Vermietern bezüglich der ARGE-Mitarbeiter, brachten die gleichen Ergebnisse. Unsere zwei Dresdener waren also bei weitem nicht die einzigen Gebeutelten in dieser Misere. Aber es sollte noch unglaublicher und noch viel schlimmer kommen.

Charlotte hatte die Aufrechnung aller Forderungen abgeschlossen. Außenstände von nunmehr 180.000 Euro, wovon 140.000 Euro allein auf das Schuldenkonto der ARGE Havelburg, bzw. das ihrer Kunden ging – Zinsen nicht mit berechnet.

Das unlängst gesprochene Urteil zu Gunsten der Gemeinde Seitz lag nunmehr ebenfalls in Schriftform vor. Die Dresdener waren für das Jahr 2010 verdonnert worden, Nachzahlungen für Fernwärmelieferungen in Höhe von 35.000 Euro zzgl. Zinsen zu zahlen. Nachzahlungen für 2011, 2012 und 2013 ließen dann auch nicht lange auf sich warten und ergaben insgesamt eine Summe von über 80.000 Euro. Dem gegenüber standen Forderungen an die ARGE von 140.000 Euro und weiteren 40.000 Euro an Mietrückständen, welche von Mietern, die ihre Abtretungserklärung bei der ARGE zurückgenommen hatten, verursacht worden waren.

Aufgrund der vorliegenden Erkenntnisse und der Abrechnung aller Forderungen, wurde zeitnah ein Termin zur Prüfung bei den Vertretern der ARGE Havelburg gemacht, welcher jedoch, unterlegt mit immer anderen Ausreden, niemals zustande kam. Herr Müller, einer der ganz superschlauen Sachbearbeiter und Charlottes ganz spezieller Freund, war an Ausflüchten nicht verlegen, um wirklich jeden persönlichen Kontakt zu vermeiden. Im Ergebnis dessen, wurden letztendlich sämtliche Zahlungslisten und das Urteil vom Landgericht, in welchem als Urteilsbegründung unter anderem stand, dass die abgerechneten Kosten für Wärme „ortsüblich und angemessen“ waren, an die ARGE zur abermaligen Prüfung per Post verschickt.

Wieder zogen sechs Wochen ins Land, ohne auch nur ein Wort von der ARGE zu hören. Rechtsanwalt Schulze hatte, natürlich gegen fürstliche Entlohnung, inzwischen Einspruch gegen das Urteil beim Oberlandesgericht Magdeburg eingereicht, um Zeit zu schinden, denn so langsam wurde das Geld der Dresdener knapp und es musste sehr bald etwas passieren.

Nach weiteren zwei Wochen erdreistete sich Charlotte bei der ARGE den Stand der Dinge abzufragen. Sie wurde mit der Begründung abgewimmelt, dass die Behörde dermaßen überlastet sei und eine gründliche Prüfung von über Einhundert Fällen natürlich entsprechende Zeit in Anspruch nehmen würde. Des Weiteren solle sie von uferloseren Anfragen gefälligst Abstand nehmen, denn die Ergebnisse der Prüfung würden schriftlich mitgeteilt.

Und so war es dann auch. Kurze drei Wochen später kam ein lapidarer Brief mit 12 Zeilen, welcher im Ergebnis besagte, dass die ARGE sich zu keiner Nachzahlung verpflichtet sähe und Ansprüche ordnungsgemäß abgerechnet worden waren. Der Hinweis auf das zweite Sozialgesetzbuch, nachdem die tatsächlichen Kosten für Wärme und Wasser übernommen werden müssten, wurde mit der Begründung abgelehnt, dass im Rat der Gemeinden (also den Gesellschaftern der ARGE) beschlossen wurde, die Höchstgrenze für Heizkosten pro Quadratmeter auf 1,10 Euro monatlich zu begrenzen – und daran mussten sie sich natürlich halten.

Die tatsächlichen Heizkosten beliefen sich jedoch auf 1,80 Euro pro Quadratmeter – ein Verlust von jährlich 42.000 Euro.

Das muss man sich nun mal auf der Zunge zergehen lassen: Ein Vermieter erhält von der Kommune eine Rechnung für gelieferte Fernwärme. Dieser beschwert sich daraufhin im Sinne und zum Nutzen der Mieter über die verdächtig hohen Beträge und bittet um Aufklärung. Die Kommune, ohne jemals Auskunft gegeben zu haben, verklagt den Vermieter auf Zahlung der noch ausstehenden Valuta, gewinnt den Prozess und erhält einen höchstrichterlichen Beschluss, dass die Heizkosten „ortsüblich und angemessen" sind.

Der Vermieter geht daraufhin mit genau diesem Beschluss zur ARGE – eine Abteilung der gleichen Kommune, die ihn verklagt hatte – und fordert die Begleichung der noch offenen Heizrechnungen für ihre Kunden gemäß den geltenden Sozialgesetzen. Die ARGE lehnt die Zahlung weiterhin ab und begründet das damit, dass die Heizkosten unangemessen hoch sind und gemäß einem Beschluss der Gemeinden, in der geforderten Höhe nicht erstattet werden. Was für ein Treppenwitz. Und wenn es nicht so unendlich traurig wäre, hätte man vielleicht auch noch lachen können. Leben wir wirklich in einer Bananenrepublik?

Georg platze jetzt der Kragen über diese Unverfrorenheit und Arroganz dieser bescheuerten Verwaltungsbehörde und plante Klage beim Sozialgericht Dresden einzureichen. Oft genug hatte er ähnliche Verfahren als ehrenamtlicher Richter mit verhandelt und wusste genau, dass die ARGE zur Zahlung verpflichtet war.

Charlotte indes, versuchte noch einmal in ihrer Funktion als Hausverwalterin, mit ihrem „Freund" Herrn Müller zu reden und ließ bei einem der Anrufe durchblicken, dass der Eigentümer nunmehr Klage gegen die ARGE einreichen würde und das das ja wohl zu vermeiden sein sollte, nicht nur im Hinblick leerer Kassen, sondern auch zu Gunsten der auf dem Spiel stehenden Arbeitsplätze, die mit Sicherheit in der Hausverwaltung verloren gingen, wenn nicht zeitnah ein Zahlungsausgleich erfolgen würde.

Müller wurde überraschenderweise redselig und erklärte, dass er sich an die Beschlüsse der Gesellschafter, sprich die Kommunen halten müsse.

„Und was ist mit den Sozialgesetzen, die eindeutig Anderes vorschreiben", fragte Charlotte.

„Ja, das Problem kennen wir. Auch andere Vermieter haben die gleichen Schwierigkeiten wie sie".

„Heißt das etwa, dass sie bewusst gegen bestehende und gültige Gesetze verstoßen", bohrte Charlotte weiter, die Stunde der Redseligkeit Müllers nutzend.

„Wir müssen nach den Beschlüssen der Räte handeln", wich Müller aus, „und wenn sie das nicht akzeptieren können, müssen sie halt den Rechtsweg wählen", maulte er mit zunehmender Schärfe.

„Herr Müller, was sie mir hier sagen heißt, dass sie nach den Beschlüssen der Räte keine offenen Verbindlichkeiten gegenüber dem Vermieter haben. Und würde man nach den geltenden Sozialgesetzen die Berechnung erstellen, wären sehr wohl noch maßgebliche Rechnungen offen", erwiderte Charlotte in gleichem Tonfall.

„Wenn sie das so sagen - wahrscheinlich. Aber dagegen müssen unsere Kunden erst mal Einspruch einlegen und gegebenenfalls vor Gericht ziehen – und übrigens sind SIE nicht unser Kunde und haben auch keinen Vertrag mit uns und wir nicht mit ihnen", plauzte er zurück. „Und damit ist unser Gespräch jetzt beendet", sprach's und legte auf.

Charlotte wäre fast der Hörer aus der Hand gefallen. Hatte sie das alles tatsächlich richtig verstanden, was ihr Müller da mitgeteilt hatte? Sie machte sich erst einmal einen Kaffee, um wieder klar denken zu können, schmökerte versonnen eine Zigarette und überlegte was zu tun war. So konnte es unmöglich weiter gehen.

Am Abend erzählte sie Georg von dieser Unglaublichkeit. „Müller von der ARGE hat tatsächlich zugegeben, dass wir in der Tat noch Forderungen haben, aber nur dann, wenn sie nach den Vorgaben der Sozialgesetze berechnen würden – und das macht dieser Drecksladen nicht. Aber viel wichtiger, die argumentieren, dass wir eh keinen Anspruch hätten, da wir kein Vertragspartner der ARGE wären und wenn überhaupt noch Forderungen geltend gemacht werden könnten, dann nur und ausschließlich durch die Kunden selbst, sprich den Leistungsempfängern".

„Das heißt", fragte Georg, „wenn wir Klage am Sozialgericht einreichen würden, wäre das für die Katz, da nur die jeweils betroffene Person, also der Kunde der ARGE, und nicht der Vermieter gegen die Behörde gerichtlich vorgehen kann".

„So hat er es gesagt", wagte Charlotte kaum zu sagen.

„Und was ist mit der Abtretungserklärung, die alle Mieter unterschrieben haben", fragte Georg weiter und inzwischen sichtlich in Rage.

„Hat er nichts von gesagt. Zählt wohl nicht", sagte Charlotte und paffte nun schon an der dritten Zigarette. „Komm Schatz, es ist wohl besser wir schlafen da mal ne' Nacht drüber und überlegen uns morgen in aller Ruhe, wie wir weiter machen. Es ist doch wirklich alles zum Kotzen".

Am nächsten Morgen fuhr Georg in das Archiv des Sozialgerichts, um entsprechende Gesetzestexte zu finden, welche etwas mehr Licht in diese verworrene Angelegenheit bringen sollten. Stundenlag saß er in dem staubigen Keller und suchte nach entsprechenden Kommentaren zum zweiten Sozialgesetzbuch, da die Paragrafen selbst nicht ganz schlüssig waren – zumindest nicht für ihn. Immer wieder fand er die gleichen Stellen im Gesetzestext, aber keine dieser Ausführungen konnte ihm eindeutige Antwort geben. Es schien so, als hätte Müller recht gehabt – nur die Vertragspartner, also die Kunden der ARGE, konnten gegen die Bescheide der Verwaltung angehen.

„Und ich bin weder Kunde noch Vertragspartner. Ich habe einen Vertrag mit dem Mieter und der Mieter hat wiederum einen Vertrag, in Form eines Leistungsbescheides, mit der ARGE. Eine direkte vertragliche

Verbindung zwischen mir und der scheiß ARGE besteht also nicht", brüllte Georg durch den ganzen Keller.

Die Abtrittserklärungen regelten offensichtlich nur die Tatsache, dass Zahlungen für Mieten und Nebenkosten direkt auf das Konto des Vermieters gezahlt werden konnten. Die sachliche Feststellung der korrekten Höhe der Abrechnungen, also auch etwaige Nachzahlungen oder Guthaben, waren ausschließlich zwischen der ARGE und ihren Kunden zu regeln. Und wenn diese sich nicht rührten? Schade eigentlich.

Den Mietern selbst war das sowas von scheißegal, ob der Vermieter seine Forderungen von der ARGE bezahlt bekam oder nicht und Georg wusste hundertprozentig, dass er keinen dieser Kammeraden dazu bewegen konnte, bei der ARGE Einspruch einzulegen oder gar Klage einzureichen. Was sollte auch die Motivation dieser Leute sein, sich für ihren Vermieter einzusetzen? Ganz abgesehen davon, dass es sich um über 100 Fälle handelte, also über 100 Einsprüche oder Klagen von über 100 Harz-IV-Empfängern. Diesen Gedanken brauchte er gar nicht weiter zu spinnen – es war aussichtslos.

Georg konnte und wollte diese unerträgliche Situation nicht akzeptieren. Wie besessen suchte er in den kommenden Tagen weiter in den undurchdringlichen Tiefen der Gesetzestexte. Er sprach mit einigen bekannten Anwälten und Richtern über diese Tragödie und war schon kurz vorm Aufgeben, als einer der Richter ihm dem Hinweis gab, nach dem Begriff „übergeordnetes, wirtschaftliches Interesse" zu suchen.

Georg machte sich sofort auf den Weg und fand in der Tat entsprechende Ausführungen die besagten, dass sich ein Gläubiger direkt an die Leistungsträger als Drittschuldner wenden kann, wenn die Hauptschuldner, in diesem Fall die Mieter, ihren Verpflichtungen zur Kontenklärung mit dem Leistungsträger nicht nachkommen und dem Gläubiger durch dieses Verhalten maßgebliche, wirtschaftliche Nachteile entstehen. Der Gläubiger hat damit ein „übergeordnetes, wirtschaftliches Interesse" und kann somit direkt an die Leistungsträger herantreten. Ein Lichtblick.

Mit Beratung eines befreundeten Anwalts, stellte Georg zusammen mit Charlotte, zehn eindeutig klare Schuldverhältnisse der Mieter zusammen und reichte Klage gegen die ARGE beim Sozialgericht Dresden ein. Sollte das Sozialgericht tatsächlich die Klagen annehmen, könnten sie jederzeit die restlichen 95 Fälle nachreichen und so hoffentlich die ARGE zur Zahlung zwingen.

Es dauerte zwar geraume Zeit, doch die eingereichten Klagen wurden zugelassen und der Tag der Verhandlung am Sozialgericht kam. Anwesend waren die Vertreter dieser unrühmlichen Behörde, sowie Georg und sein befreundeter Anwalt, welcher den Fall für ein „Taschengeld" übernommen hatte.

Die Vorsitzende Richterin hörte die Argumente beider Seiten und entschied, dass sich die ARGE und auch die Hausverwaltung, die Behandlung der jeweiligen Fälle zu einfach gemacht hatten.

„Es reicht nicht, wenn die Hausverwaltung lediglich eine umfangreiche Liste mit allen Kundennummern und den noch offenen Beträgen bei der ARGE einreicht. Es muss detailliert nachgewiesen werden, in welchem Zeitraum der Mieter wo gewohnt hat, ob er in diesem Zeitraum leistungsberechtigt gewesen ist und welche Forderungen für welche Leistung nicht bezahlt worden sind", erklärte die Richterin.

Sich an die ARGE wendend führte sie aus: „Sie als Verwaltungsbehörde sind dazu verpflichtet, die ordnungsgemäße Abrechnung aller bezogenen Sachleistungen ihrer Kunden in jedem Einzelfall zu prüfen und nachzuweisen, bzw. offene Forderungen gemäß den geltenden Sozialgesetzen auszugleichen. Aufgrund der vorliegenden Abtretungserklärungen der Mieter, ist der Vermieter sehr wohl dazu berechtigt, etwaige Nachforderungen an sie zu stellen und muss im Umkehrschluss auch mögliche Überzahlungen an sie zurückerstatten. Eine lapidare Antwort „...es bestehen keine weiteren Forderungen", ist daher absolut nicht ausreichend". „Ich fordere hiermit die Hausverwaltung auf, für jeden einzelnen Fall eine eigene Akte mit den schon beschriebenen Anforderungen anzufertigen und der ARGE zur Prüfung vorzulegen. Die Verwaltungsbehörde fordere ich auf, nach Eingang der Einzelakten detailliert in jedem

Fall einzelnen zu prüfen, ob und in welchem Umfang eine Nachforderung oder eine Gutschrift zu verbuchen ist und darüber hinaus, dass jeweilige Ergebnis eindeutig und stichhaltig zu begründen. Eine Frist von 4 Wochen nach Akteneingang ist dabei einzuhalten. Hiermit ist die mündliche Verhandlung geschlossen".

„Na, das war doch schon mal etwas", sinnierte Georg zufrieden und war eigentlich guter Hoffnung, dass die Gerechtigkeit ihren Weg doch noch nehmen würde.

Neben der Gemeinde, welche den Dresdenern nach wie vor das Leben schwer machte, indem sie ihre Mieter mit Lügen und Gerüchten über veruntreute Nebenkostenzahlungen verunsicherten, meldeten sich nunmehr im Sommer 2014 auch die Wasserwerke in Havelburg lauthals zu Wort. Eine Forderung von 45.000 Euro stand angeblich noch im Raum und wenn diese nicht umgehend beglichen würden, so die Wasserwerke, würden sie die Wasserversorgung für alle drei Blöcke der Wohnanlage einstellen.

Charlotte und Georg vielen von einer Ohnmacht in die Nächste. Ja, es hatte in den vergangenen Monaten Auseinandersetzungen bezüglich der Berechnungsgrundlage der jeweiligen Wasserabrechnungen gegeben. Neben den tatsächlich abgenommenen Wassermengen wurde für jede vermietete und nicht vermietete Wohnung eine Grundgebühr in Höhe von 10,00 Euro pro Monat verlangt und ein pauschaler Betrag von 5,00 Euro für Abwasser und Verwaltungsgebühren in Rechnung gestellt. Die Endabrechnung für die gesamte Wohnanlage wurde, wie üblich, am Ende des Jahres mit den geleisteten Abschlagszahlungen saldiert und etwaige Differenzen als Nachforderung oder Gutschrift verbucht.

Das Problem an der Sache war nur, dass die Anzahl der Wohnungen, gemäß den Berechnungen der Wasserwerke, nicht stimmte. Durch Umbaumaßnahmen wurden einige kleinere Wohnungen zu größeren Einheiten zusammengelegt und damit die Gesamtanzahl der Wohnungen um 15 Einheiten reduziert. Über die letzten 4 Jahre wurden von den

Wasserwerken also nicht nur nicht existierende Wasseruhren berechnet, sondern auch Grundgebühren für Wohneinheiten, die es nicht gab.

Charlotte hatte die Wasserwerke über die jeweiligen Veränderungen fernmündlich und per Fax informiert und immer wieder um eine korrekte Abrechnung gebeten. Wasser, wie auch Wärme, gehört nämlich zu den Nebenkosten einer jeden Wohnung und ist lediglich ein durchlaufender Posten in der Buchhaltung.

Die von den Mietern eingesammelten Abschläge werden vom Vermieter, bzw. der Hausverwaltung, an die jeweiliger Versorger weitergereicht und am Jahresende mit den tatsächlich angefallenen Kosten aufgerechnet. An wen sollten aber nun Abschlags- und Endabrechnungen weitergereicht werden, wenn es eine gewisse Anzahl dieser Wohnungen gar nicht gab, sie aber von den Wasserwerken berechnet wurden? Des Weiteren hatten einige Mieter am Jahresende eine Gutschrift durch sparsamen Wasserverbrauch zu erwarten und andere wiederum, hätten eine Nachzahlung leisten müssen.

Da die meisten Mieter, bekannterweise, Kunden der ARGE waren, war das mit den Nachforderungen jedoch so eine Sache. Bis zur endgültigen Klärung der Rechnungslegung, zahlte die ARGE natürlich auch diese Positionen nicht. Auf der anderen Seite bestanden jene Mieter, welchen eine Gutschrift zustand, zu Recht auf dessen Auszahlung. Der schwarze Peter war also wieder einmal bei den Dresdenern. Sie leisteten Zahlungen für Wohnungen, die es nicht gab, erhielten keine Erstattungen für Kunden der ARGE, welche zu viel Wasser verbraucht hatten und zahlten gleichsam Gutschriften an „sparsame“ Mieter aus. Und jetzt sollten sie noch weitere 45.000 Euro an Nachzahlungen leisten – u.a. für Wohnungen, die es nicht gab. Großartiges Geschäft.

Die Situation in Seitz verschlechterte sich Zusehens. Nicht nur hatten sie die Gemeinde und die ARGE gegen sich, nein, jetzt auch die Wasserwerke. Der Bürgermeister klopfte sich vor Vergnügen auf die Schenkel und stachelte die Mieter im Ghetto immer mehr gegen die Dresdener auf. Die Spannungen in der Wohnanlage waren inzwischen unerträglich.

Auch wenn die Masse der Mieter Leistungsempfänger waren und teilweise sehr hohe Mietschulden hatten, so waren doch auch viele alte Menschen mit kleiner Rente in der ansonsten friedlichen Wohnanlage zuhause und allesamt hatten sie ein Recht auf sorgenfreies Wohnen, ohne ständig und zu jeder Zeit den Repressalien der Versorger ausgesetzt zu sein.

Im September 2014 hing dann eine erste Mitteilung in jedem Treppenhaus der Wohnanlage und informierte die Bewohner, dass ab dem 01. Oktober die Wasserversorgung eingestellt würde. Dieser Hinweis kam direkt von den Wasserwerken.

Horst informierte Charlotte umgehend und nahm die entsprechenden Schreiben wieder aus dem Aushang. Die Verunsicherung unter den Mietern war natürlich groß und viele Bewohner glaubten jetzt den unredlichen Lügen des Bürgermeisters, dass die bösen Vermieter sich an den gezahlten Nebenkosten bereichern würden.

Die erste Auszugswelle war damit losgetreten. Fast über Nacht zogen die ersten 30 Familien aus. Kündigungsfristen wurden vollkommen ignoriert und die verlassenen Wohnungen in einem verheerenden Zustand hinterlassen. Die meisten Mieter zogen entweder in einen Plattenbau im Nachbarort oder direkt in die gemeindeeigenen Häuser des Bürgermeisters.

Charlotte fuhr natürlich sofort nach Seitz, um mit den Menschen vor Ort zu sprechen und sie davon zu überzeugen, dass die Wasserversorgung natürlich nicht eingestellt wird und auch nicht eingestellt werden darf, da Wasser nun mal zu den Grundbedürfnissen gehört und dementsprechend von der Kommune bereitgestellt werden muss.

Kommune? Charlotte kam plötzlich ein ganz schrecklicher Verdacht. Umgehend fuhr sie zu Herrn Hoffmann, Gemeinderat und Heizungsfachmann, und stellte ihn zur Rede bezüglich der geplanten Einstellung der Wasserversorgung. Hoffmann, einer der rückratlosen Mitläufer des Kommunalregenten, war sichtlich nervös und irritiert.

Nachdem er sichergestellt hatte, dass sie allein waren und Niemand in Hörweite auszumachen war, sagte er Charlotte, dass Rasch sie jetzt endgültig mit allen Mitteln fertig machen wollte.

„Überlegen sie doch mal", fing er an, „die Gemeinde, vertreten durch Rasch, ist zum einen Gesellschafter der ARGE und sitzt zum andern im Verwaltungsrat der Wasserwerke. Was glauben sie denn, warum die ARGE ihre Forderungen nicht bezahlt und warum die Wasserwerke jetzt die Versorgung einstellen wollen? Der will sie platt machen, koste es was es wolle", gab er sichtlich aufwühlt und beschämt zu.

„Und sie haben nicht mal die Eier in der Hose, um diese Machenschaften zu verhindern oder dagegen aufzumucken", schrie Charlotte zurück. „Was sind sie doch nur für ein trauriges Arschloch. Es geht hier nicht um uns, sondern um mehr als 100 Familien, die in 14 Tagen kein Wasser mehr haben. Ist ihnen das alles scheißegal", polterte Charlotte so wütend, dass sie ihm fast eine aufs Maul gehauen hätte.

Ohne Wiederworte und Beschwerde, nahm er die Anklage Charlottes entgegen und wusste genau, dass sie recht hatte.

„Haben sie übrigens den Fehler bei der Heizkostenabrechnung gefunden", goss er weiter Öl ins Feuer. „Ich hatte ihnen ja gesagt, dass da was nicht stimmt", bemühte er sich den Anschein zu erwecken, auf ihrer Seite zu sein.

„Nein, natürlich nicht. Und wenn sie mir nicht sagen, wo der Fehler liegt, werde ich ihn auch nicht finden", patzte Charlotte zurück. „Aber wahrscheinlich sind sie auch dafür zu feige", donnerte sie wieder los, schmiss die Tür laut ins Schloss und fuhr zurück zur Wohnanlage.

Horst hatte inzwischen alle Aushänge entfernt, doch jeder Mieter wusste bereits von den Androhungen der Wasserwerke und sie alle stürmten wie ein wilder Mob auf Charlotte zu, als sie im Ghetto ankam. Lauthals und voller Wut umringten sie die arme Frau und bedrängten sie um eine Erklärung, die sie eh nicht glauben würden - egal was sie sagte. Dass man sie nicht am nächsten Fensterkreuz aufhängte, war auch schon alles.

Horst hatte den Ernst der Lage natürlich erkannt und deshalb vier seiner treusten Kumpane um Charlotte herum positioniert und stellte so ihre körperliche Unversehrtheit sicher. Auf seine ureigene Art versuchte er dann selbst die Menge zu beruhigen und nach einer Weile konnte man tatsächlich mit den meisten dieser Leute reden. Charlotte erklärte die Situation bezüglich der Abrechnungen und sicherte zu, dass sie umgehend mit den Wasserwerken reden würde, bzw. eine einstweilige Verfügung gegen diese Androhung erwirken würde.

Beileibe nicht beruhigt, jedoch durch die Versicherungen Charlotte zu etwas mehr Geduld bereit, verzogen sich die meisten zurück in ihre Wohnungen und Charlotte und Horst in ihr Büro im Erdgeschoss.

Noch in den gleichen Minuten rief Charlotte dann die Wasserwerke an und fragte, was der Blödsinn dieser Androhung denn soll. Ruhig und sachlich erklärte man ihr, dass das kein Blödsinn ist und die Wasserversorgung zum 01. Oktober tatsächlich eingestellt würde. Sie solle sich doch mal die Verträge mit den entsprechenden Klauseln ansehen.

Charlotte merkte schon, dass alles reden überhaupt gar keinen Sinn hatte und andere Maßnahme ergriffen werden mussten. Also rief sie direkt beim zuständigen Landgericht an und sprach mit einer Justizfachangestellten über die Situation und über mögliche Wege zur Abhilfe.

„Eine einstweilige Verfügung können sie als Vermieter gar nicht beantragen, sondern nur die jeweils Betroffenen“, erläuterte die Dame am anderen Ende. „Und dazu reicht ein formloser Antrag, welcher dann binnen 2 Tagen entschieden wird“, setzte sie fort.

„Müssen denn alle Mieter diese Verfügung beantragen“, fragte Charlotte schon die Hoffnung aufgebend.

„Nein, es reicht, wenn zwei oder drei der Betroffenen einen entsprechenden Antrag stellen. Wenn die Absperrung dann aufgehoben ist, haben ja automatisch alle anderen Bewohnen ebenfalls wieder fließend Wasser“, war die Antwort.

Charlotte bedankte sich für die Auskunft und legte den Hörer mit feuchten Händen zurück auf die Gabel.

„Horst, du gehst los und suchst zwei oder drei geeignete Mieter, die einen entsprechenden Antrag stellen und ich schreibe inzwischen den Text für die Eingabe“, entschied sie energisch und nunmehr wieder voller Tatendrang.

Gesagt, getan. Horst zog los und wusste schon, wen er für diese Aktion rekrutieren würde und Charlotte verfasste zügig einen formlosen Antrag im Namen der Mieter, um eine entsprechende Verfügung bei Gericht zu erwirken.

Nach ein paar Minuten war alles erledigt. Die Antragsteller waren Horst selbst und sein treuer Gefährte „Pancho Villa“ mit seiner Geliebten, die nochmals erklärte, dass sie einen sehr ausgeprägten Sinn für Ordnung und Sauberkeit hatte. Wie die Schulkinder saßen sie gemeinsam an einem Tisch und Charlotte diktierte den Antrag für die Justiz.

Es dauerte eine ansehnliche Weile, bis die paar Zeilen geschrieben waren und Charlotte sammelte das Ergebnis in loser Blattform ein. Sie überflog die Texte nochmals, ohne auch nur ein Wort über die zahlreichen Rechtschreibfehler zu verlieren und witzelte, dass sie ihre Arbeiten in der nächsten Stunde zurückbekommen würden. Fragend schauten sich die Drei an und wussten nicht so recht, ob das ein Spaß war oder ob sie tatsächlich eine Note bekommen würden.

„War doch nur Spaß. Habt ihr echt gut gemacht“, klärte Charlotte die Situation und verabschiedete sich umgehend, um auf dem Rückweg nach Dresden die Anträge beim zuständigen Gericht noch abgeben zu können.

Wieder in Dresden angekommen, erzählte sie Georg ausführlich was geschehen war. Über Hoffmann, die Pläne Raschs, den Mob, Horst, die Anträge und die Fahrt zum Gericht. Georg war genauso fassungslos und gleichzeitig sehr sehr stolz auf seine Charlotte. Was würde er nur ohne sie machen.

Drei Tage später kam auch schon ein Einschreiben vom Gericht – eine einstweilige Verfügung welche besagte, dass die Wasserversorgung in der Wohnanlage nicht eingestellt werden durfte. Aber – diese Verfügung galt lediglich für sechs Wochen, also nur bis Ende November. Charlotte informierte Horst umgehend und faxte ihm den Erlass, welchen er in jedem Treppenaufgang gut sichtbar aushängen sollte.

Mit dieser Verfügung war jetzt zwar etwas Zeit gewonnen, löste aber bei Weitem nicht die Probleme. Die Mieter in der Wohnanlage waren nach wie vor sehr nervös und viele riefen fast täglich bei Charlotte in der Hausverwaltung an. Und wie selbstverständlich entschieden sich die meisten der Bewohner, nunmehr dafür keine Miete oder gar Nebenkosten zu bezahlen. Wer noch in der Anlage wohnte, hatte seine Abtretungserklärung bei der ARGE zurückgenommen und wartete erst mal was passieren würde. Die paar verbliebenen ehrlichen Mieter zahlten zwar ihren Wohnzins pünktlich wie eh und je, doch deckten die Einnahmen bei weitem nicht die Hypotheken, geschweige denn die Nebenkosten.

Der nächste Angriff der Wasserwerke ließ auch nicht lange auf sich warten. Knappe vier Wochen später hing erneut ein Aushang in den Treppenaufgängen und kündigte nunmehr die definitive Sperrung der Wasserversorgung an. Charlotte rief abermals bei der netten Dame vom Gericht an und musste erfahren, dass eine einstweilige Verfügung nur einmal erteilt werden darf und nach Ablauf von sechs Wochen, das Wasser tatsächlich abgedreht werden kann.

„Jedoch müsse eine Notversorgung eingerichtet werden“, so die nette Dame vom Gericht. Was immer das auch heißen sollte…

Die Auffuhr im Ghetto war unbeschreiblich. Wütend, hilflos und ängstlich zugleich, rannte Jeder Horst die Bude ein und verlangte sofortige Klärung. Drohungen, die Vermieter zu verklagen, waren dabei noch die harmloseste Form der lautstarken Beschwerde und Horst musste zeitweise um seine körperliche Wohlfahrt bangen.

„Hier sind Zustände wie im Krieg – die sind alle am Ausflippen", beschrieb er Charlotte die Lage telefonisch.

Und natürlich wusste er, dass auch sie nichts mehr ausrichten konnte, um die Lage zu beruhigen.

Tag um Tag zogen immer mehr Mieter aus und hinterließen Chaos und Verwüstung. Die Wohnungen sahen aus, als hätte sie ein Sondereinsatzkommando der GSG9 als Übungsanlage für das gefechtsmäßige Stürmen einer mit Terroristen besetzten Liegenschaft genutzt. Die Hausflure waren durch die zahlreichen Auszüge entsprechend demoliert und hinterlassener Sperrmüll lag überall verstreut auf dem gesamten Grundstück.

Um weiteren Vandalismus vorzubeugen, organisierte Horst eine Art Bürgerwehr, um die drei Blöcke nachts gegen den wütenden Mob zu sichern. Mit ein paar sehr grimmig aussehenden Typen, allesamt mit ultrakurzem Haarschnitt und allerlei eingestanzten Körperverzierungen, liefen sie rund um die Uhr Streife mit ihren noch grimmiger aussehenden Hunden. Aber zumindest war jetzt Ruhe und nicht ein einziger der wütenden Hooligans traute sich in die Nähe der Wohnanlage. Bezahlt wurden die Helfershelfer mit der üblichen Währung – Bier, Schnaps und Zigaretten.

In der letzten Novemberwoche rollte dann ein Bautrupp der Wasserwerke an. Vier in orange gekleidete Arbeiter der Stadt, bewaffnet mit übergroßen Drehkreuzen, suchten das Grundstück nach in den Boden eingelassenen Hydranten ab. Mit Hilfe einer stadteigenen Lagekarte, wurden die Anschlüsse auch schnell gefunden. Wie üblich bei diesen Herren, hielten sich drei der vier Knechte an ihrem Schüppenstiel fest und sahen dem Vierten dabei zu, wie er sich an den Hydranten zu schaffen machte. Jeder einzelne Versorgungsanschluss wurde abgeklemmt und die komplette Wasserversorgung einer Wohnanlage mit über 100 Wohnungen war binnen einer Stunde gekappt.

Wissend um die Auflage einer gesetzlichen Notversorgung, befleißigten sich die Vier dann gemeinsam einen aufgerollten C-Schlauch aus dem Pritschenwagen zu holen und verkuppelten diesen an ein wie ein „T" aussehendes Standrohr. Das Standrohr wiederum, versehen mit vier Wasserhähnen, wurde zentral auf dem Grundstück an einen der Hydranten angeschlossen und auf Funktionstüchtigkeit untersucht. Aus allen vier Hähnen sprudelte das klare Nass und zufrieden über das Geleistete, zitierte der Vorarbeiter den Hausmeister zur Einweisung.

Der Grundgedanke war, dass jeden Tag einer der Kollegen den Hydranten für zwei Stunden öffnete und die noch verbliebenen Bewohner sich in dieser Zeit mit Wasser versorgen könnten. Für Eimer und andere geeignete Behältnisse zum Abtransport des Wassers, sollte man gefälligst selbst sorgen. Horst zeigte den städtischen Genossen mit einer bekannten Geste einen Vogel und erklärte mit kräftiger Stimme:

„Ich zeig' euch gleich mal, wo der Franzose den Frosch leckt", und jagte sie vom Grundstück.

„Das war's dann wohl", sagte Charlotte, die im Minutentakt telefonisch über sämtliche Vorkommnisse von Horst informiert wurde.

„Ja, ja – immer langsam", kam die Antwort. „Ich habe schon ein Drehkreuz organisiert und stelle das Wasser gleich wieder an", erläuterte er wie selbstverständlich. „Ich rufe dich gleich zurück".

Wo immer er die Gerätschaft auch herbekam, Horst verlegte in jeden Treppenaufgang einen C-Schlauch mit entsprechenden Abnahmestellen auf jeder zweiten Etage. Mit seinem Drehkreuz drehte er die dicken Eisenmuttern unter der Abdeckung wieder zurück und öffnete so die kurz zuvor abgestellte Wasserversorgung für zwei der drei Wohnblöcke.

„Alles wieder ok", berichtete er Charlotte, die nicht glauben wollte, was sie da von Horst hörte. „Die können mich mal am Passmann picken. Was die können, kann ich schon lange", rauschte er in die Sprechmuschel und widmete sich dann wieder seinen Aufgaben, aber nicht ohne vorher auf seine Leistung anzustoßen. Und das hatte er sich mehr als verdient.

Es lebten jetzt genau noch 31 Personen in der Wohnanlage und auch die Letzten unternahmen alles, um eine andere Bleibe zu finden. Ohne fließendes Wasser, von warmen Wasser ganz zu schweigen, verharrten sie in ihren Stallungen und lebten unter Bedingungen, wie man sie bestenfalls in einigen Entwicklungsländern erwartet hätte.

Gespenstisch, kalt und trist aber in bizarrer Weise friedlich anmutend, lag das Ghetto in der sonnigen, aber eiskalten mit Raureif überzogenen Winterlandschaft, umsäumt von Feldern und Wiesen und einem sich im Hintergrund vom blauen Himmel absetzenden Tannenhain und ließ für einen Außenstehenden nicht einmal erahnen, welche Dramen sich in den letzten 72 Stunden hier abgespielt hatten.

Am 22. Dezember 2014 zog der „Letzte der Mohikaner" aus. Das Lachen der Kinder war verstummt, die liebevoll gestalteten Gärten hinter den Häusern verwaist und das einstige Sein in dieser kleinen Welt erloschen. Das Ghetto, einstmals quirliger Hort und zuhause für eine große Anzahl für vom Leben nicht immer mit Glück bedachten Menschen, war nun komplett leer. Leer? Nicht ganz. Horst der treue Vasall, weigerte sich aus „seiner" Wohnanlage auszuziehen und die nunmehr verlassenen 7.000 Quadratmeter Wohnfläche, waren jetzt allein sein Reich, sein Zuhause, sein Kosmos.

Er war die letzte menschliche Bastion auf einer vom Glück verlassenen Insel in der Mitte von Nirgendwo. Frohe Weihnachten Horst...

Kapitel Fünf

Die Apokalypse

Manche Menschen sind fest davon überzeugt, dass alles, was auf dieser Welt der Gemeinschaft und dem Einzelnen widerfährt, als unabwendbare Vorsehung durch eine höhere Gewalt seit Entstehung der Zeit festgeschrieben ist und die Bestimmung des Einzelnen als Baustein der Entwicklung dieser Welt im Gefüge einer übergeordneten Unendlichkeit mit dem Anspruch, dass letztendlich das gegenwärtige Schicksal Teil einer weit größeren, aber ausgleichenden, Gerechtigkeit ist.

Bullshit. Außer Gandhi, Mutter Teresa, dem Papst und vielleicht noch Gregor Gysi, wird es dem Normalsterblichen schwerfallen, dieser Doktrin zu folgen – besonders dann, wenn das eigene existentielle Dasein aufgrund unredlicher, krimineller und höchst eigennütziger Machenschaften Dritter, maßgeblich gefährdet ist. Und genau an diesem Punkt waren die zwei Dresdener jetzt angekommen.

Heller hatte sie um 350.000 Euro betrogen, die Außenstände bei der ARGE Berndal beliefen sich auf 230.000 Euro und offene Mietforderungen aus diversen anderen Objekten, waren inzwischen auf 60.000 Euro angestiegen. Außenstände von insgesamt: 640.000 Euro!

Die Gesamtsituation verschlimmerte sich darüber hinaus durch die leider unangebrachte Gewissenhaftigkeit der beiden Dresdener. Sie hatten im Sinne der Mieter und nicht zuletzt der Banken, in ihre Bestandsobjekte zur Sicherung des Werteerhalts maßgeblich investiert. Die in den letzten Jahren gebildeten Rücklagen, inklusive der von Heller geleisteten Teilzahlung über 300.000 Euro für die Sanierungsarbeiten in Heringswalde, waren inzwischen komplett aufgebraucht. Nachweisliche 350.000 Euro waren verbaut, das BHKW stand mit 165.000 Euro zu Buche und war vollständig bezahlt, fortlaufende Investitionen in neue Fenster, Türen und

Badezimmer in der Anlage Seitz beliefen sich auf weitere 100.000 Euro und unnötige Kosten für den vermeintlichen Rechtsbeistand und für verlorene Prozesse, summierten sich auf nochmals 40.000 Euro. Nur so nebenbei hatten sie also über 650.000 Euro in den letzten zwei Jahren zur Wertsicherung ihrer Objekte ausgegeben. Addiert man nur das Investitionsvolumen mit den Außenständen, so kommt man auf die stolze Summe von rund 1,3 Millionen Euro – finanziert einzig und allein aus der Privatschatulle unserer zwei Protagonisten. Eine Rechnung, die auf Dauer nicht aufgehen konnte.

Man muss nicht unbedingt ein Genie sein, um zu erkennen, dass die Außenstände und die geleisteten Investitionen fast deckungsgleich in Summe waren. Charlotte hatte sehr wohl ihre Finanzstrategie im Griff und plante konservativ und langfristig und bildete Rücklagen für die berühmten Regentage. Die Außenstände hätten also die Investitionen locker gedeckt und die Rücklagen von über einer halben Million Euro wären ausreichend gewesen, um für alle Eventualitäten gewappnet gewesen zu sein. Es „regnete" jetzt aber nicht nur, sondern es schüttete wie aus Eimern. Und wie ahnungslos waren sie, dass aus diesem Unwetter noch ein Orkan werden sollte, der alles vernichten und ihr Leben für immer verändern würde.

Immobilien mit einem begutachteten Wert von knapp über neun Millionen Euro, mit einem sicheren Marktwert von mindestens 6,5 Millionen Euro und einer Hypothekenbelastung von 4,8 Millionen Euro – ein Anlagewert, den sich Charlotte und Georg innerhalb der letzten fünf Jahre aus dem Nicht aufgebaut hatten.

Als „Belohnung" dafür, leisteten sie sich zwei Häuser zum Eigennutz – die Landhausvilla im Sauerland und ein Einfamilienhaus in Dresden, wo sie hauptsächlich lebten und von wo aus sie ihr kleines Reich steuerten. Die beiden Privathäuser waren mit gut einer Million Euro Teil des gesamten Besitzportfolios und wurden von den Einnahmen aus den anderen Objekten mitfinanziert. Sie sollten später einmal den beiden Jungs als Starthilfe in ihr eigenes Leben dienen und bis dahin als Haupt- und Feriendomizil den Ruhepol in ihrem hektischen Leben bilden.

Insgesamt waren sie Besitzer von 220 vermietbaren Wohnungen, hauptsächlich bestehend aus den Liegenschaften „Seitz" und „Heringswalde", sowie einigen kleineren Objekten im Sauerland und an der Ostsee. Die durchschnittliche Vermietungsquote aller Häuser zusammen lag in guten Zeiten zwischen 85% und 90% und bescherte Nettomieteinnahmen von monatlich rund 40.000 Euro. Demgegenüber standen natürlich die monatlichen Hypotheken von 20.000 Euro, die notwendigen Rücklagen für Instandhaltungen von 6.000 Euro und Aufwendungen für Verwaltung und Mitarbeiter von weiteren 6.000 Euro. Alles in allem hätten sie glücklich und zufrieden leben können. Noch ein paar kurze Jahre, so die Planung, und sie hätten alle Immobilien verkauft. Mit den überschüssigen Verkaufserlösen und den bis dahin gebildeten Rücklagen, hätten sie ein ausreichend komfortables Leben an jedem Ort dieser Welt führen können. Ja, hätte. Hätte der Hund nicht geschissen, hätte er einen Hasen gefangen. Es sollte alles ganz anders kommen…

Inzwischen hatten sie nicht nur über einer Million Euro an Verlusten realisiert, nein, es brachen Charlotte und Georg fast täglich noch weitere Teile der Mieteinnahmen aus anderen Objekten weg.

Seitz war, dank den Wasserwerken, komplett leer und Mieteingänge von monatlich 15.000 Euro standen plötzlich nicht mehr zur Verfügung. Die Konten bei der Commerzbank waren freundlicherweise vom Finanzamt Weißenberg gesperrt worden und Mieteinnahmen von monatlich weiteren 5.000 Euro aus den kleineren Objekten, fehlten zur Begleichung von Hypotheken und Löhnen.

Zwar war der Immobilienkauf in Heringswalde rückabgewickelt, jedoch der gezahlte Kaufpreis von 1,85 Millionen Euro nicht rückerstattet. Das hieß zum einen, dass Georg nach wie vor wirtschaftlicher Eigentümer war (er stand mit einem Auflassungsvermerk noch in den Grundbüchern) und die Mieten einzog, und zum anderen, dass die monatlichen Hypothekenbelastungen für diese Häuser weiterhin von ihm getragen werden mussten. Die Mieteinnahmen aus Heringswalde gingen bis zu diesem Zeitpunkt im Januar/Februar 2015 auf ein Konto bei der DDB Chemnitz, was, aus welchen Gründen auch immer, vom Finanzamt Weißenberg bisher verschont geblieben war – was allerdings nur eine Frage der Zeit sein konnte.

Charlotte erkannte die drohende Gefahr natürlich und versuchte gegenzusteuern. Sie hatte bei der Commerzbank im Sauerland vorsorglich ein eigenes Hausverwaltungskonto eingerichtet und informierte kurzerhand die Mieter in Heringswalde und in anderen Objekten darüber, dass zu zahlende Mieten ab sofort auf das Konto der Hausverwaltung im Sauerland zu zahlen sind. Hintergrund dieser Maßnahme war natürlich die drohende Kontosperrung des Finanzamtes Weißenberg. Und welche andere Handhabe hatten sie denn überhaupt noch, um wenigstens minimale Einkünfte aus Vermietungen zu sichern? Erschwerend kam hinzu, dass eine Kontoumstellung erfahrungsgemäß gute drei Monate Zeit braucht, bis auch die letzten Mieter begriffen haben, dass sie ihre Daueraufträge für Mieten und Nebenkosten entsprechend ändern mussten.

Das war aber nicht das größte Problem. Mit der DDB war nämlich seinerzeit vereinbart worden, dass sämtliche Mieteingänge aus Heringswalde auf ein eigens dafür eingerichtetes Konto bei der DDB zu veranlassen waren. Inwieweit eine solche „Daumenschraube“ überhaupt zulässig ist, sei einmal dahingestellt. Fakt war, dass die DDB bis zum Sommer 2015 festgestellt hatte, dass die Mietzahlungen aus Heringswalde im großen Stil ausblieben. Georg arrangierte daraufhin abermals entsprechende Termine bei den Herrschaften in Chemnitz, um eine tragfähige Lösung für das Problem zu erörtern.

Der DDB zu diesem Zeitpunkt schon bekannt, dass die Grunderwerbssteuer für die Liegenschaft in Heringswalde nach wie vor nicht bezahlt war, weil der Notar und/oder Heller das für diesen Zweck bereitgestellte

Geld veruntreut hatten. Des Weiteren war der DDB bekannt, dass ein möglicher Titel in Höhe von 75.000 Euro gegen Georg, zu Gunsten der Gemeinde Seitz, zeitnah erwirkt werden könnte und dass im Gegenzug noch offene Forderungen an die ARGE Berndal von über 200.000 Euro im Raum standen.

Das die komplette Liegenschaft in Heringswalde, als auch alle anderen vermieteten Immobilien, als Paket und am Stück bis zum Sommer 2015 verkauft werden sollten, war der DDB gleichfalls bekannt und beruhte auf der Aussage von Heller, dass ein Käufer bereits gefunden wurde und lediglich noch einige Modalitäten zur Finanzierung geklärt werden müssten. Was Georg zwar ahnte aber nicht wusste, dass das natürlich auch nur heiße Luft war und Heller bestenfalls Zeit schinden wollte.

Wo aber lag jetzt das eigentliche Problem, was alles entscheiden und über Millionenwerte richten sollte? Obwohl Charlotte und Georg nicht über Mangel an Problemen zu klagen hatten, so waren es dennoch nur zwei Aspekte, die über „leben und sterben“ zu dieser Zeit entschieden hätten.

a) Die noch offene Grunderwerbssteuer von 65.000 Euro und

b) der mögliche Titel der Gemeinde Seitz gegen Georg über 75.000 Euro

gesamtheitlich also eine Summe von 140.000 Euro, bei gleichzeitigen Forderungen von über 600.000 Euro.

Um die Relation dieser Zahlen noch prägnanter aufzuzeigen: Es ging um 140.000 Euro oder um 1,6% eines durch diverse Gutachten belegten Anlagevermögens. Noch drastischer ausgedrückt: Eine noch immer umstrittene und nicht titulierte Schuld von 140.000 Euro war auf Kurs, ein Vermögen von neun Millionen Euro zu vernichten. Und genau das war der DDB auch bekannt.

In mindestens vier persönlichen Gesprächen im Sommer 2015, machte Georg die DDB explizit, unmissverständlich und detailliert auf die potenziellen Gefahren bezüglich der Steuersituation und des möglichen Titels gegen ihn aufmerksam und unterbreitete schriftlich wie mündlich nicht weniger als zehn Lösungsvorschläge, welche problemlos von der DDB, ohne großen Aufwand und weiteres Risiko, hätten umgesetzt werden können.

Vorschläge von „Georg" und die Ergebnisprüfung „DDB":

1. Abtretung der ARGE-Forderungen an DDB - abgelehnt.
2. Globalschuldeintrag auf ALLE Immobilienbestände Georgs - abgelehnt.
3. Ergänzende Abtretung einer Lebensversicherung (600.000 Euro Versicherungssumme) - abgelehnt.
4. Umwandlung des Mietkontos auf die Hausverwaltung als Pfändungsschutz - abgelehnt.
5. Abtretung laufender Bezüge aus Georgs freiberuflichen Einkünften - abgelehnt.
6. Abtretung der Einnahmen aus Stromverkäufen aus dem BHKW - abgelehnt.
7. Aufstockung der bestehenden Kreditsumme - abgelehnt.
8. Sicherung durch einen zusätzlichen Bausparvertrag - abgelehnt.
9. Nachfinanzierung von bereits erbrachten Investitionen - abgelehnt.
10. Zustimmung für ein KfW-Sanierungsdarlehn - abgelehnt.

Ausnahmslos wurden alle diese Lösungsvorschläge von der DDB abgelehnt. Unglaublich!

Mit der Zahlung der Grunderwerbssteuer an das Finanzamt Weißenberg, wäre Georg nicht nur wirtschaftlicher Eigentümer, sondern dann auch, mit der namentlichen Eintragung ins Grundbuch, zivilrechtlicher Eigentümer geworden. Im Ergebnis dessen, wären die gesperrten Konten unverzüglich wieder frei geworden und Hypotheken und Löhne hätten gezahlt werden können. Mit der vermeintlichen Zahlung an die Gemeinde Seitz, welche auch in Raten hätte getilgt werden können, wäre es auf ganz kurzem Wege möglich gewesen, die ARGE zur Zahlung ihrer Verpflichtungen zu „zwingen“. Das Sozialgericht hatte Gleiches ja schon angekündigt und mit einem rechtskräftigen Titel, welcher die Angemessenheit der Wärmekosten im Ghetto bestätigte, die ARGE Berndal zum Zahlungsausgleich verdonnert.

Mit den anderen Banken, welche die kleineren Objekte finanziert hatten, wäre man auch sehr schnell wieder zu einem einvernehmlichen Verhältnis gekommen. Bei diesen Kreditgebern ging es ja nur um 2.000 Euro monatlich. Auch wenn sie langsam anfingen zu zappeln und zu drohen, so waren sie doch ausnahmslos alle dazu bereit ein paar Monate zu warten. Sie wussten, was für sie selbst und Georg auf dem Spiel stand: Alles oder Nichts.

Selbst der große englische Versicherungskonzern Delta Lloyd, welcher die Wohnanlage in Seitz finanziert hatte und nun schon acht Monate auf Hypothekenzahlungen wartete, war sich der Situation sehr bewusst und erkannte, dass eine Kreditkündigung ihrerseits nur Vermögen vernichten würde und sie ihr eigenes, eingesetztes Kapital nie wieder sehen würden. Im Gegenteil, sie hatten sogar Verständnis für die unverschuldete Situation in Seitz und hätten gewartet, bis in der Wohnanlage wieder eingemietet werden konnte.

Nur die DDB lief in die andere Richtung und unternahm alles, um mit ihren gewährten Krediten über 1,8 Millionen Euro einen Totalverlust zu erleiden. Nicht nur lehnten sie alle Kompromisse und vorgeschlagenen Lösungen ab, nein, sie legten noch eine Schüppe drauf und informierten alle Mieter in Heringswalde, dass sie, die DDB, ab sofort alle Mieten und Nebenkosten direkt auf ein gesondertes Sperrkonto einziehen würden, wozu sie gemäß ihren Allgemeinen Geschäftsbedingungen berechtigt waren, wenn der Eigentümer im Verzug mit seinen Zahlungen war. „...und weil das bei ihrem Vermieter der Fall ist, nehmen wir hiermit die vereinbarte Mietabtretung in Anspruch.“ – so die Entscheidung der DDB.

Da standen sie nun, unsere zwei Dresdener. Die letzten substanziellen Mieteinnahmen aus Heringswalde, wurden jetzt auch noch gekappt und die Welt drohte fast unterzugehen. Dabei hätte die DDB überhaupt kein Problem gehabt, wenn sie zugestimmt hätte, dass die Mieteingänge nicht auf ein „Georg-Konto“, sondern auf ein Hausverwaltungskonto der PIB eingezahlt worden wären. Auch wenn das Finanzamt dann ein „Georg-Konto“ bei der DDB gefunden hätte, hätten sie ein PIB-Konto nicht antasten und auch nicht sperren können. Die Mietzahlungen aus Heringswalde waren zu dieser Zeit noch stabil und hätten allemal ausgereicht, die monatlichen Hypotheken der DDB vollumfänglich zu decken. Was in den Köpfen dieser „Nieten in Nadelstreifen“ vorging weiß nur der Himmel.

* * *

Parallel zu den Problemen mit der DDB, gingen die Streitigkeiten mit den Wasserwerken in Berndal munter weiter. Die Wohnungen im Ghetto waren leer, die Wasserversorgung gesperrt und wie zu erwarten war, reichten auch die Wasserwerke im Spätsommer 2015 Klage gegen Georg wegen der angeblich noch offenen Forderungen in Höhe von 40.000 Euro ein.

Charlotte rechnete zum tausendsten Mal sämtliche Wasserrechnungen nach und verglich diese mit den über die Jahre geleisteten Zahlungen. Auch wenn aufgrund der sporadischen Ein- und Auszugswellen einige Abschläge zu spät gezahlt wurden, so konnte sie aber bei Weitem keine gerechtfertigten Forderungen über 40.000 Euro ausmachen.

„Die sollen ruhig mal kommen“, sagte sie immer wieder siegessicher, wenn es um die Wasserrechnungen ging.

Georg hingegen war es inzwischen fast scheißegal geworden. Er funktionierte eh nur noch wie ferngesteuert und konnte mit dem Zahlenfriedhof auf den meterlangen Wasserrechnungen nichts anfangen. Er fing so langsam mit seinen zunehmenden Depressionen an, Charlotte und den

Rest der Familie zu infizieren – und das war alles andere als hilfreich und gut.

Charlotte sprach indes mit ihrem befreundeten Anwalt, welcher nach wie vor für „ein Lied und einen Tanz" arbeitete, die möglichen Strategien für den Prozess mit den Wasserwerken ab. Beide kamen, nach Auswertung aller Unterlagen, zu der Erkenntnis, dass die gestellten Forderungen jedweder Grundlage entbehrten.

Es dauerte nicht lange und der erste Termin, eine mündliche Verhandlung zu gütigen Einigung, war im Herbst 2015 beim Landgericht Berndal, dem Ort der Niederlage gegen Rasch, angesetzt. Beide Seiten trugen ihre Anträge vor und es wurde sehr schnell sehr klar, dass eine Einigung nicht zu erzielen war. Dittmann, der Freund und Anwalt der Beiden, trug vor, dass

a) ein maßgeblicher Berechnungsfehler aufgrund der fälschlich angenommenen Anzahl an Wohnungen vorlag,

b) die geleisteten Zahlungen für die korrekte Anzahl von Wohneinheiten, sowie die verbrauchten Wassermengen, ausreichend waren und daher keine weiteren Forderungen gerechtfertigt wären und

c) die Klage der Wasserwerke damit unbegründet und das Verfahren einzustellen wäre.

Die Wasserwerke widersprachen dieser Darstellung natürlich vehement und der vorsitzende Richter hatte keine andere Wahl, als eine Ortsbesichtigung im Ghetto zur Feststellung der korrekten Wohnungsanzahl anzuordnen.

Der Tag der Begehung war schnell vereinbart. Vertreter des Gerichts und der Wasserwerke trafen sich vor Ort und Horst empfing die Delegation staatsmännisch und weltgewandt auf der dritten Stufe vor seinem Palast stehend, was in diesem Moment natürlich die Wichtigkeit seiner Position deutlich hervorhob. Er führte den Tross durch alle drei Blöcke und durch alle Etagen, als wäre es ein Staatsbesuch der Kanzlerin im Louvre und beantwortete beflissen alle ihm gestellten Fragen.

Die Schwachköpfe der Wasserwerke liefen, bewaffnet mit Stift und Klemmbrett, kreuz und quer durch die ganze Wohnanlage und machten für jede erkannte Wohnung einen Strich auf ein eigens für diese Mission entworfenes Raster auf behördengrauem DIN A4-Papier. Es muss schon ein erbärmlicher Anblick dieser Bürokraten gewesen sein. Kurzärmlige Nylonhemden mit Krawatte, unzählige Stifte und andere Utensilien in der Hemdtasche, affendurchfallbraune Hosen und abgelatschte Schuhe, offensichtlich die Standarduniform dieser Rasch-Lakaien.

Das Ergebnis der Wohnungszählung war eindeutig: 95 Einheiten und keine 110, wie über die Jahre von den Wasserwerken angenommen und veranschlagt. Das Gericht bestätigte dieses Ergebnis und forderte die Wasserwerke auf, eine Neuberechnung der Jahresabrechnungen, rückwirkend bis 2010, zu veranlassen und die Ergebnisse zeitnah mitzuteilen.

Mit sichtlicher Genugtuung fühlte sich Charlotte in ihrer Position bestätigt und witterte gleich wieder Morgenluft mit der Gewissheit, dass sie recht hatte und ergo die Wasserversorgung niemals hätte eingestellt werden dürfen.

Schriftsätze zur neuerlichen Position wurden dem Gericht von beiden Seiten zugestellt, eine außergerichtliche Einigung durch Dittmann abermals abgelehnt und erstmalig mit positiver Erwartung einem Gerichtstermin entgegengesehen – zumindest was die Dresdener anging.

Wo immer auch Charlotte ihre Kraft her hatte, ist schwerlich nachzuvollziehen, doch schaffte sie es auch dieses Mal wieder, Georg etwas aufzubauen und die schier aussichtslose Lage mit einem Silberstreif am Horizont zu versehen.

„Schatz, die hätten das Wasser niemals abdrehen dürfen. Die Rechnungen sind bezahlt und der Fehler liegt eindeutig bei denen. Du wirst schon sehen, wir werden recht behalten und Recht bekommen“, versuchte sie Georg aufzumuntern.

„Stell dir mal vor, was dann passieren wird. Alle Mieter sind nachweislich aufgrund der Ankündigung zur Wasserabsperrung und letztlich nach der tatsächlichen Wasserabsperrung ausgezogen. Bis jetzt haben wir eine komplette Jahresmiete dadurch verloren und eine Neuvermietung wird sich so schnell auch nicht wieder realisieren lassen. Und Ist der Ruf mal ruiniert... naja, du weißt schon", führte sie weiter aus und steigerte ihre eigenen Emotionen fast zu einem Glücksgefühl, als wäre es ein Lottogewinn gewesen.

„Was glaubst du denn, wer den Schaden zu zahlen hat, wenn wir tatsächlich Recht bekommen? Mindestens drei Jahresmieten. Ein Jahr ist schon rum und zwei weitere Jahre zur Sanierung und Neuvermietung – wenn das mal reicht. Das sind über 600.000 Euro ohne Sanierungskosten! Hätten wir die Mieteinnahmen gehabt, die uns durch diesen Scheiß flöten gegangen sind, hätten wir die Grunderwerbssteuer für Heringswalde zahlen können und auch Rasch seine scheiß Rechnung hätten wir bezahlen können und wären niemals in diese Lage gekommen", analysierte sie folgerichtig und sah Georg auf Zustimmung hoffend fragend an.

Er konnte ihre Gedanken natürlich nachvollziehen und gab ihren Überlegungen grundsätzlich recht, doch wusste er auch, dass Recht und Gerechtigkeit noch lange nicht das Gleiche waren, wie sie beide schon sehr schmerzhaft erfahren mussten. Besonders dann, wenn Rasch seine korrupten Finger im Spiel hatte.

* * *

Das Finanzamt Weißenberg hatte indessen den Rückabwicklungsvertrag für Heringswalde schon seit geraumer Zeit vorliegen, scherte sich aber einen Dreck um diese Tatsache und argumentierte, dass der Kaufpreis noch nicht erstattet wurde und die Grunderwerbssteuer damit nach wie vor fällig wäre.

„Und im Übrigen", so die Vollstreckungsbeamtin des Finanzamtes, „hat die H.H. Grundstücksgesellschaft mbH ihre Grunderwerbssteuer nach dem Kauf der Immobilien von Stiegemann ebenfalls nicht bezahlt und damit sind sie, da zu ihren Gunsten der Auflassungsvermerkt in den

Grundbüchern abgetreten wurde, auf jeden Fall auch als Drittschuldner in der Pflicht".

Georg erwiderte während des ganzen Sommers jedes Schriftstück und jeden Bescheid mit einem Widerspruch zur Sache und versuchte gleichzeitig mit einer Frau Timmermann, die Leiterin der Vollstreckungsabteilung des Finanzamtes, eine persönliche Aussprache zu dieser ganzen Angelegenheit zu vereinbaren. Aber jeder Versuch war vergebens.

Frau Timmermann und ihre Mitstreiter weigerten sich einen Dialog einzugehen und gemeinsam mit Georg nach einem gangbaren Weg zur Abhilfe zu suchen. Es war einfach kein Rankommen an diese verbohrten, starrsinnigen, mit Scheuklappen versehenen Korinthenkacker im Dienste der Allgemeinheit. Es bleib also auch in dieser Angelegenheit keine andere Wahl, als beim Finanzgericht Dresden Klage gegen das Finanzamt Weißenberg und den Grunderwerbssteuerbescheid einzureichen.

Georg wusste, dass die eingereichte Klage wenig bis gar nichts bewirken und keinen Erfolg haben würde, als bestenfalls die Gelegenheit mit Frau Timmermann vor Gericht endlich persönlich ins Gespräch zu kommen. Und vielleicht würde ja auch das Gericht die besonderen Umstände verstehen und zumindest die vorläufige Vollstreckung, d.h. die Sperrung der Mietkonten, aufheben, bis eine endgültige Lösung gefunden wurde.

Das von Georg verfasste Schreiben an das Finanzgericht:

Finanzgericht Sachsen
Richterstraße 8
04105 Dresden

02. Okt. 2014

Steuernummer:	*218* [redacted]
Rechtsbehelflistennummer:	[redacted]
Steuerart:	*Grunderwerbsteuer*
Datum des Bescheids:	*20.08.2013*
Datum des Einspruchs:	*02.10.2013*
Einspruchsentscheidung Finanzamt Weißental vom:	*09.10.2013*
Kläger:	*Georg Albrecht*
Beklagte:	*FA Weißental, Karlsberger Straße 167, Weißental*

Hiermit erhebe ich

KLAGE

gegen die Einspruchsentscheidung des Finanzamt Weißental vom 09.10.2013 und beantrage:

1. ***Aufhebung des Grunderwerbsteuerbescheids vom 20.08.2013 in der Gestalt der Einspruchsentscheidung vom 09.10.2013;***
2. ***Hilfsweise,** die **Vollziehung des Grunderwerbsteuerbescheids vom 20.08.2013 in der Gestalt der Einspruchsentscheidung vom 09.10.2013, wird bis zur Entscheidung in der Hauptsache ausgesetzt.***

Gegenstand des Klagebegehrens:

Strittig ist die Grunderwerbsteuerfestsetzung für den Erwerb von Grundstücken aufgrund der Rückabwicklung des Kaufvertrages.

Der Unterzeichner erwarb mit notariellem Vertrag vom 21.12.2012 folgenden Grundbesitz:

1. *Vertragsobjekt A I*

Grundstücke in Heringswalde, [redacted]

2. *Vertragsobjekt A II*

Wohnungs- und Teileigentum [redacted]

3. *Vertragsobjekt A III*

Erbbaurecht an den Grundstücken in Heringswalde, [redacted]

Kaufpreis 1.850.000 Euro.

Mit Bescheid vom 20.08.2013 setzte das Finanzamt die Grunderwerbsteuer auf 66.471,00 Euro fest.

Am 23.12.2013 wurde der notarielle Vertrag vom 17.12.2013 zur Aufhebung des Kaufvertrages vom 21.12.2012 vorgelegt.

Anmerkung: Die Rückabwicklung des Kaufvertrages kam wegen zugesagter, jedoch nicht eingehaltener, maßgeblicher Instandsetzungen der erworbenen Objekte im beiderseitigen Einvernehmen des Käufers und der Verkäuferin zustande.

Aufgrund der notariellen Rückabwicklung des Kaufvertrages findet daher §16 GREStG vollumfängliche Anwendung.

Die Tatsache, dass die Verkäuferin aufgrund der angespannten wirtschaftlichen Lage bisher nicht in der Lage war den Kaufpreis von 1.850.000 Euro an den Unterzeichner (Käufer) zurückzuerstatten, ändert nichts an der unveränderten Bereitschaft und dem Begehr, die notarielle Vereinbarung zu erfüllen. Sobald die Finanzierungsgrundlage zur Rückerstattung des Kaufpreises geschaffen ist, wird der notarielle Aufhebungsvertrag des Kaufvertrages vollzogen.

Der Kläger beantragt die Aufhebung, hilfsweise die Aussetzung des Grunderwerbsteuerbescheids bis zur Entscheidung der Hauptsache, vom 20.08.2014 nach § 16 GREStG.

Mit vorzüglicher Hochachtung

Anlage - Einspruchsentscheidung

Der Termin vor dem Finanzgericht war nach Eingang der von Georg selbst erstellten Klageschrift, für Anfang März 2015 anberaumt worden. Die Kammer war besetzt mit drei hauptamtlichen und zwei ehrenamtlichen Richtern und die Vorsitzende fasste sogleich den Sachverhalt der Auseinandersetzung zusammen und erteilte der Vertreterin der Beklagten, sprich dem Finanzamt Weißenberg, das Wort. Es war Frau Timmermann höchstpersönlich. Sie stellte den Antrag die Klage abzuweisen und war auch schon mit ihrem Plädoyer fertig.

Dann bekam Georg, der für diese Auseinandersetzung keinen Anwalt beauftragt hatte, das Wort und erläuterte mit fester Stimme und großem Selbstbewusstsein seine Position und stellte den Antrag, der Klage wie schriftlich ausgeführt, stattzugeben.

Die Vorsitzende Richterin zeigte zwar großes Verständnis für Georgs Situation und die begleitenden Umstände, verwies aber auf die bestehende Rechtslage, welche dem Finanzamt Recht geben würde. Er war als Drittschuldner haftbar.

Sie befragte dann noch Frau Timmermann, warum ein Dialog in dieser Angelegenheit nicht zustande gekommen war und ob eine außergerichtliche Einigung möglich wäre. Frau Timmermann begründete daraufhin gelangweilt, dass die Rechtslage eindeutig sei und sie keinen Bedarf an irgendwelchen Diskussionen gehabt hätte.

„Sie haben sich die Sache schon recht einfach gemacht“, antwortete die Vorsitzende in Richtung Timmermann. Auch wenn die Rechtlage auf ihrer Seite zu sein scheint, sollten sie trotzdem um eine verträgliche Lösung bemüht sein“.

Georg erklärte, der Richterin fast ins Wort fallend, dass er nach wie vor zu einem Dialog bereit sei und entsprechende Vorschläge zur Abhilfe machen könnte.

Die Richterin sah Timmermann fragend mit einem Blick an der zu sagen schien: „Nun mach schon, bevor die unliebsame Finanzbehörde einen noch schlechteren Ruf erfährt, als sie eh schon hat. Bringen sie etwas Menschlichkeit in diese beschissene Bürokratie und reden sie mit ihm“.

Es vergingen Sekunden, die sich wie eine Ewigkeit anfühlten und Timmermann wandte sich tatsächlich direkt an Georg und sagte: „Wenn sie Zeit haben, können wir uns anschließend ja kurz zusammensetzen und über die Sache reden. Ich erkläre es ihnen dann nochmal“.

Die Richterin wandte sich jetzt abermals an Georg und unterstrich die Ausführungen Timmermanns und ihre Bereitschaft zum Gespräch, was natürlich nur möglich wäre, wenn er seine Klage zurückziehen würde.

„Und da ich ihnen keine Hoffnung auf Erfolg ihrer Eingabe machen kann, würde ich an ihrer Stelle diese Chance wahrnehmen“.

Georg brauchte nicht lange zu überlegen und zog die Klage zurück. Zumindest hatte er sein Ziel erreicht, mit Timmermann persönlich über die ganze Misere zu sprechen.

Die Richterin diktierte Georgs Entscheidung juristisch korrekt und eloquent in das vor ihr stehende Diktaphon und erklärte in einem letzten Satz: „Vorgespielt und genehmigt - die Sitzung ist geschlossen“.

Die vier richterlichen Beisitzer erhoben sich dann ebenfalls und verschwanden, ohne auch nur ein Wort gesagt zu haben, durch die Seitentür gleich rechts der Richterbank.

Zurückgeblieben waren Timmermann und Georg. Während sie noch in ihrer übergroßen Handtasche rumnestelte, sagte sie: „Dann kommen sie – gleich nebenan ist ein Besprechungsraum, den wir nutzen können".

Als sie aufstand, konnte Georg, der sie bislang nur aus der Distanz sitzend gesehen hatte, erkennen, dass es sich um eine recht kleine Frau handelte, die eine sehr seltsame und überhaupt nicht zu definierende Ausstrahlung besaß. Wortlos verließen sie den Verhandlungssaal und waren Sekunden später in einem kleinen und spartanisch eingerichteten Besprechungsraum.

Ein weißer, rechteckiger Tisch wie man es aus fast allen Amtsstuben in Deutschland kennt, vier einfache Stühle mit grüner Polsterung, weiß getünchte Wände mit einem Poster der Polizeigewerkschaft in der Ecke hängend und ein fast verkümmerter Gummibaum auf der Fensterbank direkt über dem Heizkörper. Noch trister konnte es gar nicht sein – passte aber irgendwo zur Stimmung und der Gesamtsituation.

Hier in diesem kleinen, hell durch Neonlicht durchfluteten Raum stand sie nun direkt vor ihm – die Frau, die ein Millionenvermögen vernichten konnte und alles dafür tun würde erfolgreich zu sein.

Georg sah sie jetzt erstmalig aus der Nähe und ein nie gekanntes, sehr beklemmendes Gefühl machte sich in ihm breit. Es war allein der Anblick dieser skurrilen Person, was dieses Phänomen auslöste und ihn fast zur Salzsäule erstarren ließ. Wäre sie von einem Bein auf das andere hin und her gehüpft, hätte sie ein Jeder eindeutig als Rumpelstilzchen erkannt.

Mit bestenfalls 1,60m an Statur, nackenlangen, dunkelbraunen Haaren, glatt und glänzend durchtränkt mit exzessivem Haarwurzeltalk und vereinzelten Schuppenflocken auf jeder Seite ihrer durch einen Mittelscheitel geteilten Haarpracht, blickte sie zu ihm auf und sprach Worte, die er weder hörte noch wahrnahm. Ihr eckiges Gesicht, versehen mit einer winzig kleinen Nase und einem überproportional großen Mund, glänzte wie ranzige Margarine auf einem eingefetteten Backblech und wurde durch die offensichtlich über Jahre fehlende Mundhygiene auch nicht unbedingt ansehnlicher. Als Oberteil trug sie einen kurzärmeligen, enganliegenden schwarzen Strickpullover aus dünnem Kammgarn mit elastischen Börtchen am Arm und an der Taille und betonte so ihren Buch- und Hüftspeck, welcher etwas dicker und größer zur Geltung kam als ihre verschwindend kleinen Brüste. Ergänzt durch eine fliederfarbene Polyesterhose und schwarzen Schuhen, passend zum Oberteil, machte sie mit ihren wesentlich zu kurzen Beinen und ausladendem Hinterteil, eine recht traurige Figur der Weiblichkeit. Anders ausgedrückt: Auf einem Frachter voller griechischer Seeleute, die sechs Monate keine Frau mehr gesehen hatten, hätte sie gefahrlos eine Passage überstanden.

„Hallo - ich rede mit ihnen", hörte Georg wie aus der Ferne gerufen eine Stimme, die offensichtlich an ihn gerichtet war.

„Sorry, tut mir sehr leid, ich war wohl offensichtlich in Gedanken. Schön, dass sie sich die Zeit für ein persönliches Gespräch genommen haben, Frau Zimmermann. Ich hoffe, wir kommen jetzt einen Schritt weiter".

Georg erzählte Frau Timmermann im Zeitraffer, aber ohne ein wichtiges Detail auszulassen, wie es zu diesen prekären Umständen gekommen war. Wie ihn Heller betrogen hatte, dass das Geld für die Grunderwerbsteuer veruntreut wurde, der geplatzte Sanierungsauftrag und über das Paralleluniversum in Seitz sowie über seine Außenstände bei der ARGE. Er wies auf die gesperrten Konten hin und dass er keine einzige Rechnung und keine Löhne mehr bezahlen konnte und betonte, dass er sehr an einer einvernehmlichen Lösung interessiert sei. Er schlug vor, mit dem Finanzamt Weißenberg eine notarielle Abtretung auf seine Außenstände zu vereinbaren, bot eine Ratenzahlung auf die Steuersumme an und erklärte, dass er auch mit allen anderen Vereinbarungen, welche das Finanzamt akzeptieren könnte, einverstanden wäre.

„Und im Übrigen, sind alle meine Immobilien im Verkauf. Ein Käufer wurde bereits gefunden und es fehlt lediglich die Finanzierungszusage der Bank des Käufers. Wie wäre es, wenn wir in dem Kaufvertrag notariell festhalten, dass sie aus dem gezahlten Kaufpreis direkt vom beurkundenden Notar ihre geforderte Summe sofort überwiesen bekommen. In dem Fall kommt das Finanzamt Weißenberg sogar zweimal in den Genuss diese Steuer zu erheben. Der neue Eigentümer muss sie ja auch zahlen", ergänzte er plausibel, hoffend das richtige Argument gefunden zu haben.

Frau Timmermann hörte sich geduldig, aber unbeeindruckt, die Ausführungen von Georg an und bekundete ihr ganz persönliches Verständnis für diese Verkettung unglücklicher Umstände, die ihn wohl offensichtlich unverschuldet in diese Misere gebracht haben.

„Nichtsdestotrotz", erklärte sie, „sind wir von unserem Dienstherren angehalten, alle möglichen Optionen, und das heißt auch die Sperrung ihrer Konten, auszuschöpfen und alle Rechtsmittel einzusetzen, die zur Eintreibung unserer Forderungen geeignet sind. Und das werden wir gegebenenfalls bis zur Stellung eines Insolvenzantrags machen".

Georg fielen bald die Ohren ab - Insolvenzantrag? Zum ersten Mal hatte er dieses Wort jetzt im Zusammenhang mit seiner Person gehört.

„Das können sie doch nicht machen", antwortete er sichtlich irritiert und recht hilflos wirkend. „Können sie sich auch nur im Entferntesten vorstellen, was die Auswirkungen einer solchen Maßnahme sein würden? Wir sind doch kurz davor, das ganze Immobilienpaket zu verkaufen und damit wäre doch alles gelöst".

Er erzählte ihr, dass er Honorarkonsul sei und dass er mit einem Insolvenzantrag sein Amt wahrscheinlich aufgeben müsste, dass ein Millionenvermögen aufgrund dieser im Vergleich geringen Summe vernichtet würde, dass Arbeitsplätze verloren gingen und das er nie wieder eine Anstellung in verantwortlicher Position erhalten würde, wenn sie einen solchen Antrag stellen würde.

„Von allen Konsequenzen für meine Familie und mich einmal abgesehen - sie hätten doch überhaupt nichts erreicht. Sie würden nicht einmal einen Bruchteil ihrer Forderungen erhalten und die Aussicht auf zukünftige Zahlungen wäre gleich Null".

„Herr Albrecht, es handelt sich hier um eine recht große Summe von über 60.000 Euro. Das Finanzamt Weißenberg kann auf einen solchen Betrag nicht verzichten. Unsere Kassen sind leer und wir sind dem

Steuerzahler gegenüber verpflichtet alles zu tun, um unseren Forderungen Nachdruck zu verleihen und um keinen größeren Schaden zuzulassen".

„Genau Frau Timmermann, genauso ist es, genau diese Verpflichtung haben sie. Und wenn sie mich in die Insolvenz schicken wollen, verstoßen sie erst recht gegen genau diese Verpflichtung. Sie können doch die komplette Summe, zuzüglich anfallender Zinsen und Gebühren, innerhalb einiger kurzer Wochen bekommen. Die andere Option ist, dass sie mit höchster Wahrscheinlichkeit gar nichts erhalten, Arbeitsplätze vernichten, eine Familie zerstören, eine Existenz auf Dauer ruinieren und das ist sicher nicht im Sinne des Freistaates und seiner Bürger – ganz abgesehen davon, dass es Monate dauern wird, bis ein entsprechender Insolvenzantrag durch ist. Sie würden doch ihr Geld in dieser Zeit lange bekommen haben und die gleiche Summe dem neuen Besitzer gleich nochmal in Rechnung stellen können".

Frau Timmermann erklärte dann, offenkundig mit Einsicht erleuchtet, dass er doch bitte einen Stundungsantrag für die erhobene Steuer stellen sollte, damit zumindest formell richtig agiert würde.

„Ich werde dann ihren Antrag auf Stundung prüfen und ihren Vorschlag für eine Abtretung ihrer Schuldsumme aus dem Verkaufspreis wohlwollend mit meinen Vorgesetzen besprechen. Aber bitte haben sie Verständnis dafür, dass wir agieren müssen und nicht ewig warten können".

Georg fiel ein kleiner Fels vom Herzen. Offenbar hatte Frau Timmermann verstanden, was auf dem Spiel stand, und war sich ihrer Verantwortung gegenüber dem Land Sachsen, bewusst geworden. Sie wusste nun, dass sie keinen roten Heller – Heller, sehr witzig – bekommen würde, wenn sie einen Insolvenzantrag stellte und dass es noch weitaus größeren Schaden verursachte, wenn er für den Rest seines Lebens ruiniert wäre und somit nur noch mehr Steuerausfälle für den Freistaat verursachen würde. Ganz davon abgesehen, dass alle anderen Gläubiger größte

Verluste hinnehmen müssten und Kapital in Millionenhöhe vernichtet wäre. Und das kann wahrlich nicht die Aufgabe und Intension des Staates sein.

Wenn man überhaupt von „zufrieden“ sprechen kann, so war er es, was das Ergebnis der Gespräche mit Frau Timmermann anging. Sie hatte ihn durch die Blume wissen lassen, dass sie schon einen gewissen Ermessensspielraum hatte und wie es sich darstellte, diesen auch zu seinem und zum Wohle des Freistaates, einsetzen würde.

„Wahrscheinlich war es nur ziemlich lautes Gebell, um mich wissen zu lassen, wie ernst und dringlich die Lage war und dass das Land auf keinen Fall auf das Geld verzichten konnte und wollte“, dachte sich Georg, „denn so dämlich und bescheuert kann auch das Finanzamt Weißenberg nicht sein“.

Die Beiden verabschiedeten sich dann freundlich voneinander und versicherten sich abermals, dass sie alles daransetzen werden, um diese unsägliche Angelegenheit aus der Welt zu schaffen.

„Wir sind ja keine Unmenschen. Mit uns kann man reden – das hätten sie nur viel früher machen sollen“, flötete sie beim Rausgehen und setzte sich in ihren Dienstwagen – ein Renault Twingo – und fuhr los.

Auch Georg machte sich mit relativ guter Laune auf den Weg nach Hause, um Charlotte von der Episode beim Finanzgericht zu erzählen.

„Naja, dann werden wir die Kurve ja vielleicht noch kriegen. Mach den Schrieb mit der Stundung fertig und begründe die Situation genauso wie die Tusse das wollte“, sagte Charlotte und widmete sich wieder ihrem Zahlenfriedhof in der Verwaltung.

Gleich am nächsten Morgen, war der Stundungsantrag auch schon auf dem Weg zu Frau Timmermann.

Finanzamt Weißental
z.Hd. Frau Timmermann
Postfach 100
09453 Weißental

06.03.2015

Stundungsantrag

Grunderwerbsteuerbescheid vom 20.08.2013
Unser persönliches Gespräch vom 03.03.2015

Sehr verehrte Frau Timmermann,

wie besprochen, bitte ich um Stundung der Grunderwerbsteuer gem. o.g. Bescheid für max. 6 Monate.

Nach ausführlicher Erläuterung, wie es zu dieser unsäglichen Situation kam, stehen die betroffenen Objekte nunmehr zur Veräußerung.

Ein Käufer ist gefunden und die notarielle Beurkundung soll noch in diesem Monat vollzogen werden. Aus dem erzielten Verkaufserlös wird dann wiederum die besagte Grunderwerbsteuer beglichen werden.

Ich biete Ihnen an, die Zahlung der Grunderwerbsteuer per notarieller Auszahlungsanweisung direkt aus dem Verkaufserlös zu veranlassen. Eine entsprechende Aufforderung an den Notar werde ich termingerecht nach beschiedener Stundung nachweisen.

Alternativ oder zusätzlich, biete ich Ihnen eine Ratenzahlungsvereinbarung an, um ggf. die beantragten sechs Monate zu überbrücken und um unmissverständlich meinen guten Willen zu dokumentieren. Hoffend auf eine positive Antwort verbleibe ich

Mit vorzüglicher Hochachtung

Georg Albrecht

Das Jahr 2015: Europa geprägt von den Terroranschlägen in Paris und in Kopenhagen, Griechenland kurz vor der Staatspleite, Kanzlerin Merkel traf Präsident Obama und sagte „wir schaffen das“ – sie meinte damit die Flüchtlingswelle, welche nach Deutschland schwappte – und lag mit ihrer Einschätzung diesbezüglich daneben. AFD-Gründer Lucke wurde aus seiner Partei gemobbt, Trump in den USA von den Republikanern zum Spitzenkanditen für die Wahl des Präsidenten gewählt und in Deutschland feierte die fremdenfeindliche Pegida ihr einjähriges Bestehen und Frau Timmermann vom Finanzamt Weißenberg, wollte von der Vereinbarung mit Georg nichts mehr wissen. Ein Prekarium, wo immer man auch hinsah.

Das Antwortschreiben auf Georgs Stundungsantrag kam im Juni per Einschreiben.

„Ihren Antrag vom 06.03.2015 auf Stundung ihrer Steuerschuld oder Ratenzahlung, müssen wir leider ablehnen“.

Diese Mitteilung kam für Charlotte und Georg wie ein gewaltiger Schlag in die Magengrube. Das war wohl das „Todesurteil“, der vernichtende Schlag, der alles zerstören und ihr Leben für immer verändern sollte.

In den folgenden Tagen sprachen Charlotte und Georg kein einziges Wort miteinander. Ihre Jungs merkten zwar „da ist was faul“, aber das Ausmaß der Umstände war für sie zu dieser Zeit nicht abzuschätzen – und das war auch erst einmal gut so. Wie Zombies gingen Charlotte und Georg aneinander vorbei und ein Blick in die Augen des anderen sprach Bände und machte jeden Kommentar überflüssig. Wie sollte es jetzt nur weitergehen?

Charlotte informierte ihre zwei Mitarbeiterinnen in Dresden und den Kalfakter in Seitz, dass ihr Arbeitsverhältnis mit sofortiger Wirkung beendet war. Georg unternahm einen letzten Versuch mit der DDB, die von dem verwünschten Bescheid des Finanzamts zu dieser Zeit noch nichts wusste, ins Gespräch zu kommen und tat alles Mögliche, um Heller entweder zur Zahlung der unterschlagenen Summe oder zum Abschluss einer Finanzierung für Herrn Fürth, dem vermeintlichen Käufer aller Georg-Immobilien, zu bewegen.

Beides war erfolglos und endete in gallebitterer Enttäuschung. Georg konnte und wollte es nicht wahrhaben - ihre Existenz und ein Millionenvermögen war wegen einer „läppischen" Summe von 65.000 Euro auf dem besten Weg vernichtet zu werden - und es war noch nicht einmal sein eigenes Verschulden.

Die Ereignisse überschlugen sich jetzt sehr schnell. Es dauerte keine drei Wochen, bis sich zwei freundliche Herren vom Finanzamt Dresden, im Amtshilfeverfahren, also im Auftrag des Finanzamtes Weißenberg, bei Georg zur „Besichtigung" angekündigt hatten. Sinn und Zweck der Hausbegehung in Dresden war es festzustellen, ob es Werte in seinem persönlichen Besitzstand gab, die zu Geld gemacht werden konnten. Schmuck, Aktien, Elektronik, Münzen und Briefmarken - die Herrschaften durchforsteten jeden Winkel seiner Wohnung und nahmen akribisch alles auf, was auch nur annähernd von Wert hätte sein können. Anschließend saßen sie gemeinsam mit Georg am Esszimmertisch und befragten ihn wie in einem Verhör - nein es war ein Verhör - nach Einzelheiten etwaiger Reichtümer im Ausland und nach eintreibbaren Forderungen gegen Dritte. Georg beantwortete geduldig alle gestellten Fragen und hatte weiße Knöchel an der geballten Faust in seiner Hosentasche. Er musste sich schon ziemlich zusammenreißen, um den beiden Idioten vom Finanzamt nicht ein paar aufs Maul zu hauen. Wie die Schulkinder kritzelten sie alle Antworten auf einen Vordruck und übertrafen sich gegenseitig im Erfindungsreichtum noch nicht gestellter Fragen.

„Die Küche - die gehört doch sicherlich auch ihnen", fragte einer Beiden. „Wie alt ist die und wie teuer war die denn", schob der andere gleich nach, ohne auf eine Antwort auf die vorherige Frage zu warten.

Georg kochte vor Wut und musste sich auf die Zunge beißen, um nicht auszurasten und eine wahrscheinlich eher unangebrachte Antwort zu geben.

„Die Küche – ja die war echt teuer. Ist eine Sonderanfertigung mit allem Zipp-und-Zapp. Hat vor 2 Jahren ungefähr 45.000 Euro gekostet".

Die Beiden schrieben mit was das Zeug hielt. Sie versuchten den Zeitwert der Küche festzustellen und telefonierten mit wahrscheinlich noch schlaueren Leuten in der Vollstreckungsabteilung des Finanzamtes, bis sie dann zu dem Ergebnis kamen, dass die Küche verwertet werden könnte.

„Wann können wir die denn abholen", fragte der Blödere von beiden.

„Gar nicht", antwortete Georg. „Das ist nämlich nicht meine. Die gehört der Frau Hänel, also Charlotte, welche als Mieterin im Rahmen der vor zwei Jahren abgesprochenen Umbaumaßnahmen, diese Küche hat einbauen lassen".

„Und warum haben sie das nicht gleich gesagt, anstatt uns hier die ganze Arbeit mit der Wertfeststellung machen zu lassen"?

„Naja, hatte mich auch mal interessiert, was so ne Küche jetzt noch wert ist. Und sie haben mich ja auch nicht gefragt, ob sie mir gehört", erklärte Georg mit hörbar ironischem Unterton.

„Sie können dann wahrscheinlich auch beweisen, dass die Küche der Frau Hänel gehört", erwiderte der Ältere in der Annahme, dass er das natürlich nicht konnte.

„Na klar – kein Problem. Ich fahre dann mal fix ins Büro und hole die gewünschten Unterlagen. Ich bin dann in einer guten Stunde wieder da", war die Antwort.

„So viel Zeit haben wir nicht mehr. Schicken sie uns die Unterlagen zeitnah zu", war die patzige Antwort.

Nach gut zwei Stunden wurde dann festgestellt, dass bei Georg nichts von Wert zu holen war, da alle Werthaltigkeiten der Frau Hänel, also Charlotte, gehörten und lediglich ein paar persönliche Klamotten und ein einige Utensilien, der stolze Eigentum des Schuldners waren. Was ihm die beflissenen und hochintelligenten Diener des Staates natürlich nicht glaubten. Sie ließen zum guten Schluss Georg noch eine Erklärung unterschreiben die besagte, das alle Angaben wahrheitsgemäß und vollständig gemacht wurden und – natürlich mit den staatsüblichen Drohungen drakonischer Strafen, dass die Erklärung auch unter Eid gefordert werden könnte.

„Das war also der Anfang vom Ende“, dachte sich Georg und wollte nicht glauben was gerade geschehen war. Er holte seine Charlotte, welche sich den Besuch der Herren erspart hatte und in die Stadt gefahren war, zurück an den Tisch und erzählte ausführlich von den zwei Finanzbeamten, die sich wie räudige Wegelagerer alles zu Eigen machen wollten.

„Nur gut, dass wir vorgesorgt haben“, sagte Charlotte sichtlich geschockt. „Zumindest können die uns nicht aus der Bude werfen oder unsere Klamotten mitnehmen“.

„Nicht unsere Bude und Klamotten – deine Bude und Klamotten“, antwortete Georg mit dem Hinweis, dass sie jetzt alle notwendigen Unterlagen, die das belegen und beweisen würden, zusammentragen müssen.

Und tatsächlich hatten sie schon vorgesorgt. Georg hatte Charlotte, in seiner Eigenschaft als Besitzer des Hauses, schon vor gut drei Jahren einen offiziellen Mietvertrag für das ganze Anwesen ausgestellt. Der Mietzins betrug 1.500 Euro und wurde auch tatsächlich von Charlotte bezahlt – bzw. mit ihren eigenen Rechnungen an Georg, gestellt für die Verwaltung aller anderen Immobilien, verrechnet. Und Charlotte hatte wie immer langfristig mitgedacht.

Als drei Jahre zuvor das Haus maßgeblich umgebaut wurde, hatte sie clevererweise sämtliche Handwerker- und Materialrechnungen auf sich persönlich ausstellen lassen – eine Summe von rund 125.000 Euro, inklusive der Küche. Zum bestehenden Mietvertrag wurde dann zur gleichen Zeit eine Zusatzvereinbarung gefertigt, welche besagte, dass der Vermieter, also Georg, mit allen Umbaumaßnahmen einverstanden war und die mietereigenen Investitionen mit der Miete verrechnen würden. Konkret hieß das für Charlotte, dass eine Mietreduzierung von 80% vereinbart wurde, bis die investierte Summe ausgeglichen war. Sollte Georg jedoch das Haus verkaufen oder Charlotte kündigen, bevor die Mieterinvestition ausgeglichen war, so die Zusatzvereinbarung, hätte der noch übrig gebliebene Betrag ausgezahlt werden müssen. Alternativ wäre es aber auch möglich gewesen, dass, bei einem Verkauf des Hauses, der neue Eigentümer den Mietervertrag samt Zusatzvereinbarung übernimmt. Die Miete belief sich also für die nächsten Jahre auf nicht mehr als 300 Euro monatlich. Diese „Mieterakte" sollte, ohne es jetzt zu ahnen, später noch zu einem ganz wichtigen Teil ihres „Überlebens" werden.

Die ganze Barschaft der Beiden war inzwischen auf eine klägliche Summe von wenigen tausend Euro geschrumpft. Georg hatte gar nichts mehr, da sämtliche Konten eingefroren waren und Charlotte hatte, bis auf ein paar Mieteinnahmen aus den kleineren Objekten, auch keine großen Einkünfte zu erwarten. Mit ein paar kleinen Lehraufträgen bei privaten Bildungsträgern hielten sie sich und die Jungs „über Wasser" und bauten nunmehr auf die letzte, noch verbleibende Chance, entweder ihr Geld von der ARGE Berndal zu bekommen oder die Wasserwerke auf Schadenersatz zu verklagen. Aber beides war, wenn nicht gänzlich unmöglich, kurzfristig nicht zu realisieren. Und das wussten sie.

Der Sommer kam und der „Kleine" hatte Ferien. Lehraufträge – sofern es überhaupt noch welche gab – waren vor September nicht zu erwarten und die wirtschaftliche Großwetterlage trübte sich ohne Aussicht auf Besserung weiter ein. Quasi über Nacht beschlossen Charlotte und Georg aber dann – „wir fahren in den Urlaub". „Und wenn die Welt zusammenbricht. Lass' uns noch ein paar Tage ausspannen, bevor wir ganz den Verstand verlieren. Vielleicht gibt uns das etwas Kraft und hilft uns wieder halbwegs klar denken zu können", entschied Charlotte, tat's und buchte noch am selben Tag eine 14-tägige Reise in die Türkei für drei Personen, denn der „Kleine" wollte unbedingt mitkommen.

Der Urlaub war natürlich genauso schnell wieder vorbei, wie er gekommen war, aber dennoch bereuten sie nicht, trotz fast leerer Kassen, ihre Entscheidung. Einigermaßen ausgeruht kamen sie zurück und waren fest entschlossen den Stier des Lebens bei den Hörnern zu fassen und einen Ausweg zu finden. Der „Kleine“ verbrachte den Rest der Ferien im Sauerland und Charlotte und Georg hatten vier Wochen Zeit, die ganze Misere in Ruhe anzugehen. Nur mit „Ruhe“ wurde es nichts - gar nichts.

Stunden nach ihrer Rückkehr hatten Georg und Charlotte, neben tonnenweise Post von aufgebrachten Mietern, Versorgern, Handwerkern und anderen Gläubigern, jeweils einen Brief vom Finanzamt und einen Brief vom örtlichen Gerichtsvollzieher im Briefkasten. Das Finanzamt schickte eine Kopie des Protokolls der Hausbegehung, inklusive einer Erklärung, dass keine werthaltigen Gegenstände sichergestellt werden konnten, und der Gerichtsvollzieher bat um kurzfristiges Erscheinen, da er Georg in den vergangenen zwei Wochen zuhause nicht angetroffen hatte.

„Na super - was will der denn jetzt“, nörgelte Georg schon wieder sichtlich auf 180 und griff widerwillig zum Hörer, um einen Termin mit einem gewissen Herrn Kreksch, dem Gerichtsvollzieher, auszumachen.

„Kommen sie doch am besten gleich vorbei“, sagte eine freundliche Dame aus dem Vorzimmer. „Herr Kreksch hätte gerade Zeit für sie - und vergessen sie bitte nicht ihren Personalausweis“.

Georg machte sich also auf die Socken zum Gerichtsvollzieher, welcher sein Büro keine 400 Meter entfernt über einer Bäckerei hatte. Im Wartezimmer saßen die gleichen Gestalten, wie man sie auf den Fluren der Bundesagentur für Arbeit sitzen sieht. Tätowiert, gepierced, getönt und bemalt, saßen gut ein duzend Männer und Frauen im Alter zwischen 18 und 50 Jahren mit zerknitterten Umschlägen in der Hand und warteten auf ihr weiteres Schicksal. Sie sprachen über die Wixer vom Arbeitsamt, über Hartz IV und sinnlose Weiterbildungen und gaben sich gegenseitig Tipps und Ratschläge, wie man an Kohle kommt. Die Luft in dem kleinen Wartezimmer war stickig und ein penetranter Geruch von Alkohol schwängerte den Raum und benebelte die Sinne, was nicht unbedingt zur besseren Befindlichkeit beitrug. Ein Kleinkind in der Ecke spielte mit einem zerknüllten Pfändungsbescheid seiner Mutter und bekam bei jedem Mucks einen weiteren Butterkeks aus der großen Aldi-Tasche in den noch vom Mittagsbrei verschmierten Mund geschoben. Es war ein jämmerliches Bild des Daseins einer Gruppe von Menschen, die durch widrige Umstände offensichtlich an den äußeren Rand der Gesellschaft gedrängt wurden. Menschen, die man am liebsten vergessen würde, denn sie passen nun mal nicht in das „ehrenwerte Haus" der zumeist biederen Citoyens.

Und da saß er nun der Konsul. Inmitten einer verpönten Kaste im Wartezimmer des Gerichtsvollziehers und war nun einer von den ihren – wartend auf die Anweisungen und Sanktionen einer Amtsperson, die per Dekret im Namen der Öffentlichkeit sein Leben ruinieren sollte.

In Gedanken weit entschwunden, dachte er an die Jahre in Amerika, den steinigen Weg seines Studiums, an die großartigen Charaktere, die er im Laufe seiner beruflichen Karriere kennengelernt hatte und daran, dass er ja eigentlich auch aus der „unteren Schublade" der Gesellschaft kam und jetzt wieder auf dem besten Weg genau dorthin zurück war. Vielleicht gehörte er ja tatsächlich zu den „Aussätzigen" der Gesellschaft, die dazu verdammt waren, die Fußabtreter der Nation zu sein und alle Willkür der Oberen geduldig auf sich nehmen. Waren die letzten Jahre nur ein Ausflug in eine Welt, in die er nicht gehörte?

Das Wartezimmer war inzwischen leer und er war der Letzte, der an diesem Tag einen Termin bei Kreksch hatte. Als er aufgerufen wurde, folgte er dem durch langjährige Nutzung ausgetretenen Pfad auf dem Linoleum zum Büro des staatlichen Schuldeneintreibers und trat ein.

Das Büro war eingerichtet wie eine typische Amtsstube. Zwei Schreibtische mit Stapeln von Akten, Stempelrondell, Computer, Telefon und die übliche Kaffeetasse, in welcher die hellbraune Brühe wahrscheinlich schon seit Mittag erkaltet dastand.

Das Geschäftszimmer war besetzt mit einer unscheinbaren Dame, welche flinkfingrig die Tastatur des Computers bediente und einem vertieft in seine Akten versunkenen Mann, welcher der Gerichtsvollzieher sein musste. Die Dame am Computer murmelte, ohne aufzublicken, freundlich „Guten Tag" und der Herr am Tisch stand auf und begrüßte mit einem Lächeln und per Handschlag seinen letzten Kunden an diesem Tag. Trotz aller verdrießlichen Umstände machte er einen durchaus sympathischen Eindruck auf Georg. Er sah aus wie ein Holzfäller aus den kanadischen Rockies – rotkariertes Flanellhemd, Jeans mit breiter Gürtelschnalle, lange, bis fast auf die Schultern reichende, blonde, lockige Haare, einen dicken Schnorres unter der Nase und ein markantes, unrasiertes Gesicht mit klaren, großen braunen Augen. Man hätte ihn wahrscheinlich eher als Sozialarbeiter als Gerichtsvollzieher eingeschätzt.

Georg nahm vor seinem Schreibtisch Platz und sah schon eine Kopie des Finanzamtprotokolls der Hausbegehung der vergangenen Woche da liegen. Kreksch wusste über alles Bescheid und erklärte, dass er noch sechs weitere titulierte Forderungen gegen Georg hätte und ihm jetzt eine eidesstattliche Erklärung abverlangen müsse. Insgesamt handelte es sich um 24.000 Euro von unterschiedlichen Gläubigern, zumeist Versorgern, und wenn Georg diese Summe nicht begleichen könne, so der Gerichtsvollzieher, die besagte Unterschrift fällig würde. Dass bei ihm sonst nichts zu pfänden war, wusste Kreksch schon aus dem Protokoll des Finanzamtes.

Georg war zum Kotzen übel. Kreksch sprach doch tatsächlich von dem sogenannten „Offenbarungseid", der jetzt „Erklärung an eidesstatt" genannt wurde.

Der Gerichtsvollzieher merkte, wie peinlich Georg diese Situation war und das er am liebsten vor Scham im Boden versunken wäre.

„Ach, machen sie sich nicht verrückt", sagte er freundlich. Da waren schon ganz andere Leute bei mir. Bekannte Unternehmer und

Persönlichkeiten hoch bis in die Rathausspitze. Da sind sie als Konsul in keiner schlechten Gesellschaft", versuchte er ihn zu beruhigen.

Also auch das wusste er. Der Konsul auf der Erbse. Was für ein Absturz.

Nachdem sich Georg wieder etwas gesammelt hatte, sofern das überhaupt möglich war, fragte er Kreksch nach Optionen, ob und wie diese Unterschrift zu vermeiden wäre.

„Indem sie mindestens ein Sechstel der 24.000 Euro anzahlen und mir jeden weiteren Monat die gleiche Summe bis zur letzten Rate bringen", antwortete Kreksch zurückgelehnt in seinem Sessel sitzend.

Er kaute an seinem Bleistift und man konnte deutlich erkennen, dass er arge Zweifel an der Umsetzung dieser Lösung hatte.

Georg überlegte, wie und ob er das überhaupt stemmen konnte. Viertausend Euro im Monat. Sollte er tatsächlich ihre allerletzten Reserven für einen vielleicht doch vergeblichen Versuch der Rettung einsetzen? Er bat Kreksch um 24 Stunden Aufschub, um den Vorschlag zu überdenken. Der Gerichtsvollzieher willigte ein und erklärte, dass er nicht länger als drei Tage warten könnte und dann, sofern Georg nicht die geforderte Summe abliefert oder die Unterschrift leistet, unter Umständen mit Verstärkung die Erklärung bei ihm zuhause einfordern würde. Georg wollte gar nicht wissen, was er mit „Verstärkung" meinte und verabschiedete sich mit einem festen Händedruck von dem Mann im Holzfällerhemd.

Wie benommen schlich er den kurzen Weg zurück nach Hause und war nicht in der Lage auch nur einen klaren Gedanken zu fassen. Er erklärte Charlotte die Situation und Beide saßen wieder einmal wie Wum und Wendelin auf dem Sofa und überlegten was zu tun sei.

„Wir müssen auf jeden Fall versuchen diesen scheiß Offenbarungseid zu vermeiden – dann sind wir nämlich total in der Eieruhr", sagte Charlotte nach einer ganzen Weile.

„Du weißt, dass wir noch etwas Restgeld haben und dass ich nächste Woche 10.000 Euro von meiner Freundin kriege, die uns das Geld leiht, bis wir über den Berg sind. Für die nächsten zwei, drei Monate kommen wir dann schon klar und bis dahin haben wir die scheiß Buden lange verkauft", sagte Charlotte, fest von ihrem Plan überzeugt.

Georg schleppte also die letzte Barschafft die sie noch hatten, in Raten von je 4.000 Euro, in den kommenden zwei Monaten zum Gerichtsvollzieher, welcher auch jedes Mal das Geld gerne im Empfang nahm, um Georgs Gläubiger bei Laune zu halten – jedoch... Es sollte vergebliche Liebesmüh sein.

Am 19. November 2015, einem Donnerstag, kam ein Brief per Einschreiben vom Amtsgericht Dresden. „Der Antrag des Finanzamts Weißenberg zur Eröffnung eines Insolvenzverfahrens über das Vermögen des Georg Albrecht wurde zugelassen".

Kreidebleich stand Georg mit dem Einschreiben in der Hand im Wohnzimmer und drohte jeden Moment umzukippen. Das Undenkbare war Realität geworden. Ein Vermögen vernichtet, eine Existenz zerstört und ein schier aussichtsloser Weg in die Abgründe eines ewigen Lebens als Sozialhilfeempfänger schien wahr geworden zu sein. In diesem Moment gab es nichts, was Charlotte hätte tun oder sagen können, was Georg in die reale Welt zurückgeholt hätte. Er saß, immer noch das Schreiben des Gerichts in der Hand haltend, in seinem Sessel und sah sein ganzes Leben in irrsinniger Geschwindigkeit an sich vorbeiziehen. Millionen ungeordneter Gedanken hämmerten in seinem Kopf, der jeden Moment zu platzen drohte. Verschwommene Bilder aus Alpträumen längst vergangener Jahre waren präsenter denn je und eine nie gekannte Ohnmacht und Hilflosigkeit drohte, ihn in ein tiefes Koma fallen zu lassen. Seine Lebenskraft schien in diesem Moment am Ende zu sein.

Er wusste nicht wie lange er in diesem leeren, zeitlosen Zustand seiner Seele zwischen gefühltem Leben und Sterben gefangen war, als er von weiter Ferne die Stimmen von Charlotte und seinem Sohn ausmachte, die ihn wieder in die Lebenswahrheit zurückholten. Timmy, sein Sohn, erkannte zwar, dass sein Vater recht angeschlagen schien, doch wusste er nicht den Grund und das Ausmaß dieser Situation einzuschätzen. Charlotte hatte ihm altersgerecht erklärt, dass sein Vater etwas Ruhe brauchte und das es ihm bald besser gehen würde.

So war es dann auch. Nachdem er erste Schock vorüber war, rappelte er sich auf und versuchte die Situation zu erfassen, indem er zum x-ten Mal den Gerichtsbrief Zeile für Zeile las.

„Der „Antrag“ wurde zugelassen. Das heißt, ein Antrag ist noch kein Beschluss. Noch ist es also nicht so weit“, resümierte Georg mit einem Anflug von Hoffnung, den Krieg noch nicht verloren zu haben.

Charlotte ergriff die hoffnungsvolle Einstellung und versuchte ihn aufzubauen und ihm Mut zu zusprechen.

„Na, also. Kneif die Arschbacken zusammen und kämpfe, wie du es schon tausend Mal in deinem Leben gemacht hast. Egal was passieren wird – wir kommen da schon durch“.

Das Gericht bestimmte in dem gleichen Brief eine vorläufige Insolvenzverwalterin, welche nunmehr ein entsprechendes Gutachten darüber zu fertigen hatte, ob dem Antrag des Finanzamts Weißenberg stattgegeben oder mangels Masse abgewiesen würde. Wobei Letzteres natürlich aufgrund des Immobilienbestandes ausgeschlossen war.

Schon tags darauf erhielt Georg ein Schreiben von der besagten Dame, Frau Dr. Werner, indem sie ihn zu einem persönlichen Gespräch in der nächsten Woche in ihre Kanzlei beorderte.

Der Tag kam und Georg war pünktlich um 10 Uhr im Büro der vorläufig bestellten Insolvenzverwalterin. Der typische Mief einer Anwaltskanzlei strömte ihm entgegen und er wurde freundlich von einer Mitarbeiterin in das Besprechungszimmer geführt.

„Frau Dr. Werner ist gleich für sie da“, sagte das Mädchen und erkundigte sich nach den Getränkewünschen, indem sie Kaffee oder Wasser in Aussicht stellte.

„Weder noch“, antwortete Georg trocken, aber nicht unfreundlich und sah sich die Vielzahl der gerahmten Poster mit Bildern bekannter Künstler an den Wänden an.

Wie es sich für Georg gehörte, war er frisch rasiert und im dunklen Dreiteiler gekleidet in der Kanzlei erschienen und hatte sich seine „Strategie“ schon lange vorher zurechtgelegt.

Kurz darauf erschien dann auch Frau Dr. Werner mit einer Kollegin und bat Georg mit überzogener Freundlichkeit Platz zu nehmen. Die beiden Damen positionierten sich ihm gegenüber und stellten sich vor, indem sie ihre Visitenkarten über den Tisch schoben. Georg erwiderte diese Geste und schob ihnen jeweils eine Karte des Konsulats rüber, welche ihn als Honorarkonsul auswies. Wie Georg es schon so oft erlebt hatte, erkundigten sich auch diese Beiden darüber, wie man Konsul wird und welche Aufgaben man mit diesem Amt übernehmen würde. Merklich kühl antwortete Georg in zwei, drei kurzen Sätzen und bat dann die Damen doch bitte zur Sache zu kommen.

Frau Dr. jur. Werner war eine Frau von schätzungsweisen Ende Dreißig, attraktiv, sportlich und sehr stämmig aber wahrhaftig nicht fett, mit blondem, langem Haar, welches mit einem verknoteten Pferdeschwanz elegant zu ihrem anwaltlichen Outfit passte. Ihre Kollegin „Böttcher“, ebenfalls Rechtsanwältin und eingeteilte Sachbearbeiterin für diesen Fall, war jünger und alles andere als elegant gekleidet und machte den Eindruck einer jungen Frau, die beim Sport immer als Letzte in eine Mannschaft gewählt wurde. Pummelig und unbeweglich.

Frau Werner ergriff das Wort und fasste den Vorgang, der zu diesem Termin geführt hatte, zusammen.

„Sehen sie es also als eine Chance, alle ihre Schulden in paar kurzen Jahren loszuwerden, um dann wieder ein sorgenfreies Leben führen zu können“, schloss sie ihren Vortrag.

Georg hatte geduldig zugehört und kam sich mächtig verscheißert vor und sagte das auch den beiden Damen.

„Das ist also so ungefähr, als wenn sie einem Ertrinkenden einen Gutschein für einen Schwimmkurs geben, anstatt ihm eine Leine zu zuwerfen mit welcher er sich retten könnte", antwortete Georg nach einigen anderen frustrierten Ausführungen und versuchte krampfhaft die Contenance zu bewahren.

Er erzählte den Beiden, wie er schuldlos in diese Situation gekommen war und das es noch nicht einmal seine Schulden beim Finanzamt Weißenberg waren, die zu diesem Antrag geführt hatten und dass er nach wie vor daran arbeitete, das Finanzamt zur Rücknahme des Gesuches zu bewegen.

Mit viel geheucheltem Verständnis sahen die Damen die Situation ein, erklärten aber, dass sie an der Entscheidung des Gerichts natürlich nichts machen konnten und lediglich beauftragt waren, ein entsprechendes Gutachten zur Feststellung der Masse zu schreiben. Aber wenn das Finanzamt den Antrag tatsächlich zurückziehen würde, so die Damen, die ganze Angelegenheit natürlich gegenstandslos wäre.

Das Gespräch endete damit, dass sie ihm eine ellenlange Liste benötigter Unterlagen gaben und ihm einige Erklärungen zur Unterschrift vorlegten, welche ihn auf seine rechtlichen Mittel und auf den Ablauf eines möglichen Insolvenzverfahrens hinwiesen. Sie machten ihn darauf aufmerksam, dass er natürlich keine seiner Immobilien selbständig verkaufen und auch keine Zahlungen an irgendwelche Gläubiger leisten durfte. Jeder Vertrag, und sei er noch so geringfügig, den er unterschreiben wollte, musste ab sofort von Frau Dr. Werner abgesegnet sein, jeder Arbeitsvertrag genehmigt und jedwede Art von Einkünften ihr zugetragen werden.

Georg war de facto entmündigt.

Das Finanzamt hatte ihn eiskalt und ohne Rücksicht auf Verluste, schuldlos auf das wirtschaftliche Schafott geführt. Durch ein einziges

Wort in der Steuergesetzsprechung war es möglich, ganze Unternehmen, Familien und Existenzen zu vernichten.

„Drittschuldner", war das magische Wort, das jede Partei, welche an einem Vertrag beteiligt war, in die Haftung nimmt, wenn der eigentlich Zahlungspflichtige, aus welchen Gründen auch immer, ausfällt oder nicht greifbar ist. Ob der Drittschuldner in der Lage ist zu bezahlen, interessiert die Koryphäen vom Finanzamt herzlich wenig. Auch wenn er Willens ist, die ungerechte Schuld in Raten zu bezahlen, hat es offensichtlich keine Auswirkungen auf die Entscheidung zur wirtschaftlichen Hinrichtung des Einzelnen oder einer Unternehmung. Hauptsache es wurden alle zur Verfügung stehenden Maßnahmen vollends ausgeschöpft, um nach Aktenlage zu dokumentieren, dass alles versucht wurde, um die vermeintliche Forderung zu realisieren. Das Finanzamt hat ja schließlich eine Verpflichtung gegenüber den Kommunen und dem „braven" Steuerzahlern alles zu unternehmen, um diese widerwärtigen Schuldenmacher zur Verantwortung zu ziehen - koste es was es wolle. Und Letzteres ist unbedingt wörtlich zu nehmen.

Es ist paradox, wenn nicht gar pervers, wenn man mit ansehen muss, wie volkswirtschaftliche Vermögen, von den daran hängenden Existenzen einmal ganz abgesehen, im „Sinne der Steuerzahler" vernichtet werden. Durch die schwachsinnige und grob fahrlässige Handhabe dieser teilweise gehirnamputierten Idioten in den deutschen Finanzbehörden, werden jährlich aberwitzige Millionen Euro, Geld was dazu noch der Allgemeinheit gehört, rücksichtslos vernichtet. Und wir, die Steuerzahler, berappen auch noch deren Gehälter. Nur allein am Beispiel „Georg", kann man, ohne ein Genius sein zu müssen, folgende Rechnung zu Lasten der Steuerzahler aufmachen:

Teil 1: Drittschuld und Forderung des Finanzamtes: 65.000 Euro, angewachsen durch Verfahrenskosten auf 84.000 Euro. Nunmehr soll ein Insolvenzverfahren eingeleitet werden, dass dem Schuldner für den Rest seines Lebens jegliche wirtschaftliche Grundlage entzieht und damit natürlich auch alle weiteren, potenziellen Steuereinnahmen, zum Beispiel

Einkommenssteuer, für die Öffentlichkeit verwirkt. Georg hatte in den letzten 20 Jahren ein Durchschnittliches Einkommen von jährlich 140.000 Euro. Die fällige Einkommenssteuer ist bekanntermaßen knapp die Hälfte dieser Summe. Da er mit einem Insolvenzverfahren in seiner Vitae nie wieder in verantwortlicher Position arbeiten wird, entfallen also für die letzten 15 Jahre seines Arbeitslebens rund 1.050.000 Millionen Euro an Einkommenssteuer zulasten der Staatskasse.

Teil 2: Durch ein Insolvenzverfahren werden bestenfalls nur 5% des Wertes des zur Insolvenzmasse gehörenden Vermögens, also in diesem Fall Georgs Immobilien, zu Geld gemacht werden können. Das heißt, dass von den gesamten Verbindlichkeiten in Höhe von 4,8 Millionen Euro allenfalls 240.000 Euro den Gläubigern zugeführt werden – ein Verlust von rd. 4,6 Millionen Euro, die der Steuerzahler trägt. Die Banken und alle anderen Gläubiger, werden natürlich ihre Verluste wiederum von der Steuer absetzen, was zu weiteren Ausfällen für den Fiskus führt.

Teil 3: Mindestens fünf Arbeitsplätze sind durch das angestrebte Insolvenzverfahren verloren gegangen. Bei einem Arbeitslosengeld von monatlich 800 Euro, 60% des letzten Einkommens, kämen bei fünf entlassenen Mitarbeitern, monatlich 4.000 Euro an Belastungen für die öffentlichen Kassen zusammen. Auf das erste Jahr gerechnet, also 48.000 Euro. Umschulungsmaßnahmen für die Betroffenen belaufen sich auf weitere 75.000 Euro – ein Gesamtschaden von insgesamt 123.000 Euro im ersten Jahr. Hartz-IV-Aufwendungen für die Folgejahre – 64.000 Euro, zu leisten für durchschnittlich 2 Jahre, also weitere 128.000 Euro.

Summa Summarum ein Verlust für die Staatskasse von: 4,5 Mio. Euro, natürlich ohne Verwaltungskosten!!!

Es werden, neben dem privaten Vermögen des Schuldners, also weitere 4.500.000 Euro öffentliches Vermögen vernichtet, um 65.000 Euro

NICHT eintreiben zu können. Schlimmer kann es in keiner Bananenrepublik dieser Welt zugehen.

Nun glaube man aber nicht, dass dieser Vorgang einzigartig in den Annalen der Finanzämter wäre - nein, diese Geschehen gehören leider zur Tagesordnung. Die Finanzämter, als größte Geldvernichtungsmaschine die es je gab und je geben wird, haben natürlich noch viel mehr Möglichkeiten, das Geld ihrer Bürger sehr erfolgreich zu vernichten.

Erwähnt sei an dieser Stelle die Geschichte eines Rentners:

Ein Bericht aus FRONTAL im ZDF (Ausstrahlungszeit unklar).

Ein Rentner hat im vergangenen Jahr ordnungsgemäß mit seiner Schreibmaschine seine Steuerklärung gefertigt. In dieser hat er Zinseinkünfte von 11.000 Euro angegeben. Tatsächlich hatte er jedoch 18.000 Euro an Zinseinkünften. Als ihm sein Fehler auffiel, informierte er prompt die Sachbearbeiterin beim Finanzamt.

Im darauffolgenden Steuerbescheid traute der Rentner seinen Augen nicht – die Sachbearbeiterin hatte die Zinseinkünfte in dem dafür vorgesehenen Feld hintereinander weg geschrieben und die Summe damit auf 1100018000 EUR (1,1 Mrd. Euro) beziffert. Seine Steuerschuld errechnete der Computer des Finanzamts automatisch und wurde auf mehr als 200 Mio. Euro festgesetzt.

Daraufhin rief der Rentner beim Finanzamt an und wies die Sachbearbeiterin auf Ihren "Flüchtigkeitsfehler" hin. Umgehende Änderung wurde ihm zugesagt.

Einige Wochen später wurde dem Rentner seine EC-Karte vom Bankautomaten eingezogen. Seine Bank wies den Rentner darauf hin, dass das Finanzamt eine erste Steuerrate von 13 Mio. Euro automatisch eingezogen habe und sein Konto damit um diesen Betrag überzogen sei.

Daraufhin marschierte der Rentner zu seinem Rechtsanwalt. Der Rechtsanwalt fertigte ein Schreiben an das Finanzamt an und innerhalb weniger Tage wurde der Beschwerde abgeholfen. Der Rentner bekam natürlich sein Geld vollständig zurück.

Jetzt aber der Hammer: Der Rechtsanwalt bezifferte gegenüber dem Finanzamt seine Kosten, die er abhängig vom Streitwert errechnete. Der Streitwert (mehr als 200 Mio. Euro vermeintlicher Steuerschuld) hatte einen Kostenersatz von 2,5 Mio. Euro zur Folge.

Das Finanzamt weigerte sich natürlich den Betrag auszuzahlen. Der Rechtsanwalt klagte seinen Anspruch ein und gewann die Klage vor dem zuständigen Finanzgericht.

Ein einziges Schreiben hatte der Rechtsanwalt an das Finanzamt gefertigt und wurde damit um 2,5 Mio. Euro reicher! Der Mann hat alles richtig gemacht!

Die Kosten für das Verfahren trägt übrigens der Steuerzahler. Die Beamtin wurde auf einen besser bezahlten Posten wegbefördert. Der Anwalt und der Rentner sind seitdem gute Freunde.

Sicherlich freut sich jeder über das „Glück“ des Rentners und über den pfiffigen Anwalt, dennoch bleibt die Tatsache, dass auch diese heitere Anekdote dem Steuerzahler richtig viel Geld gekostet hat. Und dass die verursachende Beamtin heute einen besser dotierten Dienstposten hat – wen wunderts.

Allerdings gehen die meisten grässlichen Geschichten der Finanzämter genau in die andere Richtung und „beglücken“ nicht die Einzelnen zu Lasten der Steuerzahler, sondern vernichten sie unbarmherzig und rücksichtslos. Das Internet ist voller Foren zu diesem Thema und berichtet über haarsträubende Zustände der Inkompetenz dieser Henker der Mondäne.

Ein Gastwirt und seine Lebensgefährtin wurden durch das Finanzamt ruiniert, weil ihre Schnitzel zu groß waren. Die Behörde rechnete die Portionen nach ihrem eigenen Gusto kleiner und verlangte eine Steuernachzahlung von 38.000 Euro. Der Betrieb musste schließen und Insolvenz anmelden. Sieben Vollzeit- und 8 Teilzeitarbeitsplätze gingen verloren – von dem persönlichen Schicksal der Gastwirte ganz abgesehen.

Einem Eisdielenbesitzer hatte der Fiskus einen ganzen Tankwagen Milch berechnet, den es nie gab. Durch die laufenden Prozesse zur Abhilfe musste das Unternehmen Konkurs anmelden. Eine Schadenersatzforderung blieb erfolglos. Fünf Arbeitsplätze gingen verloren.

Falschbehauptungen der Finanzämter und anderer Behörden (z.B. die Wasserwerke in Berndal, welche behaupteten, dass Georg 110 anstatt 95 Wohnungen in seiner Wohnanlage hatte), sind nicht die Ausnahme.

Ein Unternehmer verlor 10 Millionen Euro durch den Bau einer neuen Glashalle, da ihm das Finanzamt mit einer Verfügung seine „Unternehmereigenschaft" entzog, da er angeblich keine Baugenehmigung für eine Glashalle beantragt hatte. Falsch. Auch dieses Unternehmen musste im Zuge der Prozessführung Konkurs anmelden.

Bei einem anderen Bauunternehmer, der über 200 Mitarbeiter beschäftigte, begann das Drama mit einem Pfändungsbeschluss des Finanzamtes, welchen sie gleich an die Bank des Unternehmers geschickt hatten. Es ging um eine Forderung von rund 16.000 Euro, welche dann, aufgrund eines nachträglich erkannten Fehlers, auf 12.000 Euro korrigiert wurde. Der Unternehmer hatte jedoch schon im Rahmen seiner Vorsteuerverpflichtungen einen Betrag von 13.000 Euro an das Finanzamt überwiesen. Der daraufhin folgende Beschluss zur Korrektur der Steuerschuld wurde der Bank jedoch nicht mitgeteilt. Während dieser Auseinandersetzung und einem bestehenden Pfändungsbeschluss über (ungerechtfertigte) 13.000 Euro, kündigte die Bank aufgrund der nunmehr schlechten Bonität des Unternehmers alle laufenden Kredite, die er natürlich nicht sofort zurückzahlen konnte. Der Entrepreneur war somit pleite und musste innerhalb eines Jahres Insolvenz anmelden. Damit nicht genug, auch das Privatvermögen des Mannes wurde gepfändet. Die Familie wohnt jetzt in einer Sozialwohnung in einem Plattenbau. Eine angestrebte Klage gegen das Finanzamt blieb erfolglos, da sich die Behörde nicht in der Staatshaftung für die schlechte Bonität des ehemaligen Unternehmers sieht. Die 200 Arbeitsplätze gingen verloren.

Viele andere Schicksale wären noch zu erzählen, aber die Erkenntnis, dass es sich bei diesen traurigen Vorfällen nicht um Ausnahmen, sondern um tagtägliche Begebenheiten handelt, lässt auf die kollektive

Inkompetenz, Dummheit, Ignoranz und Gewissenlosigkeit vieler Finanzbeamten schließen. Man hat einfach keine Worte für diese schon kriminellen Machenschaften, die trotz der Verpflichtung zur „staatlichen Fürsorgepflicht" das Vermögen Aller und die Existenzen Einzelner so rigoros vernichten. Keiner der schuldigen Beamten, die diese Meucheltaten zu verantworten haben, wurden jemals zur Rechenschaft gezogen. Im Gegenteil, sie wurden entweder befördert oder auf Staatskosten unter Beibehaltung ihrer vollen Bezüge, in den vorzeitigen Ruhestand versetzt – da sie die psychologischen Belastungen ihrer Arbeit Übergebühr belastet haben. Straßenräuber und Wegelagerer haben ja zum Teil noch ein Verantwortungsbewusstsein und stehen zu ihrer Schuld, wenn sie gefasst werden. Diesen abstrusen und skrupellosen Subjekten in den Finanzverwaltungen, fehlt jedoch jeglicher Anstand und Gerechtigkeitssinn. Sie sind wahrlich die „Scharfrichter der Nation".

* * *

Charlotte und Georg stellten inzwischen alle auf der Werner-Liste stehenden Akten und Unterlagen zusammen. In tagelanger Kleinarbeit sortierten sie sämtliche Objektakten aller Immobilien, Kaufverträge, Kreditunterlagen und Versorgerrechnungen nach den Wünschen der vorläufigen Insolvenzverwalterin und verpackten insgesamt nicht weniger als 35 große Ordner in fünf Umzugskartons.

Zum nächsten Termin mit Dr. Werner lieferte Georg die gewünschten Unterlagen ab und unterzog sich einer weiteren Belehrung für das Leben als wirtschaftlich Entmündigter. Die Juristin belehrte ihn darüber, dass er keine Stelle als Geschäftsführer annehmen dürfte und dass er jegliches Einkommen, was über 1.350 Euro monatlich liegt, an sie abzuführen hatte. Georg fragte zynisch, ob seine fachliche Kompetenz mit dem Insolvenzantrag denn auch erloschen sei, er sein Gehirn an der Garderobe abgegeben hatte und warum er nicht als Geschäftsführer arbeiten dürfte.

„Das habe ich jetzt so entschieden", war die Antwort. „Wenn sie ihr eigenes wirtschaftliches Leben nicht managen können, wie wollen sie dann eine Firma managen? Bitte informieren sie mich vorher, bevor sie einen Arbeitsvertrag unterschreiben, damit ich es gegebenenfalls genehmigen kann", schloss sie ihre Belehrung und verabschiedete sich.

Georg verstand die Welt nicht mehr. Auf der einen Seite war er angehalten so viel Geld wie möglich zu verdienen, um seine Gläubiger zu bedienen, auf der anderen Seite durfte er nicht als Geschäftsführer arbeiten, in einer Position, wo das meiste Geld verdient werden konnte.

Die letzten 25 Jahre hatte er ausschließlich als Geschäftsführer gearbeitet. Als was sollte er sich denn jetzt bewerben? Als Sachbearbeiter vielleicht? Ihm war klar, dass er niemals eine Position als Sachbearbeiter kriegen würde, da sein Lebenslauf eine ganz andere Geschichte erzählte und jeder potenzielle Arbeitgeber ihn als überqualifiziert ablehnen würde. Sachbearbeiter – Qualifikation: Promovierter Ökonom, Konsul, 5-maliger Geschäftsführer mit 30 Jahren Auslandserfahrung. Bei diesem Gedanken musste er einfach nur lachen. Aber so war es nun mal.

Der Austausch mit Werner war rege. Alle Nase lang zitierte sie ihn in ihr Büro und informierte ihn über immer neue Auflagen der anstehenden Insolvenz. Der Hammer kam jedoch, als sie ihm eröffnete, dass sie, bzw. das Amtsgericht, die Liegenschaft Heringswalde aus der Insolvenzmasse entlassen würde. Georg glaubte nicht, was er da gerade gehört hatte. Gegenstand des Insolvenzantrags war doch die von Heller nicht gezahlte Grunderwerbsteuer für die Immobilien in Heringswalde. Und nun sollte genau das Objekt aller Streitereien aus der Masse entlassen werden? Auf die Frage, warum es zu dieser Maßnahme kam, erklärte sie ihm, dass er, Georg, ja nicht Eigentümer dieser Liegenschaft sei und gegen den im Grundbuch eingetragenen Besitzer Stiegemann, welcher, beiläufig nebenbei erwähnt, ein paar Tage zuvor verstorben war, die Zwangsmaßnahmen betrieben werden.

Nochmal ganz langsam. Das Insolvenzgericht hatte festgestellt, dass Georg nicht der Eigentümer der Liegenschaft „Heringswalde“ ist und die Wohnanlage im Namen eines Toten verwertet, das heißt zwangsversteigert wird. Das Finanzamt Weißenberg hatte also einen Insolvenzantrag gegen Georg gestellt, weil er die Grunderwerbsteuer für eine Anlage, die ihm offenbar nicht gehörte, was jetzt nunmehr vom Amtsgericht bestätigt wurde, nicht bezahlen konnte.

Sprachlos sah er Werner an und wartete auf eine Erklärung, die sie ihm nicht geben konnte.

„Aber damit müsste doch der Insolvenzantrag zurückgenommen werden“, fragte Georg ungläubig.

„Da würde ich mich an ihrer Stelle mal mit dem Finanzamt in Verbindung setzen. Da kann ich leider nicht helfen. Ich muss ja nur das Gutachten schreiben“, war die verlegene Antwort.

Georg fuhr nach Hause und rief sofort beim Finanzamt Weißenberg an, wo er natürlich Niemanden in dieser Angelegenheit erreichen konnte – „...und Frau Timmermann ist für längere Zeit krank zu Hause“, erklärte ihm ein kompetenter Kollege der Dame, den er wohl mit seinem Anruf gerade geweckt hatte. „Ach was...“, dachte Georg und beendete das ergiebige Gespräch.

Georg setzte sich also an den Computer und schrieb den gerade erfahrenen Sachverhalt akribisch und für die Schwachköpfe im Finanzamt leicht verständlich, mit der abermaligen Bitte um Aufhebung des Steuerbescheides und Rücknahme des Insolvenzantrags, auf und brachte den Brief gleich zur Post.

Ein paar kurze Tage später kam ein Zweizeiler als Antwortschreiben mit dem Hinweis, dass dem Antrag nicht stattgegeben werden konnte, da er, Georg, nach wie vor wirtschaftlicher Eigentümer sei und die

Liegenschaft, trotz Rückabwicklungsvertrag, nicht an den Eigentümer zurückgegeben hatte.

An wen sollte er die Liegenschaft denn zurückgeben? Die H.H. Grundstücksgesellschaft mbH war nach der Vertragsaufhebung auch nicht zivilrechtlicher Besitzer, da sie nicht im Grundbuch eingetragen war. Stiegemann, der nach wie vor im Grundbuch eingetragen und damit Besitzer der Anlage war, war verstorben. Georg zweifelte langsam an seinem Verstand. War er wirklich zu bekloppt, um das alles zu verstehen?

Er rief das Finanzamt abermals an und bekam tatsächlich jemanden ans Telefon, der über den Vorgang Bescheid wusste. Die Vertreterin der unsäglichen Frau Timmermann erklärte Georg, dass er doch nachweisen sollte, dass er die Liegenschaft physikalisch und tatsächlich an den Besitzer zurückgegeben hatte und schon würden sie den Steuerbescheid aufheben und den Antrag auf Insolvenz zurücknehmen.

Georg erklärte der Dame nochmals mit Engelsgeduld, dass der Besitzer der Anlage verstorben sei, die Erben seinen Nachlass ausgeschlagen haben und die H.H. GmbH, welche nicht einmal einen Auflassungsvermerk in den Grundbüchern von Heringswalde hatte (die hatte sie ja am gleichen Tag mit dem zweiten Kaufvertrag an Georg übertragen) und letztendlich auch den Kaufvertrag mit Georg rückabgewickelt hatte.

„Ja dann ist der rechtliche Eigentümer der Herr Stiegemann. Gegen den wird ja die Liegenschaft jetzt auch zwangsverwertet, das heißt versteigert, Herr Albrecht. Beweisen sie uns, dass sie den Kaufpreis zurückerhalten und die Anlage physikalisch, das heißt mit allen Schlüsseln und Unterlagen, zurückgegeben haben und schon nehmen wir alle Bescheide und Anträge gegen sie zurück“, erzählte die Dame am Telefon zum zweiten Mal.

„Soll ich Stiegemann die Schlüssel der Häuser ins Grab werfen“, plauzte Georg zurück.

„Das kann ich ihnen auch nicht sagen“, kam prompt die Antwort aus der Leitung. „Aber solange sie nicht nachweisen können...“ – Georg knallte den Hörer auf die Gabel und mutmaßte wirklich, er wäre auf einem anderen Stern. „Das glaubt mir kein Mensch", dachte er sich und war hilfloser als je zuvor.

Mit der Post kam in diesen Tagen dann ein Brief vom Amtsgericht, was die Entlassung der Liegenschaft Heringswalde aus der Insolvenzmasse bestätigte. Ergänzt wurde die Nachricht mit dem Hinweis, dass alle laufenden Kosten im Zusammenhang mit den Immobilien in Heringswalde von ihm, Georg, aus dem pfändungsfreien Anteil seiner Einkünfte bezahlt werden müssen und nicht aus dem Massetopf über die Insolvenzverwalterin gedeckt sind.

Georg hatte eh am nächsten Tag einen Termin mit Werner und wollte sich über den offensichtlichen Irrtum dieser Mitteilung dann bei ihr Klarheit verschaffen.

In Werners Büro angekommen, fragte er sie am nächsten Tag nach dem offensichtlichen Irrtum, bzw. der konsequenten Unrichtigkeit des Schreibens, das weder logisch noch rational Sinn machte. Werner, die natürlich eine Kopie des Gerichtsschreibens hatte, bestätigte allerdings, zu Georgs großer Verwunderung, den sachlichen Inhalt des Schriftstückes. Des Weiteren eröffnete sie ihm, dass auch die Wohnanlage „Seitz", nach Absprache mit dem Amtsgericht und dem Finanzierer Delta Lloyd, aus der Masse genommen würde, da sie zu viele laufende Belastungen verursache und zu keinem annehmbaren Preis verkauft werden könnte.

„Und die Aufwendungen zum Unterhalt dieser Liegenschaft, müssen sie ebenfalls aus ihren eigenen Einkünften bestreiten", ergänzte sie kokett und völlig unbedarft.

„Der sitzt wohl die Strumpfhose ein bisschen zu eng", dachte sich Georg und war sich nicht ganz sicher, ob sie gerade einen Witz gemacht hatte.

„Frau Werner, jetzt mal ernsthaft. Mein Eigenbehalt der Einkünfte liegt bei 1.350 Euro monatlich", stellte Georg fest.

„Ja".

Die anfallenden Kosten zur Unterhaltung der Häuser in Heringswalde, die mir nach Aussage des Gerichts noch nicht einmal gehören, belaufen sich auf rund 6.000 Euro im Monat. Die Mieteinnahmen, welche aus den Objekten erzielt werden, gehen allerdings direkt zur Bank und nicht zu mir - weil mir die Häuser nicht gehören", stelle er weiter fest.

„Ja, das stimmt", war die Antwort.

„Zusätzlich kommt jetzt noch die Immobilie in Seitz dazu, was weitere 5.000 Euro monatlich an Kosten verursacht".

„Ja".

„Und ich soll jetzt von meinen monatlichen 1.350 Euro an Selbstbehalt, die laufenden Kosten von 11.000 Euro für Häuser, die mir zum größten Teil nicht gehören und aus denen ich keine Mieten erziele, bezahlen. Habe ich das so richtig verstanden"?

„Ja".

Ruhe. Werners Gesichtsfarbe wechselte im Sekundentakt ohne, dass sie ein weiteres Wort sagen musste. Georg sah sie nur an und sein Blick verriet ohne eine gesprochene Silbe, was er gerade dachte.

„Na gut - dann mache ich das natürlich. Ist doch eigentlich logisch. Ich weiß auch nicht, wie ich auf so blöde Fragen gekommen bin", sagte Georg und beendete damit dieses Thema.

Werner kam sich wahrscheinlich in diesem Moment vor wie der letzte Arsch unter der Sonne, wie ein Kind, dass gerade mit der Hand im Bon-Bon-Glas erwischt wurde und sagt: „das war ich nicht". Und es war wirklich nichts mehr dazu zu sagen. Jedes weitere Wort wäre überflüssig gewesen. Er war entmündigt, verarscht und für bescheuert erklärt worden.

Georg schnitt ein anderes Thema an - das der ARGE und der Wasserwerke. Er erklärte ihr nochmals detailliert den Sachverhalt und wies auf mögliche Regressforderungen in Millionenhöhe hin und das dieses Insolvenzfahren damit beenden werden könnte.

Werner, völlig unbeeindruckt von alledem, explizierte nochmals, dass er, Georg, diese angefangenen Prozess nicht weiterführen dürfte und alle möglichen Forderungen an die ARGE und an die Wasserwerke von ihr geprüft und gegebenenfalls, wenn überhaupt, nur von ihr eingeklagt werden.

„Frau Werner, verdammt nochmal, ich weiß, dass ich entmündigt bin. Aber bin ich denn nun auch meiner staatsbürgerlichen Rechte beraubt"?

„Nein, natürlich nicht. Jedoch entscheide ich, ob oder ob nicht ein weiteres Verfahren angestrengt wird und nicht sie selbst. Und ich entscheide ob und wann geklagt wird und welche Summen zur Debatte stehen", antwortete sie kess. „Bitte reichen sie mir alle bisherigen Prozessunterlagen unverzüglich rein, und ich werde dann über die Weiterführung der Prozesse entsprechend entscheiden".

Georg fuhr nach Hause und war den Tränen nahe - nein, es war wirklich mehr Verzweiflung und Wut, die ihm die Tränen in die Augen trieben. In welchem Land lebte er eigentlich. Jeden Moment musste er doch aus diesem schrecklichen Traum erwachen und feststellen, dass alles nur ein ganz böser Alp gewesen war. So etwas, wie er in den letzten Monaten erfahren hatte, konnte es im richtigen Leben doch gar nicht geben. Unmöglich, ausgeschlossen, unvorstellbar...

* * *

Der kalte, graue November war gekommen und zeigte sich von seiner verdrießlichsten Seite. Regen, Sturm, Hagel, Trostlosigkeit tagaus und tagein - es war ein Spiegelbild seiner Seele und der Verfassung seiner Familie. Der silberne Jeep, den sie so lange gefahren hatten, war schon seit Ende Oktober weg - nicht nur weil es „Jeep-Chrysler" nicht mehr gab, sondern weil die monatlichen Leasingraten, welche einst von der Firma übernommen wurden, nicht mehr gezahlt werden konnten. Die notwendigen Einkäufe im Supermarkt erledigte Georg zu Fuß mit einem Rucksack auf dem Rücken und die sieben Kilometer ins Büro, legte er bei Wind und Wetter mit dem Fahrrad oder zu Fuß zurück. Die Büromiete wurde zum Glück vorrübergehend von einem Freund, welcher schon seit langer Zeit Untermieter in seinem Büro war, übernommen und fiel daher nicht weiter ins Gewicht. Rudolf war selbst Konsul gewesen und hatte zusammen mit Georg unzählige Male fast alle Länder dieser Welt bereist, denn er war Damals, zu der Zeit als Georg Geschäftsführer der landeseigen Gesellschaft war, welche internationale Firmen im Freistaat ansiedelte, sein Stellvertreter und Prokurist gewesen.

Was diese sogenannten „Freunde" letztendlich wert waren, erfuhren die beiden Dresdener aber erst als sie selbst am Boden lagen. Menschen, die sie einst vor dem Ruin gerettet hatten, die sie aus dem Dreck gezogen hatten, denen sie nicht nur eine Hand, sondern alles was sie besaßen gegeben hatten, um sie vor einem wirtschaftlichen Kollaps zu bewahren, kannten sie auf einmal nicht mehr und konnten sich an nichts erinnern. Selbst die Leute, die ihnen noch Geld oder den einen oder anderen Gefallen schuldeten, wussten von nichts mehr. Wie schnell man doch vergisst.

Und einer von ihnen war dieser besagte „Rudolf". Für viele Monate hatte Georg ihm kostenlos ein Büro zur Verfügung gestellt, sie hatten ihm 30.000 Euro geliehen als es ihm schlecht ging und er dringend Geld für sein Hotel in der Lausitz brauchte, sie halfen ihm bei seiner Buchführung und mit vielen anderen Dingen. Und an nichts von alledem konnte er sich erinnern, als Georg und Charlotte selbst dringend Hilfe benötigt hätten. Vielmehr noch – er versuchte die Büroflächen des Konsulats, Georgs letzte Möglichkeit zu arbeiten, zu übernehmen, indem er auf hinterhältige Art und Weise versuchte beim Vermieter zu erwirken, dass der bald auslaufende Mietvertrag für das Konsulat nicht verlängert wird und er so die Räumlichkeiten, samt Inventar und Ausstattung, übernehmen konnte. Er wollte sie hinterrücks meucheln und trat noch auf die schon am Boden liegenden ein. Und das nach allem, was sie für ihn getan hatten. Wer solche „Freunde" hat, braucht wahrlich keine Feinde mehr.

Charlottes Sohn Max wusste natürlich von der ganzen Misere und wie es dazu gekommen war. Er war Anfang Zwanzig und im heimatnahen

BWL-Studium im 30 Kilometer entfernten Mittweida. Für ein „neues" gebrauchtes Auto, hatte der Junge den ganzen Sommer über hart gearbeitet und war stolz, ein paar tausend Euro gespart zu haben. Und die wurden ihm jetzt weggenommen. Ja, er gab das Geld freiwillig an Charlotte und Georg und hatte größtes Verständnis für die unsägliche Lage, in der sich die Familie befand, dennoch war nicht zu übersehen wie traurig und enttäuscht er war, dass der Traum von seinem „neuen" gebrauchten Auto jetzt in weite Ferne zu rutschen drohte.

Timmy, der gerade mal Dreizehn war und inzwischen bei Georg, seinem Vater, und Charlotte in Dresden lebte, merkte natürlich die Mißmütigkeit, den Verdruss und die angespannte Stimmung, wusste aber zum Glück nichts von den Umständen und Einzelheiten der Krise – und das sollte auch unter allen Umständen so bleiben. Auch er trug, wenn auch unbewusst, sein Scherflein zum Überleben der Familie bei. Es blieb Georg gar nichts anderes übrig, als auch an sein Konto zu gehen und sich das über viele Monate angesparte Kindergeld, Stück für Stück für den Lebensunterhalt der Familie zu leihen. Wie sehr Charlotte und Georg diese Tatsache, dass sie ihre Kinder ausräubern mussten, belastete, ist mit Worten nicht zu beschreiben. Sie schämten sich in Grund und Boden und konnten sich schon lange nicht mehr in die Augen sehen – geschweige denn Liebe, Nähe und Geborgenheit bei- und miteinander finden.

Der Weltbestseller „A Tale of two Cities", von Charles Dickens, veröffentlicht 1859, war eins von Georgs Lieblingsbüchern. Die Einleitung dieses Buches spiegelte sein ganzes Leben, zusammengefasst in einem einzigen Absatz, auf den Punkt genau wider.

„It was the best of times, it was the worst of times…" „Es war die beste aller Zeiten, ist war die schlechteste aller Zeiten, es war das Zeitalter der Weisheit, es war das Zeitalter der Dummheit, es war die Epoche des Glaubens, es war die Epoche der Ungläubigkeit, es war die Zeit des Lichts, es war die Zeit der Finsternis, es war der Frühling der Hoffnung, es war der Winter der Verzweiflung, wir hatten alles, wir hatten nichts, wir gingen alle direkt gen Himmel, wir gingen alle direkt in die Hölle. Kurz gesagt, war die damalige Zeit so wie die jetzige Zeit, nur dass einige ihrer lautesten Autoritäten darauf bestanden, sie im Superlativen Vergleich zum Guten und zum Bösen zu empfangen".

Georg verfiel in eine immer größer werdende Depression. Stationen aus seinem Leben zogen in seinen Träumen jede Nacht an ihm vorbei und nahmen ihm den so dringend benötigten Schlaf. Sein Leben als Kind in einer von Gewalt beherrschten Familie, seine Zeit bei der Bundeswehr, die Auslandsaufenthalte, seine berufliche Karriere und natürlich die Liebe seines Lebens - Charlotte. Er träumte oft von jenem Tag, an dem er sie kennengelernt hatte, denn bis zu jener Zeit wusste er nicht was Liebe war. Ein Gefühl so unbeschreiblich und überwältigend, dass es ihm die Sinne raubte, sobald sie in seiner Nähe war. Warmherzig, intelligent, unheimlich gutaussehend - es gab einfach keine passenden Attribute, mit welchen er sie zutreffend hätte beschreiben können. Und ihr ging es damals nicht viel anders.

Sie hatten einen geschäftlichen Termin, der sie zusammengeführt hatte. Stotternd, nervös, verlegen und sichtlich von der Rolle, trug sie ihm seinerzeit ihr Begehr vor, einige Räume in dem Bürokomplex, für welches er beruflich verantwortlich war, für ihre Privatschule anmieten zu wollen. Georg hörte ihr aber kaum zu und war in Gedanken weit entschwunden, in Gedanken bei dem engelsgleichen Geschöpf, das ihm gegenübersaß. Für ihn war diese Situation so durchdringend, dass er sogar den Raum verließ, um sich zu sammeln, bevor der die Fassung verlieren würde.

Eine eher amüsante und gleichzeitig widrige Situation. Denn als er nach einer kurzen Minute zurück in sein Büro kam, saß sie da mit dicken runden Hamsterbacken, vollgestopft mit Keksen, welche sie bis dahin vehement abgelehnt hatte. In seiner kurzen Abwesenheit hatte sie sich bestimmt nicht weniger als acht dieser kleinen Backwerke auf einmal in den Mund geschoben und mit absoluter Sicherheit nicht mit seiner so schnellen Rückkehr gerechnet. Es hätte keine Erbse mehr in ihren Mund gepasst. Mit hochrotem Kopf und dicken Backen saß sie am Tisch und war nicht in der Lage auch nur ein einziges Wort zu sagen. Ihr Mund wurde immer trockener und jeder Tropfen Spucke war auf einmal verschwunden.

Georg erkannte das Malheur und musste sich sehr zurückhalten, um nicht laut loszulachen. Grinsend nahm er den Keksteller in die Hand und reichte ihn zur ihr rüber, als hätte er ihr noch nichts angeboten. Als Antwort erfuhr er ein dumpfes „mmh mmmmmhhh mmhh".

Unberührt von alledem, stellte er die üblichen geschäftlichen Fragen und wartete auf Antwort. Sie versuchte zu schlucken und zu würgen, aber die Kekse in ihrem Mund wollten nicht weniger werden. Mit einer Schnute so spitz wie die einer Haselmaus, versuchte sie zu sprechen und unzählige Krümel sprudelten in hohem Bogen aus ihrem Mund und verteilten sich über ihr Outfit und den Konferenztisch. Noch peinlicher hätte es für sie gar nicht kommen können.

Georg lud sie als „Entschädigung" noch für den gleichen Abend zum Essen ein, was sie mit einem peinlich berührten „ja, gerne" annahm.

Es war der Anfang einer Liebesgeschichte, wie sie Shakespeare nicht besser hätte schreiben können. Eine traumhafte Romanze nahm ihren Lauf.

Sie lebten das Leben, sie lebten die Liebe. Sie liebten sich täglich und überall - und jedes Mal war es aufregender als am Tag zuvor. Es gab keine Tabus und alles war so natürlich, so unverfälscht und ohne Scham, als lebten sie schwerelos auf einem anderen Planeten. Sie drehten sich um ihre eigene Achse und waren der Mittelpunkt in ihrem kleinen Universum. Sie brauchten, außer ihren Söhnen, niemanden auf dieser Welt und ein für Beide nie gekanntes, unglaubliches Urvertrauen war die Grundlage und Basis allen Tuns. Sie gaben sich gegenseitig Mut und Kraft, sie waren ein Bollwerk gegen den Rest der Welt - eine unschlagbares Gemeinschaft. Es war eine Seelenverwandtschaft, wie man sie, wenn überhaupt, nur einmal im Leben findet. Eine Seele in zwei Körpern. Sie waren das perfekte Team, das perfekte Paar.

Und nun, zehn Jahre später, standen sie vor den Trümmern ihrer Existenz. Vernichtet durch Schulden Anderer, durch versagen öffentlicher

Verwaltungen, durch korrupte Mandatsträger, durch fahrlässige Versäumnisse einer Bank, durch inkompetente, skrupellose Finanzbehörden.

Sie hatten kein Geld, keine Hoffnung, keinen Mut und keine realistische Aussicht auf Abhilfe. Wo sollte ihre Reise noch hingehen? Ihr Zuhause in Dresden stand zum Verkauf und das Landhaus im Sauerland war schon längst von der Bank übernommen und sollte ebenfalls verkauft werden. Blieb jetzt wirklich nur noch der Weg zum Amt, der Umzug in eine 69qm große Sozialwohnung in einer Platte, der unweigerliche Abstieg in das endlose Dasein am Rande der Gesellschaft?

Vorbei waren die Träume einer unbeschwerten Zukunft, vorbei waren die hehren Ziele von einst und vorbei war die Freude am Leben. Einzug hielten Wut, Angst, Verzweiflung, Leere und Hoffnungslosigkeit.

Ein Miteinander der Beiden war inzwischen kaum noch möglich. Jedes Wort, das gewechselt wurde, wurde auf die Goldwaage gelegt und gedeutet - meist in die falsche Richtung. Kleinste Kleinigkeiten führten zu Streit und Zank, Harmonie und Verständnis waren zu einem Fremdwort in ihrer Beziehung geworden und sie entfremdeten sich immer mehr.

Der Kampf ums Überleben war schon lange nicht mehr nur von wirtschaftlichen Befindlichkeiten geprägt, er war übergegangen auf die Substanz und wichtigsten Werte ihrer Beziehung - Respekt und Vertrauen. Sie schützten auf der einen Seite ihre Kinder, indem sie sie so wenig wie nur eben möglich mit ihren Sorgen belasteten und versuchten, sie aus allen Streitereien herauszuhalten. Auf der anderen Seite zermalmten sie sich gegenseitig, indem sie ihre Wut und ihren Zorn ungezügelt mit voller Wucht aufeinander losließen. Rationales Denken, Fairness, Verständnis und Raison gerieten dabei immer weiter in den Hintergrund und waren schon bald im Umgang miteinander ganz verschwunden.

Seit Monaten hatten sie schon getrennte Schlafzimmer, vermieden jede körperliche Berührung und gingen sich aus dem Weg wann immer möglich. Mit jeder Auseinandersetzung gingen sie einen Schritt weiter aus der einst eng geschlossenen Einheit ihrer Zweisamkeit zurück. Sie waren schon bald so weit voneinander entfernt, dass sie sich zwar noch hören, aber nicht mehr verstehen konnten. Georg hatte Suizidgedanken und

Charlotte wollte nur weg aus diesem scheiß Land, dieser scheiß Bananenrepublik. Ihre Beziehung war zu Ende. Das siebte Siegel der Apokalypse gebrochen.

Kapitel Sechs

Das Mirakel von Dresden

Konnte es tatsächlich sein, dass zwei Menschen, die so miteinander verschmolzen waren, die füreinander bestimmt waren, die eine Seelengemeinschaft waren, sich dermaßen gegeneinander aufrieben und daran zerbrachen? Ja, es konnte sein - nein, es konnte nicht sein. „Es war die beste aller Zeiten, ist war die schlechteste aller Zeiten".

Das Durchlebte war der blanke Horror, aber die Ursache und das Problem waren nicht sie selbst, sondern der Kerker der Ohnmacht in dem sie gefangen waren. Ein Kerker gemauert aus Verrat, Missachtung, Betrug und Unterlassung in einem System, wo Recht und Gerechtigkeit nichts miteinander zu tun haben, in einem System, wo Vetternwirtschaft, Gier, Neid, mutwillige Zerstörung durch ignorantes Beamtentum an der Tagesordnung sind.

Beide kannten die Freiheit und beide hatten ihren Weg auf steinigem Grat in die Unabhängigkeit gewagt und erfolgreich gemeistert. Charlotte mit ihrer Flucht aus der DDR, aus einem widerwärtigen System der Unterdrückung und Unfreiheit, in eine ungewisse Zukunft ohne greifbare Perspektiven und ohne zu wissen, was sie erwarten würde. Georg mit seiner Flucht in jungen Jahren aus einem gewalttätigen Zuhause, in eine unbekannte und fremde Welt auf einem fernen Kontinent. Beide waren auf sich allein gestellt, beide ließen Familie und Freunde zurück, beide waren ohne Hilfe und Unterstützung und beide machten ihren Weg einzig und allein durch ihre Fähigkeit zu Überleben, besser als andere zu sein und hauptsächlich - frei zu sein. Frei von Unterdrückung, frei von Gewalt und frei von Willkür.

Obwohl sie sich nicht kannten und völlig unterschiedlicher Herkunft waren, lebten sie ihr Leben unabhängig und tausende von Kilometern voneinander entfernt auf der Suche nach Freiheit und Erfüllung so parallel, so gleich und so leidenschaftlich, dass es eine Fügung höheren Schicksals sein musste, was sie zusammengeführt hatte. Und alles sollte jetzt so jäh ein Ende haben? Wegen Katzenpisse, Rasch & Co., der DDB und dem Finanzamt?

Das konnte es nicht sein. Niemals. Unmöglich. Sie mussten dem Kerker ihrer Gefangenschaft entkommen, wie schon einst vor vielen Jahren bewiesen. Sie mussten sich ihrer selbst treu bleiben und nicht das über Bord werfen, was sie als Persönlichkeiten ausmachte, was sie ihr ganzes Leben angetrieben und erfolgreich gemacht hatte. Sie wussten - auch wenn sie sich voneinander trennen würden, würden sie nie wieder auch nur eine annähernd so tiefgreifende Beziehung, nie wieder eine solche Seelenverwandtschaft finden, wie sie es miteinander gefunden und gelebt hatten.

Das Problem war nicht ihre Beziehung, dass Problem war ihre „Gefangenschaft", entmündigt zu sein, ihr eigenes Leben nicht mehr gestalten zu können, auf Schritt und Tritt bevormundet zu werden - eine Marter, wie es schlimmer nicht hätte sein können für die zwei Menschen, die alles für ihre Freiheit getan hatten und jetzt im dunklen Verließ des Despotismus und staatlicher Willkür zu verkümmern drohten. Sie mussten sich aus der Zwangsjacke der Kuratel und Unbilligkeit befreien, wenn sie ihre Existenz zurückhaben wollten. Es war ihre einzige Chance zu leben.

Der schlimme Winter 2015/2016 war vorbei und es war Sommer geworden. Sie hatten es immer wieder geschafft genügend Geld aufzutreiben, um zu überleben. Für sie kam es auf gar keinen Fall in Frage zum Amt gehen und sich in die Gruppe der Freizeitphilosophen, die tagtäglich in großen Trauben vor der Bundesagentur für Arbeit standen und ihre Erfahrungen austauschten, einzureihen. Aggressiv forderten sie verliehenes Geld zurück, liehen sich Barschaft bei Freunden und Verwandten, die sich noch nicht von ihnen abgewandt hatten und nahmen jeden schlecht bezahlten Lehrauftrag an, den sie ergattern konnten. Im Mai schenkte ihnen ein befreundeter Unternehmer sogar einen top gepflegten, acht Jahre alten Jaguar, der aus dem Firmenfuhrpark ausgemustert werden sollte. Sie waren wieder mobil. Aber das war natürlich noch lange nicht die Lösung ihrer Probleme.

Das Insolvenzverfahren gegen Georg wurde am 26. Juni 2015 vom Amtsgericht Dresden eröffnet. Werner waltete ihrer Aufgaben und veräußerte Georgs einstiges Immobilienvermögen Stück für Stück. Fast täglich kamen Briefe vom Amtsgericht, die Georg über den Fortgang der Verwertungsbemühungen informierten und ihn davon in Kenntnis setzten, welche Honorarabrechnungen die Zwangsverwalterin vierteljährlich geltend machte. Es waren Tausende. Sie bediente sich skrupellos wie Straßenräuber an ihrem niedergestreckten Opfer, ohne das es auch nur die Möglichkeit einer Gegenwehr gab. Die unverschämten Honorare wurden natürlich aus dem Massetopf bestritten und schmälerten die prozentualen Rückzahlungen an die Gläubiger gewaltig. Georg war es aber letztendlich egal. Er hatte nicht mehr und nicht weniger davon, doch wunderte er sich jedes Mal über die Dreistigkeit der Verwalterin und die unbedarfte Zustimmung der Gerichte.

Das es Werner weder um Georg noch um seine Gläubiger ging, wurde sehr offensichtlich, als sie wieder einmal eine Honorarnote über 17.500 Euro bei Gericht vorlegte und ihr daraufhin „nur" 14.000 Euro und Kleingeld zugesprochen wurde. Für die fehlenden 3.500 Euro legte sie natürlich umgehend Beschwerde vor Gericht ein und forderte in einer viele Seiten langen Begründung die Restsumme. Georg bekam jeweils eine Kopie dieser Schreiben vom Gericht zugestellt und konnte den Fortgang dieser Posse daher gut verfolgen. Quintessenz: Auch die Beschwerde wurde vom Gericht zurückgewiesen, da sie eine Vorlagefrist versäumt hatte und daher dieser Teil ihrer Honorarforderung nicht berücksichtigt werden konnte. Schade eigentlich.

Georg war inzwischen fest der Überzeugung, dass der ganze Werner-Laden ausschließlich mit Lesben besetzt war. In dem ganzen Büro arbeitete nicht ein einziger Mann und auch die Webseite der Kanzlei war nur mit Frauen bebildert. Von den neun weiblichen Angestellten trug keine der Grazien einen Ehering oder hatte Fotos der Familie auf dem Schreibtisch. Sie schwänzelten alle umeinander herum, berührten sich leicht im Vorbeigehen und sahen sich mit zweideutigen Blicken an. Zumindest waren das seine ungeschulten Beobachtungen. Und da er bei jedem Besuch in der Kanzlei geraume Zeit warten musste, hatte er genügend Zeit seinen unkeuschen Gedanken freien Lauf zu lassen. Ob es nun stimmte oder nicht - es war zumindest ein Zeitvertreib und von der Sache her wirklich egal.

Was jedoch nicht egal war, war die Tatsache, dass diese beflissenen Advokaten genauso schlampig arbeiteten, wie die Herrschaften in den Behörden.

In einem der zahlreichen Umschläge die Georg laufend per Post erreichten, war doch tatsächlich, neben seinem eigenen Steuererbescheid, der natürlich nur noch über das Büro „Werner" zugestellt wurde, ein weiterer Steuererbescheid einer völlig fremden Dame aus Torgau. Frau Post hieß die Dame und war anscheinend genauso entmündigt wie Georg. Ihr Steuerbescheid wies ein Jahreseinkommen von 14.600 Euro aus - also knapp unter der Grenze des gesetzlichen Selbstbehalts. Georg rief daraufhin natürlich die Kanzlei umgehend an und wies auf den Umstand des fremden Steuerbescheides hin. Die helle Aufregung am anderen Ende war durch die Telefonleitung zu spüren.

„Den müssen sie sofort vernichten, das war ein Versehen", posaunte eine der Anwältinnen ungehalten ins Telefon, als wäre es Georg seine Schuld, dass er einen völlig fremden Steuerbescheid in den Händen hielt.

„Und sie müssen eine Erklärung unterschreiben, dass sie den Bescheid vernichtet haben", haspelte die aufgeregte Juristin weiter.

„Ich muss gar nichts", war die Antwort.

„Ist es denn mein Verschulden, wenn sie fremde Steuerbescheide verschicken? Ich möchte nur mal wissen, wem sie alles meinen Bescheid haben zu kommen lassen", fragte Georg mit unterdrücktem Sarkasmus.

„Ich denke, ich werde mal eine entsprechende Anfrage beim Amtsgericht einreichen und gegebenenfalls die Anwaltskammer über diesen unglaublichen Vorfall informieren", bauschte Georg die Angelegenheit weiter auf.

„Herr Albrecht, das war lediglich ein Versehen. Wir sind auch nur Menschen. Und ich bitte sie einfach nur die Bescheide zu vernichten und

Schwamm drüber. Dann brauchen sie auch keine Erklärung zu unterschreiben", war das „verlockende" Angebot.

Georg ließ sich noch ein bisschen feiern und nach einigem bitten und betteln dann endlich breitschlagen und willigte auf den Handel ein. Er versprach natürlich die fehlgeleiteten Bescheide sofort zu vernichten. Er legte den Hörer auf die Gabel, scannte den fremden Bescheid in seinen Computer ein, lochte die übersandte Kopie und heftete sie in den Ordner mit der Aufschrift „wichtige Unterlagen" ein.

„Diese minderbemittelten Schwachköpfe. Um genau dieses Sache kümmere ich mich, wenn alles vorbei ist. Ist ja nicht persönlich gemeint", dachte sich Georg und freute sich insgeheim wie ein kleines Kind, dass er eine dieser an offensichtlich geistiger Inkontinenz leidenden Genies entlarvt hatte.

Nichtsdestotrotz, ein Plan zur Gesamtlösung musste her. So konnte es ja nicht weitergehen. „If you can't beat 'em, join 'em", „wenn du sie nicht schlagen kannst, schließ dich ihnen an", oder im übertragenen Sinn „schlage sie mit ihren eigenen Waffen", eine Strategie, wie sie jeder Amerikaner schon in der Schule lernt.

Georg formulierte in den nächsten Tagen seine Ziele.

1. Dieses scheiß Insolvenzverfahren so schnell wie möglich zum Abschluss bringen.

2. Die Rettung seiner Privathäuser in Dresden und im Sauerland.

3. Regressansprüche gegen die ARGE und die Wasserwerke realisieren.

4. Heller in die Eier treten.

5. Sein Leben wieder selbst bestimmen.

Die Ziele auszuarbeiten, war der einfache Teil der Gleichung – sie umzusetzen eine Herkulesaufgabe, aber nichtsdestotrotz, lösbar. Fragte sich nur „wie" ohne Geld. Er brauchte einen Masterplan, den er mit einem Team von potenten Freigeistern umsetzen konnte.

Er machte sich also an die Arbeit, um die Blaupause für den Plan seiner eigenen Rettung zu entwerfen.

Teil eins war der vorzeitige Abschluss des Insolvenzverfahrens.

Üblicherweise wird ein eröffnetes Insolvenzverfahren nach 12 Monaten „geschlossen". Das heißt, dass die Liste der Gläubiger nach dieser Frist geschlossen und eine endgültige Schuldsumme festgestellt wird. Während dieser Zeit, wird das Vermögen des Schuldners liquidiert, also verkauft, und der Schuldner darüber hinaus angehalten, so viel Geld wie möglich zu verdienen, was natürlich nur mit besonderen Auflagen und unter Bewachung der Insolvenzverwalterin möglich ist. Das Geld, welches der Schuldner in dieser Zeit verdient, muss der Insolvenzverwalterin überwiesen werden und nur ein Selbstbehalt von 1.350 Euro monatlich, bleibt dem Geschundenen für seinen Lebensunterhalt. Diese Zeit der unfreiwilligen Abgaben heißt „Wohlverhaltensphase" und wird für einen Zeitraum von sechs Jahren abverlangt.

Die an die Insolvenzverwalterin überwiesenen Beträge werden gesammelt und kommen die in den sogenannten „Massetopf", welcher nach Ablauf der Sechsjahresfrist an alle auf der Liste stehenden Gläubigern, prozentual nach ihrem Forderungsanteil, ausgeschüttet wird. Nach diesen sechs Jahren entscheidet dann das Gericht, auf Anraten der Insolvenzverwalterin, ob sich der Gläubiger „Wohlverhalten" hat und befindet dann darüber ob, oder ob nicht, eine Restschuldbefreiung für den Schuldner ausgesprochen wird. Einen Anspruch auf eine Restschuldbefreiung besteht natürlich nicht. Also immer schön fleißig sein, den gesamten Verdienst überweisen und darauf hoffen, dass man vielleicht nach sechs Jahren von der Restschuld befreit wird. Guter Deal.

Neben den Beträgen, welche vom Schuldner selbst in den Massetopf eingezahlt werden, kommen weitere 5% des Verkaufspreises aus allen veräußerten Immobilien, in den besagten Massetopf. Das heißt, wenn eine

Immobilie für 200.000 Euro verkauft wird, bekommt die Gläubigerbank erstrangig 190.000 Euro und 10.000 Euro, nämlich 5% vom Verkaufspreis, wandern in den Massetopf. Schuldet der Kreditunwürdige der Bank für die betreffende Immobilie mehr als sie durch den Zwangsverkauf erzielt hat, bleibt die Restsumme auf der großen Forderungsliste natürlich stehen.

Beispiel: Georg schuldet einer Bank für die Finanzierung eines Hauses 400.000 Euro, die Immobilie wird für 200.000 Euro verkauft, ergo bleiben 200.000 Euro als Verbindlichkeit bestehen, welche dann auf die Forderungsliste gesetzt werden.

Georg machte nun eine eigene Rechnung auf. Seine gesamte Schuld betrug über den dicken Daumen rund 4,8 Millionen Euro. Die Banken waren mit dem Hauptteil der Schuld durch gewährte Hypothekendarlehn belastet und andere Gläubiger, wie Handwerker, Landschaftsgärtner, Versorger, etc. waren mit einem Anteil von gut 400.000 Euro dabei. Das Problem für diese anderen Gläubiger war, dass sie keine Sicherheiten geltend machen konnten. Die Banken hatten immerhin eine Immobilie als Sicherheit, Handwerker und Versorger hingegen sind Dienstleister und hatten demzufolge kein dingliches und verwertbares Pfand. Sie würden also ausschließlich und nur mit einem verschwindend geringen Anteil aus dem Massetopf abgefunden werden.

Die dazu gehörige Rechnung war also nicht weiter schwer. Zur Verwertung standen lediglich Georgs Immobilien, welche bestenfalls für die Hälfte der Gesamtschuld veräußert werden würden, also für 2,4 Millionen Euro. Aus dieser Summe würden dann insgesamt 120.000 Euro, nämlich 5%, in den Massetopf eingezahlt. Unterstellt man, dass durch andere Einzahlungen, wie zum Beispiel realisierte Forderungen aus Georgs Forderungsbestand gegen diverse Institutionen, weitere 20.000 Euro dem Massetopf zugeführt würden, hätte dieser einen Wert von 140.000 Euro. Und genau diese Summe würde nach Ablauf von sechs Jahre, im prozentualen Verhältnis der Forderungen, an die Gläubiger ausgezahlt.

Ein Landschaftsgärtner, welcher gegen Georg eine Forderung von 50.000 Euro hat, was wiederum 2,08% der verbliebenen Gesamtschuld von 2,4 Millionen Euro ausmachte, bekäme also nach sechs Jahren eine Quote von ebenfalls 2,08% aus dem Massetopf – in diesem Fall 2,08% von 140.000 Euro und wäre so mit stattlichen 2.912 Euro an dem Kuchen beteiligt. Ein Witz, der leider nicht zum Lachen ist – zumindest nicht für den Landschaftsgärtner. Und genau diese klägliche Situation wollte sich Georg nun zum Vorteil machen.

Er unterstellte rein hypothetisch eine Anzahl von vierzig Gläubigern mit einer Restforderung von 2,4 Millionen Euro, nachdem seine Immobilien zwangsverkauft wurden. Wenn nun ein Dritter, das könnte ein beauftragter Anwalt oder ein Freund oder ein Familienmitglied sein, alle vierzig Forderungstitel von vierzig unterschiedlichen Gläubigern, für einen höheren Wert als aus dem Massetopf zu erzielen wäre aufkaufte, dann wären sämtliche Forderungen in nur einer Hand.

Georg kalkulierte diese Aufrechnung mit einer fiktiven Quote von sieben Prozent – also zwei Prozent über dem Wert, welcher durch die Immobilienverkäufe in den Massetopf fließt. Sieben Prozent von 2,4 Millionen wären 168.000 Euro. Diese Summe müsste also ein Dritter zur Verfügung stellen, um alle Forderungen aller Gläubiger aufzukaufen.

Das Angebot an die Gläubiger wäre einfach und überzeugend. Dem Landschaftsgärtner würde angeboten, seine Forderung gegen Georg für einen Preis von 3.500 Euro, welcher einen Anteil von 2,08%, gleich dem Verhältnis seiner Forderungen unter allen anderen Gläubigern ausmachte, verkaufen zu können.

Die Überlegung für den Landschaftsgärtner lautete also: 2.912 Euro in sechs Jahren aus dem Massetopf erhalten oder 3.500 Euro sofort und auf der Stelle. Man braucht also kein Gehirnchirurg zu sein, um zu erkennen, welches das bessere Angebot wäre.

Den Gläubigerbanken würde die gleiche Offerte gemacht. Wie schon in dem erwähnten Fall einer Bank, wären die verbliebenen 200.000 Euro auf der Forderungsliste gleich 8,33 Prozent an der verbliebenen Gesamtschuld von 2,4 Millionen. Die Option der Bank wäre also weitere 11.600

Euro in sechs Jahren aus dem Massetopf zu kassieren oder 14.000 Euro sofort und auf der Stelle. Und da alle Banken gierig sind, ist leicht zu erraten, für welche Option sich die Bank entscheiden wird.

Mit gleicher Handhabe würden alle anderen Gläubiger konfrontiert und mit an Sicherheit grenzender Wahrscheinlichkeit, würde jeder einzelne dieser Gläubiger dem Angebot zustimmen und seine jeweiligen Ansprüche sofort verkaufen.

Für insgesamt 168.000 Euro könnte also ein Dritter, sämtliche Forderungen der Gläubiger, in Höhe von 2,4 Millionen Euro aufkaufen.

Mit allen Forderungen dann in nur einer Hand, könnte der nunmehr einzige Gläubiger zum Insolvenzgericht gehen und einen Forderungsverzicht, gegen die Auszahlung der Summe im Massetopf, erklären.

Da es nunmehr nur noch einen Gläubiger gäbe, würde dem Insolvenzgericht also gar keine andere Wahl bleiben, als den Massetopf in Höhe von 140.000 Euro diesem Einzelgläubiger zu zusprechen und das Insolvenzverfahren gegen Georg einzustellen. Denn es würde keinen Insolvenzgrund mehr geben. Und wo es keine Gläubiger mehr gibt, kann es auch keinen Schuldner mehr geben - und damit auch kein Insolvenzverfahren.

Zusammengefasst: Für einen fast „lächerlichen“ Nettobetrag von 28.000 Euro (also 168.000 Euro abzüglich der „Erstattung“ von 140.000 Euro aus dem Massetopf), würde Georg freigekauft werden können und sich einer Schuldenlast von 4,8 Millionen Euro entledigen. Und so ein Husarenstück ist nur in einer Bananenrepublik wie Deutschland möglich. Der Steuerzahler zahlt mal wieder die Zeche, da die einstigen Gläubiger ihre eingefahrenen Verluste steuerlich geltend machen, was letztendlich wiederum auf das eklatante Versagen der Finanzbehörden zurückzuführen ist, die Arbeitsplätze, Existenzen und Millionenvermögen vernichtet haben, um 65.000 Euro nicht eintreiben zu können. Einfach nur genial und bestimmt im Sinne der Steuerzahler.

„Wie viele, schuldhaft oder nicht schuldhaft, Pleite gegangenen Kleinunternehmer und auch Privatleute, könnten sich dieses Konzept zu Nutze machen", dachte sich Georg.

Wie oft hatte er schon davon gehört, dass in Konkurs gegangene Kleinunternehmer ihre geschäftlichen Aktivitäten über die Ehefrau, über den Bruder, die Mutter oder über Bekannte weiterführten. Sie müssten also lediglich einen Bruchteil ihrer Gesamtschuld aufbringen und könnten sich so über einen Dritten in kürzester Zeit ihren Schulden entlasten und wieder Herr ihrer eigenen Geschicke sein.

„Ist vielleicht auch noch eine Geschäftsidee", philosophierte Georg für einen Moment und widmete sich schnell wieder seinen eigenen Problemen.

Er hatte weder Skrupel noch Bedenken seinen Plan umzusetzen. Solange die Bürger von Schilda in den Finanz- und anderen Behörden arbeiteten, würde sich an diesem System nichts ändern. Georg hatte weder die Muse noch das Verlangen, einen von vornherein vergeblichen Kampf gegen die Windmühlen sinnloser und lückenhafter Gesetze und gegen die ignoranten und stupiden Staatsdiener dieser Republik führen.

„Jeder denkt nur an sich, nur ich, ich denk an mich", schmunzelte Georg in sich hinein und überlegte, wie er seinen brillanten Plan nun in die Tat umsetzen könnte, denn Geld hatte er nach wie vor nicht.

USA! Das war zumindest der Ansatz einer Lösung, um vielleicht einen Dritten mit genügend Geld auftreiben zu können, der willens war, das Projekt „Alibaba und die 40 Räuber" oder besser gesagt „Georg und 40 Gläubiger", zu finanzieren.

Georg hatte in den USA beste Kontakte und nicht zuletzt hatte er ja auch seit August 2014 für eine US-Firma gearbeitet. Zumindest bis Anfang 2016, als er von seinem Posten als „Vice President Europe" zurücktreten musste. Grund für den Rücktritt war natürlich das anstehende Insolvenzverfahren und das Verbot der Frau Werner, verantwortungsvolle

Positionen zu bekleiden. Wie Paradox ein solches „Berufsverbot" war, ist nach wie vor unbeschreiblich. Auf der einen Seite sollte der Schuldner so viel Geld wie möglich verdienen, damit der Massetopf im Sinne der Gläubiger kräftig gefüllt würde, und auf der anderen Seite wurde dem hochqualifizierten Schuldner verboten, entsprechend dotierte Stellen anzunehmen. Es fehlen einem fast die Worte für eine solch schizophrene Auslegung der Gesetzeslage, die andere Ermessensspielräume zugelassen hätte. Aber nun gut.

Die US-Firma für welche Georg gearbeitet hatte, war eine 2010 gegründete US-Aktiengesellschaft, im Besitz von lediglich fünf Leuten, die Georg seit vielen Jahren kannte. Die Firma hatte keine Kunden und keine Produkte, bot keine Dienstleistungen an und hatte keine nennenswerte Personaldecke. Der Gegenstand der Gesellschaft bestand einzig und allein darin, dass Vermögen der fünf Anteilseigner steuerlich zu optimieren und international zu streuen – was in den USA durchaus legitim und alles andere als verwerflich war.

Als Georg im August 2014 die Stelle als EU-Beauftragter der besagten US-Firma antrat, belief sich sein im Arbeitsvertrag festgeschriebenes Jahresgehalt auf genau einen US-Dollar, was für Führungskräfte in den USA durchaus nicht ungewöhnlich war. Sie sollten sich nämlich ihr Geld verdienen – und das war nur dann möglich, wenn sie die von ihnen zu verantwortende Firma zum Erfolg führten. Waren sie erfolgreich, erhielten sie ein mehr als üppiges Gehalt. Waren sie über mehrere Jahre erfolgreich, bekamen sie zusätzliche Aktienoptionen und viele andere Annehmlichkeiten, welche in Deutschland natürlich als „geldwerte Vorteile" angerechnet würden, die sie zu weiteren Höchstleistungen anspornen sollten. Und genau so einen Arbeitsvertrag hatte Georg.

Sein Auftrag war es gewesen in Europa, insbesondere in Deutschland, ein Firmenkonstrukt aufzubauen, um zum einen die steuerliche Optimierung der Anteilseigner zu fördern und zum anderen Projekte zu entwickeln, die eine überdurchschnittliche Rendite versprachen. Die operativen Mittel für dieses Unterfangen wurden selbstverständlich zur Verfügung gestellt. Auch die Risikobereitschaft der Anteilseigner war sehr hoch und spielte meistens nur eine untergeordnete Rolle, solange die vorgestellten

Projekte seriös und realistisch waren. Verlor man eine Investition durch ein fehlgeschlagenes Projekt, so war das nicht weiter tragisch, denn die Verluste wurden steuerlich im folgenden Jahr verrechnet und die somit abgeschriebenen Fehlinvestitionen durch das Finanzamt getragen, welches wiederum zum Ausgleich verminderter Steuereinnahmen, die Steuerzahler in der breiten Masse über den Tisch zogen. Kapitalismus pur.

Im Januar 2015 gründete Georg im Auftrag seiner Geldgeber zwei Gesellschaften mit beschränkter Haftung, die eine GmbH als Holding, also als Dachgesellschaft, und die andere GmbH als Verwaltungsgesellschaft, um so die ersten Projekte angehen zu können. Vorgesehen war, dass jedes aktiv aufgenommene Projekt mittelfristig seine eigene Gesellschaftsform unter der Dachgesellschaft erhielt, um im Falle einer Pleite nicht die anderen Projekte, beziehungsweise die Dachgesellschaft, haftbar zu machen.

Aufgebaut wie ein Spinnennetz, sollte in den kommenden Jahren ein Firmenkonstrukt geschaffen werden, das einerseits die stetige Kontrolle und Einflussnahme der Dachgesellschaft ermöglichte und anderseits, die juristische Unabhängigkeit jeder einzelnen Firma in diesem Konstrukt sicherstellte.

Georg liebte diese Herausforderungen und konnte sein amerikanisches Handwerk unter deutschen Bedingungen ausleben. Auf ein monatliches Gehalt war er zu dieser Zeit auch noch nicht angewiesen, da die laufenden Ausgaben zum Lebensunterhalt noch aus seinen spärlichen Mieteinnahmen bestritten wurden – das Insolvenzverfahren war ja noch nicht eröffnet.

Georg machte sich also im Sinne seiner Auftraggeber an die Arbeit und hatte schon nach ein paar kurzen Monaten die ersten Projekte formuliert und durchgerechnet. Die ersten angedachten Vorhaben waren unter anderem das von Heller initiierte Kunstwerk der „dib.24“, welches vom Grundsatz her genial war. Des Weiteren stand die Gründung einer privaten Hochschule, der Ankauf diverser Immobilien sowie die Übernahme von einigen hochinteressanten Patenten, welche von maroden und insolventen Firmen oder Erfindern gehalten wurden, auf dem Zettel möglicher Projekte. Alles verlief genau nach Plan, bis – ja bis Georg aus „privaten Gründen“ von seiner Position im April 2016 zurücktreten musste. Die privaten Gründe waren natürlich das inzwischen gegen ihn laufende Insolvenzverfahren. Verdient hatte er bis dahin nichts außer einem Dollar Jahresgehalt und Aktienoptionen hatte er aufgrund der kurzen Anstellungszeit auch nicht. Würden ihm diese Leute, seine Freunde in Amerika, jetzt dennoch weiterhelfen?

Georg telefonierte mit seinem Namensvetter und Freund George in Chicago, Illinois und kündigte seinen Besuch an. Hocherfreut über das anstehende und unerwartete Wiedersehen, sagte George natürlich sofort zu, auch die anderen vier Partner der Aktiengesellschaft zu informieren, die sich bestimmt genauso über ein Treffen freuen würden. Dann war noch Zeit und Gelegenheit für ein bisschen Small-Talk über Gott und die Welt und der erste Schritt für das Projekt „Alibaba“, wie Georg inzwischen seine Rettungsaktion nannte, war gemacht.

Drei Wochen später saß Georg in der Holzklasse einer 747 auf dem Weg nach Chicago, wo das Treffen stattfinden sollte. Der Flug in die USA hatte 479 Euro gekostet, ein Hotel hatte er noch nicht gebucht und ein Mietfahrzeug in Chicago brauchte er auch nicht. George würde bestimmt schon alles organisiert haben.

Der Flieger landete am 10. August, mit ein paar Minuten Verspätung, um 14.30 Uhr am O'Hare International Airport. Nur mit leichtem Handgepäck beladen, entfloh er den Massen aus der Holzklasse, die in einer großen Traube schon am Gepäckband warteten und eilte flinken Fußes zur Zollkontrolle. Die Abfertigung bei den oftmals sehr unfreundlichen Zollbeamten war schnell erledigt und schon stand er in der Ankunftshalle und hielt Ausschau nach George, der ihn abholen sollte.

In der Menge der am Ausgang Wartenden, entdeckte Georg ein hochgehaltenes Schild mit seinem Namen. George hatte einen Fahrer geschickt, da er offensichtlich mal wieder in einer seiner vielen Besprechungen verhaftet war, denen er als leitender Bankprüfer nicht fernbleiben konnte. Matt, der Fahrer, begrüßte Georg mit höflichem Anstand, nahm seinen Trolly und verließ mit ihm den Terminal in Richtung Parkplatz. Matt informierte Georg, dass sein Chef George leider verhindert sei und er den Auftrag hatte, ihn ins Hyatt Hotel am Lafayett Plaza zu bringen. Im Fond eines geräumigen Lincoln Towncar genoss er zufrieden die Fahrt in die Innenstadt. Den Flughafen hatten sie schnell hinter sich gelassen und schon bald konnte er die imposante Skyline Chicagos direkt vor ihnen sehen - er war wieder „Zuhause".

Der Check-in im Hyatt verlief ebenfalls reibungslos und schon bald stand er auf dem Balkon seines Zimmer in der zwölften Etage und hatte einen herrlichen Blick über den Lake Michigan, welcher in der gleißenden Sonne wie eine Honigwabe aus funkelndem Kristall glitzerte.

Auf dem kleinen Schreibtisch in der Ecke seines Zimmers stand ein Obstkörbchen mit einem Brief von George. Er teilte ihm mit, dass er leider den ganzen Tag verhindert sei, ihn aber gerne nach 21 Uhr im „Blues & Jazz Club" treffen würde.

Georg packte seine paar Klamotten aus dem Trolly in den Schrank, hüpfte schnell noch unter die Dusche, legte sich anschließend aufs Bett und schlief tief und fest bis der Wecker um 20 Uhr klingelte.

Das Treffen mit George im „Blues & Jazz Club" war ein emotionaler Höhepunkt. Sie umarmten und küssten sich und überschlugen sich förmlich mit Fragen, die von keinem der Beiden in dieser Situation beantwortet werden konnten. Sie sprachen über die alten Zeiten in Washington, über gemeinsame Freunde und sponnen Garn über längst vergangene Tage. George erklärte Georg, dass er die anderen über seinen Aufenthalt natürlich informiert hatte und dass man sich Übermorgen hier in Chicago in seinem Büro um 15 Uhr treffen würde und sie anschließend richtig einen drauf machen wollten.

„Die anderen hätten eh nach Chicago kommen müssen, da wir unsere jährliche Hauptversammlung „absolvieren" müssen. Von daher passt dein Kommen ganz gut ins Konzept", lachte George und genoss sichtlich die Gesellschaft seines alten Freundes.

Der Rest des Abends verlief so, wie der begonnen hatte. Sie tranken und redeten, sie redeten und tranken. Gegen 2 Uhr verließen sie dann Arm in Arm den „Blues & Jazz Club", George stieg in ein Taxi und verschwand alsbald in den dunklen Straßen Chicagos. Georg schlenderte gemächlich zu Fuß in Richtung Hyatt und fühlte sich seit vielen Monaten das erste Mal behaglich und zufrieden.

In den nächsten zwei Tagen telefonierte er ein paar Mal mit George und besuchte ein paar alte Bekannte in Chicago, die er schon seit Jahren nicht gesehen hatte. Er genoss die Zeit der relativen Ruhe, freute und ängstigte sich gleichzeitig über das am Freitag anstehende Treffen mit seinen Freunden und ehemaligen „Chefs" und sinnierte darüber, was er ihnen erzählen wollte.

Der Freitag kam und Georg war natürlich überpünktlich in Georges Büro in der Michigan Avenue. Das Mädchen am Empfangstresen geleitet ihn in die oberste Etage des großen Bürogebäudes und platzierte ihn in einem großen und sehr elegant eingerichteten Konferenzraum. In der Mitte des gut klimatisierten Raumes stand ein großer ovaler Tisch mit mindestens 20 Ledersesseln und an jedem Platz stand eine Intercom-Anlage, die den mit Mahagoni getäfelten Saal noch beeindruckender aussehen ließ. Georg stand an einem der übergroßen Fenster und sah hinunter auf die Straßen von Chicago. Die Menschen in den Straßenzügen sahen aus wie Ameisen und die Autos wie kleine Spielzeuge, mit denen er so gerne als Kind gespielt hatte.

Durch das plötzliche Öffnen der großen Flügeltüren, wurde er dann aus seinen Tagträumen gerissen. Er drehte sich herum und da waren sie – seine Freunde, seine „Chefs", und alle Fünf strahlten um die Wette, als sie ihr „verlorenes Schaf" wiedersahen. Sie liefen aufeinander zu, umarmten sich, bewunderten gegenseitig ihr fantastisches Aussehen, rissen dumme Witze übereinander und Georg hatte das Gefühl, als wäre es gestern gewesen, als sie sich das letzte Mal gesehen hatten. George, Ron, Cathy, Lee, Bob – und Georg.

George war Bank- und Wirtschaftsprüfer in Chicago, Ron verdiente sein Geld an der Börse in New York, Cathy war im Immobiliengeschäft in Kalifornien, Lee war Anwalt in Sacramento und Bob erfolgreicher Autohändler in Washington D.C., was auch der Ort war, an dem sie sich vor über 25 Jahren kennengelernt hatten.

Jung, dynamisch, erfolgreich und voller Träume verschwanden sie karrierebedingt im Laufe der Jahre in alle Himmelsrichtungen, ohne sich jedoch jemals aus den Augen zu verlieren. Und so kam es auch, dass die Fünf gemeinsam eine Aktiengesellschaft gründeten, um ihr Vermögen zu sichern und bestenfalls zu vermehren. Georg hingegen verdiente seinerzeit zwar recht gut, hatte aber kein vergleichbares Vermögen, das er hätte einbringen können. Obwohl sie ihn damals zur Teilhabe einluden, lehnte er dankend ab, denn er wollte nicht das bisschen, was er noch hatte einsetzen, denn steuerlich konnte er, im Falle einer Pleite, gar nichts verwerten. Frau Dr. Werner sei Dank. Aber nichtsdestotrotz war er einer von ihnen und fühlte sich als „Gleicher unter Gleichen".

Da sie ständig Kontakt zueinander hatten, war es auch nicht weiter verwunderlich, dass sie Georg 2014 ihre Pläne für Europa anvertrauten. Nicht zuletzt war er ja wieder in Europa und was lag daher näher, als ihren alten Freund mit dieser wichtigen Aufgabe zu betrauen. Und da er es sich zu dieser Zeit „leisten" konnte, nahm er die Aufgabe gerne an und war sich sicher, dass er bald aktiver Teilhaber in dieser Truppe sein würde. Als er dann knappe 18 Monate später aus „persönlichen Gründen" seinen Job wieder abgab, war die Enttäuschung der Fünf natürlich umso größer, da sie keine andere Vertrauensperson in Deutschland hatten. Die angedachten Projekte lagen auf Eis und keiner der Fünf hatte eine plausible Erklärung, warum Georg einer solchen Sinneswandlung unterlag. Der Grund war natürlich, dass er sich gegenüber den anderen schämte und sich nicht getraut hatte, die wahren Gründe preiszugeben. Was im Nachhinein natürlich ein Fehler war.

Nachdem sie gut eine Stunde geplaudert hatten und nunmehr auf dem neusten Stand aller belanglosen und privaten Geschehnisse waren, war es an der Zeit, dass Georg die „Hosen runterließ" und den Grund seines unverhofften Besuches erklärte. Was er auch tat.

Ohne auch nur eine Facette der Ereignisse zu verschönen oder zu verharmlosen, erzählte er alles und jedes wichtige Detail der letzten Jahre. Er erzählte von Katzenpisse, korrupten Bürgermeistern, ignoranten Banken, gehirnlosen Finanzbeamten und ominösen Insolvenzverwaltern. Er erzählte von seiner Krise mit Charlotte und redete darüber, was er seiner Familie aufgrund seiner Depressionen zugemutet hatte. Er erklärte sein Projekt „Alibaba", was zu Gelächter und Händeklatschen führte und stellte unumwunden frei heraus die Frage: „Könnt ihr mir helfen und wenn ja - wie"?

Das Gehörte war natürlich „starker Tobak" für alle Fünf. Sie konnten sich nicht vorstellen, dass ein Land wie Deutschland zu einer solchen Bananenrepublik verkommen war. Aber - es war Georg der die Geschichte erzählte und es gab keinen Grund auf der Welt ihm nicht zu glauben. Im Gegenteil - Amerika war auf den Grundpfeilern von Freiheit und Eigenständigkeit gegründet. Jede Einflussnahme des Staates in private Angelegenheiten war verpönt und wurde strikt abgelehnt. Eine totale Entmündigung wie sie Georg erfahren hatte, war daher für sie unvorstellbar.

„Natürlich helfen wir", sagte Cathy in die Runde blickend. „Nur zum Nulltarif geht das bei uns auch nicht - aber das weißt du ja".

In der Tat hatte Freundschaft und Freizügigkeit, zumindest was Geld anging, nichts miteinander zu tun. Und schon gar nicht für amerikanische Liberale. Der „amerikanische Held" war und ist immer derjenige, der sich entgegen allen Chancen durch eigene Kraft und Fähigkeiten beweist und unermüdlich dem Streben nach Freiheit, Gleichheit, Gerechtigkeit und vor allem nach Kapital, Folge leistet. Orden und Ehrenzeichen, Doktoren- und Professorentitel zählen nach amerikanischem Verständnis gar nichts. Nur der persönliche und unternehmerische Erfolg ist das, was zählt – und sonst nichts.

Sie sprachen weitere zwei Stunden über Deutschland und sein verkorkstes System, über investive Chancen, die sie sich in diesem System zu Nutze machen könnten und darüber, wie sie Georg helfen könnten, beziehungsweise was er dafür einbringen müsste. Leistung nicht ohne Gegenleistung – ein amerikanisches Grundprinzip.

Am Ende des Tages sah der Rettungsplan für das Projekt „Alibaba" wie folgt aus:

1. Georg sucht einen geeigneten Geschäftsführer für die schon bestehenden Niederlassungen in Deutschland.
2. Er übernimmt Verantwortung für die Weiterentwicklung alter und neuer Projekte im Rahmen eines Beratervertrages, ausgestattet mit entsprechenden Vollmachten für alle derzeitigen und zukünftigen Tochtergesellschaften der US-Muttergesellschaft.
3. Er ist und bleibt die einzige, direkte Verbindung zu den US-Gesellschaftern und sichert die Umsetzung ihrer Beschlüsse.
4. Eine der deutschen Tochtergesellschaften kauft, zusammen mit dem zukünftigen Geschäftsführer, die Privathäuser von Georg in Dresden und im Sauerland.
5. Die Finanzierung der zwei Immobilien muss so gestaltet werden, dass die laufenden Unterhaltskosten für mindestens zwei Jahre eingerechnet sind.
6. Wohn- und Nutzungsrechte der Immobilien liegen in der Verantwortung der Gesellschaft und sind als „unentgeltlich" zu Georgs Gunsten zu kalkulieren.

7. Die Gesellschaft kauft, gemäß Konzept „Alibaba", alle Forderungen gegen Georg auf, die erforderlichen Mittel zum Ankauf der Forderungen müssen durch das Unternehmen aufgebracht werden.
8. Nach erfolgreicher Umsetzung des Projekts „Alibaba", verpflichtet sich Georg für mindestens weitere fünf Jahre für die US-Gesellschaft tätig zu sein. Sein Arbeitsvertrag wird nach Erfüllung aller rechtlichen Voraussetzungen in den vorherigen Stand zurückversetzt.
9. Die operativen Aufwendungen für die deutschen Firmen übernimmt gemäß einem genehmigten Wirtschaftsplan, die US-Muttergesellschaft.
10. Inkrafttreten dieser Vereinbarung: unverzüglich.

„Und jetzt gehen wir Essen und Trinken bis wir platzen", schloss George die Sitzung unter Beifall aller Anwesenden.

„Ich schreibe noch ein kurzes Memo zu dem, was wir vereinbart haben. Morgen ist unsere Aufsichtsratssitzung und da sollten wir alles gleich mit verabschieden", bremste Cathy den ungezügelten Drang der Männer nach Steak und Whisky.

„Du kannst ja nachkommen. Wir sind wie üblich im „Green Mill", rief Bob beim Rausgehen und zwinkerte ihr mit einem Auge zu.

„Ja, ja – wie immer. Geht nur ruhig ohne mich. Ihr werdet schon sehen, was ihr davon habt", war die bewusst schnippische, aber nicht ernst gemeinte Antwort.

Der Rest des Tages verlief genau wie vorhergesagt. Die kleine Gruppe war unbeschwert, lustig und sichtlich angetan von dem gemeinsamen Abend. Sie erzählten sich alte Kamellen von Früher und kamen immer wieder auf Deutschland und sein finanzpolitisches System zu sprechen.

„Das ist unser Land“, frohlockte Lee. „If you can't beat 'em, join 'em“ - und genau das werden wir machen. „Georg, du bereitest alles vor - wir bauen auf dich“.

Die sechs Freunde feierten ihr Wiedersehen bis spät in die Nacht und verabschiedeten sich dann so emotional und intensiv, als würden sie sich für Jahre nicht mehr sehen. Die Fünf stiegen in ein Großraumtaxi und Georg wollte die paar Minuten zurück zum Hotel laufen.

Unterwegs wurde er auf einmal sehr melancholisch. Erst jetzt begriff er so langsam, was an diesem Tag geschehen war und merkte, dass er dicke Tränen in den Augen hatte. Er lehnte an der Brüstung auf einer der Brücken, die über den Chicago River führten und starrte ins Wasser. Der Mond spiegelte sich auf der glatten Fläche des stolzen Flusses und reflektierte die großen Häuser mit ihren unzähligen Lichtern auf den sich gleichmäßig bewegenden Wogen unter ihm. Obwohl er wie alle anderen mehr als genug getrunken hatte, war er so nüchtern wie er nur sein konnte. Sein Kopf war klar, aber nicht ein einziger Gedanke konnte ihm begreiflich machen was geschehen war. In sich selbst ruhend stand noch geraume Zeit an der Balustrade und freute sich das er lebte - wieder lebte.

Den nächsten Tag verbrachte er mit einem jetzt sehr präsenten und fühlbaren Brummschädel zum größten Teil am Lake Michigan. Er saß im Schatten unter einem Baum, keine 10 Meter vom Ufer entfernt und beobachtete die vielen kleinen Segel- und Motorboote, die auf dem See an ihm vorbeifuhren, sah den zahlreichen Joggern und Radfahrern nach und versuchte die Ereignisse des Vortages, trotz seiner „Unpässlichkeit“, zu strukturieren. Am frühen Abend war er zurück im Hyatt, ging noch eine Runde schwimmen, aß eine Kleinigkeit bei „Hooters“, einer Sportsbar um die Ecke, und fläzte sich dann auf das große King-Size-Bett in seinem Zimmer vor die Glotze.

Gegen 21 Uhr klingelte dann das Telefon. Es war George. Er berichtete ebenfalls von seinem Brummschädel, der den ganzen Tag wie „Big Ben“

gedröhnt hatte und von der sehr leise gesprochenen Aufsichtsratssitzung ihrer Aktiengesellschaft.

„Sei ganz beruhigt, den anderen geht es auch nicht viel besser", erzählte er schadenfroh und fragte, ob er Lust hätte sich mit ihm, Bob und Cathy morgen zum Brunch zu treffen.

„Na klar - wann und wo", fragte Georg gut gelaunt und vernahm als Antwort, dass sie sich bei ihm im Hyatt um 11 Uhr treffen würden.

Am nächsten Tag ging es allen wieder gut. Cathy strahlte wie die Sonne, Bob und George sahen aus wie aus dem Urlaub kommend, Lee und Ron waren leider schon abgereist und ließen noch beste Grüße ausrichten und Georg freute sich, seine Freunde noch einmal vor seiner morgigen Abreise zu sehen.

Als sie dann alle gemeinsam an einem großen runden Tisch saßen, gab Cathy Georg eine Durchschrift des Protokolls der Aufsichtsratssitzung. Tatsächlich waren alle „Alibaba" betreffenden Punkte, wie besprochen, in Beschlussfassung einstimmig beschieden worden. Georg wusste nicht was er sagen sollte.

„Und jetzt bist du dran", frotzelte George und gab ihm noch einen großen Umschlag.

Fragend blickte Georg in die Runde und wusste immer noch nicht so recht, was er machen sollte.

„Nun mach schon den blöden Umschlag auf, damit wir dann endlich essen können - ich habe nämlich Hunger", plauzte Lee noch dazwischen.

Zum Vorschein kamen ein von Lee und Cathy unterschriebener Beratervertrag für Georg und ein Scheck in Höhe 70.000 US-Dollar.

„Das Geld ist nicht für Dich persönlich, sondern für unsere Firma in Deutschland. Bezahle alle notwendigen Kosten und setz das Projekt „Alibaba" um. Wie du das Geld einsetzt, bleibt Dir überlassen, aber mach es bitte im Sinne der Sache - und jetzt weg mit dem Mist", sagte George mit einem süffisanten Grinsen auf dem Gesicht.

Georg war sprachlos. Er wollte „Danke“ sage, bekam jedoch kein Wort über die Lippen. Cathy boxte ihn auf die Schulter und George schlug ihn mit der flachen Hand auf den Hinterkopf.

„Hallo - wir haben Hunger“, sagte er „eindringlich“ und holte Georg aus seiner momentanen Trance heraus.

Shirley, die Bedienung, brachte vier Gläser Schampus und gemeinsam stießen sie auf ihre neuen Pläne an. Und Georg hatte immer noch kein einziges Wort gesagt. Er hatte einen Klops im Hals, so dick wie ein Tennisball.

Das Brunch-Buffet war üppig und mit allem bestückt, was das Herz begehrte. Sie ließen sich viel Zeit, redeten über ihre Familien und über ihre Termine in den nächsten Tagen und erklärten immer wieder ihre Freude darüber, dass Georg wieder mit an Bord war.

Bei der Verabschiedung in der Hotellobby umarmten sie sich fest und innig, wünschten einander eine gute Heimreise und versprachen sich, zeitnah miteinander zu telefonieren. Georg verbrachte den Rest des Tages mit - Nichts. Er war zu sehr durcheinander, als dass er auch nur einen klaren Gedanken fassen konnte und war doch gleichzeitig der glücklichste Mensch auf der ganzen Welt.

Beim Auschecken am nächsten Morgen stellte er fest, dass George auch sein Hotelzimmer schon bezahlt hatte, nahm es zur Kenntnis und ging lächelnd zum Ausgang. Matt wartete vor der Tür mit seinem Towncar und schon ging's zurück zum Flughafen. Sollte sich sein Leben abermals in nur 120 Stunden gedreht haben? Nein, nicht sein Leben, aber die Voraussetzungen, es wieder in den Griff zu bekommen...

Sein „Glück“ schien kein Ende zu nehmen. Am Abfertigungsschalter der Delta Airlines eröffnete man ihm, dass der Flug überbucht sei und sie ihn aus der Holzklasse in die Business-Class verlegen müssten. Was für ein Pech aber auch. Gerne nahm er das Angebot der freundlichen Flugbegleiterin an und ging, wie auf einer Wolke schwebend, schnurstracks zur

Business-Class Lounge. Er genehmigte sich noch eine „Blöde Maria“ und wartet geduldig auf seinen Aufruf. Nichts auf dieser Welt hätte ihn jetzt aus der Ruhe bringen können.

Eine Stunde später saß er hoch über den Wolken in einem Clubsessel in der Business-Class. Der Service war wie üblich sehr gut und er dachte wehleidig an die Zeiten, in denen er ausschließlich nur Business- oder First-Class geflogen war.

„Und so wird es auch wieder kommen“, rappelte er sich mental wieder auf und dachte an die Herkulesaufgaben, die nun vor ihm liegen würden.

Könnte man nicht mit dem Konstrukt, was sie jetzt ausbaldowert hatten, tatsächlich eine tragbare und profitträchtige Geschäftsidee für finanziell gestrandete Unternehmer und Privatpersonen entwickeln? „Na klar könnte man das“, entschied er nach einer kurzen Weile und machte sich gedanklich schon an die Arbeit ein entsprechendes Konzept zu erarbeiten. Sie hatten alle notwendigen Bausteine für ein funktionierendes Model beieinander und brauchten es im Grunde nur umzusetzen.

Wie bei jedem neuen Projekt, war eine Ist- und Sollbewertung der Ausgangslage notwendig. Ist: Der Unternehmer oder Privatier ist bankrott und darf seine geschäftlichen Aktivitäten nicht mehr selbstständig ausführen, da er „entmündigt“ wurde. Soll: Bereinigung der Konkurssituation mit dem Ziel, das eigene Leben des Delinquenten wieder selbst zu gestalten und geschäftsfähig zu werden. Und wie kommt man nun von „A“ nach „B“?

Oft gehört und beworben war eine Möglichkeit im benachbarten Ausland, z.B. in Frankreich, den Hauptwohnsitz des Betroffenen anzumelden und dort das anstehende Insolvenzverfahren zu betreiben - sofern es noch nicht zu spät war. Wurde in Deutschland bereits ein entsprechender Antrag gestellt, entfiel diese Möglichkeit natürlich.

Des Weiteren ist sie extrem kostenintensiv und für weniger als für 20.000 Euro nicht zu realisieren. Anwaltskosten, Gerichtskosten, beglaubigte Übersetzungen, Wohnraum, Aufenthaltsnachweise, Steuererklärungen, Sprachbarrieren – alles Anforderungen, die nicht nur Geld, sondern auch jede Menge Nerven kosten. Der Vorteil: Ein Insolvenzverfahren könnte nach 12 bis 18 Monaten abgeschlossen werden. Wird jedoch nachgewiesen, dass der Hauptwohnsitz nicht tatsächlich in Frankreich war, würde alles wie eine Seifenblase platzen und das Projekt wäre gescheitert. Und davon einmal ganz abgesehen, wo sollte der Betroffene die Summe von 20.000 Euro herbekommen? Wenn er sie gehabt hätte, wäre sie ihm schon vom Insolvenzanwalt weggenommen worden. Wenn er die Summe irgendwo „versteckt" hätte, würde er sich strafbar machen. Könnte er sich das Geld privat irgendwo leihen,... naja, möglich wäre es dann schon, jedoch für alle Beteiligten schwer umsetzbar, da sein Hauptwohnsitz in Frankreich sein müsste und er seine Geschäfte in Deutschland nicht ohne Weiteres hätte fortsetzen können. Also ein unabschätzbares Risiko für alle, die ihm das Geld geliehen hätten oder an dieser Aktion beteiligt wären.

Eine andere Möglichkeit der Sanierung ist die Gründung einer Kapitalgesellschaft in den USA, was über das Internet bereits für 1.000 Dollar angeboten wird. Vor dieser Option ist allerdings ausdrücklich zu warnen. Scharlatane bieten dem Unbedarften eine Briefkastenfirma, oftmals im angeblichen Steuerparadies „Delaware" an und suggerieren, dass damit ein unbeschadetes, unternehmerisches agieren in Deutschland möglich ist. Falsch – in den meisten Fällen steht der Betroffene nach Aufnahme seiner Geschäfte schon mit einem Bein vorm Staatsanwalt.

Es sei nicht falsch verstanden – die gegründete 1.000-Dollar-Firma existiert tatsächlich und ist auf den Namen des deutschen Pleitiers angemeldet, aber genau da ist das Problem. Er hat gar nicht die Voraussetzungen, um in den USA eine Firma zu legitimieren. Sie zu besitzen, in Form von Gesellschaftsanteilen – natürlich, sie aber in den USA selbst zu führen ist nicht möglich. Es sei denn, er kann eine entsprechende Aufenthaltsgenehmigung vorweisen. Er benötigt eine physikalische Adresse, ein Büro, Telefon- und Faxnummer und jemanden der berechtigt ist, offizielle Schreiben von Gerichten und Finanzbehörden entgegenzunehmen. Jemanden mit einer offiziellen und permanenten Adresse in den USA, jemand der dort Steuern zahlt und für die Behörden ständig erreichbar ist. Lediglich ein Schildchen an einem Briefkasten, reicht schon lange nicht mehr aus.

Aber auch dieser „All-inclusiv-Service“ wird inzwischen von einigen pfiffigen Kanzleien angeboten. In diesem Fall wird eine reale und legitime Person, welche alle Voraussetzungen zur verantwortlichen Führung einer Gesellschaft in den USA erfüllt - also ein Amerikaner - als „Strohmann“ für die neue US-Firma des deutschen Pleitiers eingesetzt. Hinterfragt man jedoch dieses etwas nebulöse Unterfangen etwas näher, stellt man fest, dass die eingesetzten Strohmänner nicht nur für diese eine Firma, sondern für bis zu hundert und mehr Firmen gleichzeitig „verantwortlich“ zeichnen. Und „verantwortlich“ im wahrsten Sinne des Wortes, sind sie natürlich nicht. Mit speziellen amerikanischen Freistellungsverträgen werden sie, rechtlich einwandfrei, jedweder Verantwortung für die neue Gesellschaft entbunden und wälzen diese auf den „Aufsichtsrat“ der Firma ab. Und wer ist Aufsichtsrat dieser Firma? Na klar - der deutsche Delinquent und einzige Anteilseigner der Gesellschaft. Naja, machbar und legal ist diese Konstellation dennoch allemal, nichtsdestotrotz aber gefährlich.

Anders wäre die Situation mit dem Konstrukt der „Sechs aus Chicago“. Unter dem Dach ihrer US-Aktiengesellschaft, welches wahrlich keine Briefkastenfirma ist, könnten jederzeit beliebig viele andere Unternehmen gegründet werden. Die Infrastruktur der „Omega Holding“, so der Name der US-Gesellschaft der fünf Freunde, könnte von den neu gegründeten Firmen genutzt werden und es spräche rechtlich nichts dagegen, wenn 100 Prozent der Geschäftsanteile der jeweils neuen Firmen, unter dem Dach der Holding, im Besitz eines „Deutschen“ wären.

Der Besitz der Geschäftsanteile erscheint nicht im Handelsregister der USA, d.h., die Geschäftsanteile könnten entweder treuhänderisch von der Omega-Holding gehalten werden oder von einer vom Inhaber bestimmten Person oder auch vom Inhaber selbst. Benannt wird natürlich der eingetragene Präsident der Gesellschaft im Handelsregister. Möchte der Anteilseigner selbst nicht in Erscheinung treten und als Präsident nicht eingetragen werden, kann diese Position jederzeit von einem der Omega-Vorstände übernommen werden. In diesem Fall wird ein entsprechender „Knebelvertrag“ mit dem eingesetzten Präsidenten geschlossen, d.h., er oder sie wäre nicht einmal in der Lage auch nur ein Radiergummi für die neue Gesellschaft einzukaufen, geschweige andere Entscheidung für die Firma zu treffen. Die alleinige Obhut über das Schalten und Walten der Firma läge bei dem Mehrheitsaktionär in Deutschland. Dieser ist wiederrum mit entsprechenden Generalvollmachten ausgestattet, so dass er weltweit mit seiner US-Firma legal agieren könnte - auch in Deutschland. Er könnte sogar sein gesamtes Vermögen auf diese Firma übertragen - sofern er noch Vermögen besitzt - und dieses somit vor deutschen Gläubigern und „bösen“ Ehepartnern schützen. Selbstverständlich könnte die neue US-Gesellschaft auch Tochtergesellschaften in Deutschland gründen, z.B. eine GmbH. Der in Deutschland „wirtschaftlich Verhinderte“ wäre somit als Generalbevollmächtigter dieser GmbH wieder voll geschäftsfähig. Die möglichen Verbindlichkeiten des einst vom Pech verfolgten, könnten ebenfalls von der Gesellschaft für einen Bruchteil der Gesamtschuld aufgekauft werden - gleich dem Schema des Projekts „Alibaba“. Damit wäre der Pleitier wieder wirtschaftlich rehabilitiert und könnte seine eigenen Geschicke in jeder Hinsicht wieder selbst übernehmen.

„Anyhow“, dachte sich Georg. „Jetzt genieße ich den Flug nach Hause und kümmere mich ab morgen mit Vollgas um mein eigenes Projekt“.

* * *

Zuhause angekommen, erklärte er Charlotte alles und jedes Detail seiner Reise, alle getroffenen Vereinbarungen und die anstehenden Aufgaben. Sie war unfähig auch nur einen Kommentar zu dieser Entwicklung abzugeben und den Tränen sehr nahe. Es war wie ein riesengroßer Fels, der von ihnen genommen wurde, erleichtert und doch mit zitternden Gliedern, so als hätte man eine sehr schwere Last nach langer Zeit abgesetzt.

Sie redeten auch an diesem Tag nicht mehr sehr viel miteinander. Jeder für sich hatte Millionen von Eindrücken und Gedanken im Kopf, die es hieß zu ordnen und zu verarbeiten. Und doch waren es die gleichen Gedanken. Eine Seele in zwei Körpern.

Jetzt hieß es ranklotzen. Georg musste als Erstes einen Geschäftsführer für die „Pegasus GmbH", die neue deutsche Tochter der US-Omega-Holding, finden. Gemeinsam überlegten sie, wen sie für diese Aufgabe einsetzen könnten. Er oder sie musste ihr ganzes Vertrauen haben und willens sein, vorläufig für ein Jahresgehalt von „Null" zu arbeiten. Leichter gesagt als getan. Es gab nicht mehr viele Menschen, denen sie vertrauen konnten und denjenigen, den sie vertrauten, waren entweder nicht in der Lage diese Aufgabe zu übernehmen oder verlangten Gehaltszahlungen, die zu dieser Zeit unmöglich waren.

Sabine! Sabine in Bonn. An sie hatte Georg zwar schon gedacht, war sich aber nicht ganz sicher, ob er ihr diese Last zumuten wollte. Er kannte sie schon seit vielen Jahren. Sie arbeitete früher in der Bonner Zentrale für jenen Bundesverband, für welchen Georg als Geschäftsführer in den USA für viele Jahre lang tätig gewesen war. Sie hatte ihn während dieser Zeit auch drei- oder viermal in Amerika besucht und auch er hatte es nie versäumt, sie bei jedem Deutschlandaufenthalt zumindest anzurufen oder zu treffen. Es hatte sich also im Laufe der Zeit eine sehr gute Freundschaft zwischen ihnen entwickelt, die auch in den Jahren nach der Zeit beim Verband andauerte und nachhaltig war. Er wusste, wie sie arbeitete und er wusste, dass sie vertrauenswürdig war und niemals mit Dritten über das Projekt sprechen würde. Sie war Mitte sechzig, im Vorruhestand, unverheiratet und arbeitete stundenweise als Chefin einer Absatzgesellschaft für Agrarprodukte. Perfekt!

Georg rief sie kurzerhand an und verdeutlichte ihr seine Situation und das angedachte Vorhaben. Ohne zu zögern, erklärte sie sich direkt schon am Telefon bereit, diese Aufgabe zu übernehmen – ohne Geld zu bekommen und ohne wirklich zu wissen um was es ging. Das war schon gewaltig.

Georg suchte in Bonn daraufhin einen Notar der kurzfristig in der Lage war, Sabine als Geschäftsführerin der Pegasus GmbH eintragen zu lassen. Und schon eine Woche später fuhr er mit allen notwendigen Gesellschafterbeschlüssen „seiner" US-Gesellschaft und mit anderen, notwendigen Unterlagen bewaffnet, nach Bonn. Er holte sie zuhause ab und gemeinsam nahmen sie den Notartermin zur Bestellung Sabines als neue Geschäftsführerin wahr.

Sie war schon ein Sonnenschein. Mit vollem Vertrauen zu Georg unterzeichnete sie fraglos alle Dokumente, um im Handelsregister eingetragen zu werden. Natürlich wusste sie auch von den Haftungsrisiken, die man als Geschäftsführerin übernimmt – aber es spielte alles keine Rolle für sie. Sie wollte helfen und sie hatte geholfen. Und das nicht zum ersten Mal. In der Zeit vor Georgs letzter Amerikareise, hatte sie ihm, ohne zu fragen „wofür und warum“, schon 4.500 Euro geliehen. Sie fragte nicht ob und wann sie das Geld zurückbekommen würde, sie gab es ihm einfach. Obwohl sie nur eine kleine Rente bezog, war ihr Georg wichtig genug gewesen, um aus ihrem schmalen Sparsäckel diesen Betrag noch abzuzweigen.

Ihr Einsatz als Geschäftsführerin war natürlich nicht als eine langfristige Lösung angelegt. Es musste kurzfristig eine verantwortliche Vertretung für die Gesellschaft her und eine langfristige Lösung gefunden werden. Aber der erste Schritt war jetzt gemacht. Georg selbst hatte sämtliche Generalvollmachten für die GmbH – natürlich notarisiert – und Sabine brauchte sich im Grunde um nichts zu kümmern.

In den folgenden Wochen besuchte Sabine die Beiden in Dresden. Charlotte kannte sie bis dahin nur vom Hörensagen und vom Telefon. Aber – die Zwei waren auf Anhieb ein „Herz und eine Seele“. Wie konnte es auch anders sein. So wie sie Georg „liebte“, musste sie Charlotte auch „lieben“, denn es waren die gleichen Menschen. Gleich gestrickt im Wesen und im Denken, gleich in jeder Lebenslage. Und Sabine passte in jeder Hinsicht perfekt zu den Beiden. Und all das war im Spätsommer 2015 – der Anfang zur Wende.

Die Projektarbeiten liefen auf vollen Touren. Die auf Halde liegenden Vorhaben wurden neu bewertet und auf Machbarkeit überprüft, neue Projekte wurden im Ansatz formuliert und auf ihre Nachhaltigkeit beurteilt und Patente von „fußkranken“ Erfindern zwecks Übernahme oder Beteiligung sondiert. Ein weiteres, sehr dringendes Anliegen, war natürlich die Suche nach einem langfristig geeigneten Geschäftsführer für die Pegasus GmbH.

Georg erinnerte sich dann an einen „alten“ Freund von der Hochschule in Bernburg. Er selbst hatte seit vielen Jahren einen Lehrauftrag an diesem Institut und unterrichtet in jeweils zwei Blöcken von je zwei Wochen „Internationales Food Marketing“ und „Management“.

An genau dieser Hochschule dozierte damals auch Prof. Heiner Löffel im Studiengang „Landschaftsbau“. Er war an der Hochschule ein eher gelittener Professor, der bei vielen seine Kollegen als unbequem galt. Er war aufrichtig und setzte sich Übergebühr für die Belange der Studenten ein. Er hinterfragte Berufungsprozedere und gab seinen Dekanen und auch dem Präsidenten der Einrichtung, regelmäßig richtig Feuer, was ihn nicht unbedingt beliebter machte.

Auf privater Ebene hatte Georg ihn aber ganz anders kennen und schätzen gelernt. Im „U-Boot“, der Studentenkneipe am Campus, trafen sie sich jeden Tag während der Seminarblöcke, die Georg zwei Mal im Jahr absolvierte. Sie waren so ziemlich auf einer Wellenlänge, was die Grundsätze von Forschung und Lehre anging und sie verstanden sich auch sonst ausgesprochen gut.

Löffel kam aus dem Fichtelgebirge und hatte seine Unterkunft demzufolge direkt am Campus, da er aufgrund der Entfernung natürlich nicht täglich pendeln konnte. Regelmäßig verhagelten sie im U-Boot bis spät in die Nacht - und war dem immer noch nicht genug, so tranken sie auch schon mal noch ein paar Flaschen Frankenwein im Büro des Professors und gingen beide mit dicker Rübe am nächsten Morgen in die Vorlesung. Sie verstanden sich prächtig und mochten sich auch persönlich, vielmehr, sie respektierten und vertrauten einander.

Ein paar kurze Jahre später wechselte Löffel dann an die Universität Zürich, nachdem er so ziemlich jedem Kollegen in Bernburg auf die Füße getreten war. Für seine Familie, die ihn seit Jahren nur an Wochenenden zu sehen bekamen, war es kein großer Unterschied, ob er in Bernburg oder in der Schweiz war. Es war wie es war – aber eben nicht befriedigend, was das ganze Drumherum anging.

Die Beiden hielten die ganzen Jahre über regen Kontakt zueinander. Wenn es die Gelegenheit hergab, besuchte Georg, später auch mit Charlotte zusammen, Löffels zu Hause im Fichtelgebirge. Sie kamen allesamt gut miteinander aus und harmonierten im Umgang auf einer Ebene guter und solider Freundschaft. Außer beim Schuhe kaufen – da lagen die Damen offensichtlich Lichtjahre auseinander. Karin konnte stundenlang in den kleinsten aller Läden ihr Glück finden, indem sie jeden pfeilgebotenen Schuh an- und ausprobierte, während Charlotte generell „shoppen gehen" hasste. Aber sonst...

Eins der Projekte, an denen Charlotte und Georg schon seit Jahren unabhängig voneinander arbeiteten, war die Konzeption einer internationalen, privaten Hochschule. Es war also naheliegend, dass Heiner, Charlotte und Georg zu diesem Thema ins Gespräch kamen. Heiner und seine Frau spielten selbst seit Jahren mit dem Gedanken, im Fichtelgebirge eine Hochschule anzusiedeln. Das Thema war für die Zwei also nicht neu. Im regen Austausch von Zielen und Konzepten, nahm das Projekt langsam Gestalt an. Hauptsächlich Charlotte und Heiner befassten sich mit der inhaltlichen Herausforderung dieser Aufgabe und Georg war dazu verdonnert, ein geeignetes Konstrukt für dieses Vorhaben zu stricken.

Mit der Gründung einer Stiftung und einer Verwaltungsgesellschaft würde es machbar sein. Je mehr sie ins Detail der Planung kamen, je öfter sahen sie sich und hörten telefonisch voneinander. Gegenbesuche in Dresden waren inzwischen genauso zur Routine geworden, wie die oftmaligen Besuche im Fichtelgebirge. Auch die fast gleichaltrigen Söhne der beiden Familien verstanden sich gut und chatteten über Facebook und andere Foren, um die neusten Peinlichkeiten der „Alten" auszutauschen. Es war schon alles irgendwie seltsam – sie harmonierten wie die „Waltons" in ihren besten Tagen.

Der Unmut über die Professur in der Schweiz wuchs bei Heiner und Karin zunehmend in den kommenden Monaten. Sie waren einfach nicht mehr bereit, sich für weitere 15 Jahre dem Stress dieser Situation auszusetzen. Das Zusammengehörigkeitsgefühl blieb auf der Strecke und die Teilhabe am Tagesgeschäft der Familie war schon lange nicht mehr gegeben. Alle großen und kleinen Probleme entluden sich geballt am Wochenende und an Erholung vom Stress der Woche war nicht zu denken. Es musste also mittelfristig eine Lösung her.

„Wie wär's denn, wenn du Geschäftsführer der Pegasus GmbH wirst", fragte ihn Georg eines Tages. „Heiner, Du weißt an welchen Projekten wir arbeiten und du weißt um deren Potential".

Er hätte am liebsten sofort zugesagt, fühlte sich aber noch nicht ganz wohl mit den Umständen dieses Angebots. Er wollte sich nicht in ein „gemachtes Nest" setzen, ohne am unternehmerischen Risiko mitgetragen zu haben. Er hatte das Gefühl, als „Eindringling" dazustehen, als Trittbrettfahrer.

Georg erzählte ihm die ganze Geschichte. Der Insolvenzantrag, das Finanzamt, die Forderungen, Werner, den anstehenden Verkauf seiner privat genutzten Häuser und die Verquickung mit den USA.

„Schau her Heiner - ich verstehe deine Bedenken, sie sind aber völlig unbegründet. Sieh es als Hilfe zur Selbsthilfe. Du springst in die Bresche und kaufst zusammen mit der Pegasus GmbH unsere zwei Privathäuser. Gleiches kannst du übrigens auch mit deinem Haus im Fichtelgebirge machen - dann bist du das Risiko und monatlichen Belastungen los. Und wenn unsere Projekte so laufen wie geplant, hast du einen superguten Job, ich selbst bin in relativ kurzer Zeit wieder geschäftsfähig und wir können von da an die Geschäfte gemeinsam führen".

„Ok - so wird's gemacht", war die überraschende Antwort.

„Willst du das nicht erst mal mit deiner Frau besprechen", fragte Georg mit großen Augen.

„Passt schon. Die weiß, dass ich in der Schweiz aufhöre und sie würde mir niemals reinreden, was ich beruflich mache".

Keine vier Wochen später war Heiner als weiterer Geschäftsführer der Pegasus GmbH im Handelsregister eingetragen.

Die erste notwendige Aktion war, gemäß dem Projekt „Alibaba", der zeitnahe Kauf des zur Versteigerung anstehenden Hauses in Dresden. Der Verkehrswert lag bei rund 340.000 Euro. Beliehen war Haus mit 280.000 Euro und im Rahmen der Zwangsverwertung, sollte es für weit unter 200.000 Euro verkauft werden.

Löffel machte sich also auf den Weg und verhandelte mit dem von Werner beauftragten Immobilien-Fritzen. Ein Schmierlappen wie es im Buche steht. Ein kleiner, fetter, halsloser und unsympathischer Typ mit offenem Hemd und Goldkettchen um den Hals - ein Wixer, wie es wahrscheinlich im Brockhaus nicht besser beschreiben ist. Aber egal - gemeinsam verhandelten sie mit der Volksbank den freihändigen Verkaufspreis und kamen für sage und schreibe 110.000 Euro ins Geschäft.

Georg fiel die Kinnlade runter als er das hörte, war aber natürlich hoch erfreut, dass kein Fremder ihr Haus für diesen Spottpreis gekauft hatte. Die Finanzierung für den Ankauf und für offiziell geplante Umbauten des Objektes, wurde über die Sparkasse realisiert und ein Darlehnsvertrag über 160.000 Euro - weniger als 50% des Verkehrswertes - besiegelte den Handel. Wie üblich, wurden rund 10 Prozent des Kaufpreises als Nebenkosten für Maklerprovisionen, Notar- und Grundbuchgebühren und natürlich Grunderwerbsteuer fällig. Summa Summarum also 121.000 Euro.

Löffel, bzw. die Pegasus GmbH, hatten somit 40.000 Euro aus der Finanzierungssumme übrig. Wie aus Amerika vorgegeben, waren die monatlichen Belastungen von 800 Euro für die nächsten Jahre mit abgedeckt und auch einige angefallene Reparaturen konnten aus der Überschusssumme bezahlt werden. Alles war gut - zumindest was das Haus in Dresden anging.

Zufrieden über den ersten Alibaba-Coup, planten die Drei ihre Projekte fleißig weiter. Heiner war noch für weitere 12 Monate in der Schweiz unter Vertrag und konnte somit auf ein Gehalt von der Pegasus GmbH „verzichten", Georg hatte einen fortlaufenden Beratervertrag mit Löffel und Pegasus und bekam rund 1.350 Euro im Monat, Charlotte hatte wieder einen Lehrauftrag angenommen und verdiente die gleiche Summe dazu. Sie konnten keine großen Sprünge machen, doch kamen sie so ganz gut über die Runden. Aufwendungen für Miete und Nebenkosten hatten sie nicht und das Firmenfahrzeug der Pegasus wurde ihnen von Heiner auch überlassen. Und so verlief der Rest des Jahres relativ ruhig und entspannt – von den schwachsinnigen Entscheidungen der Frau Werner natürlich abgesehen.

* * *

In ihrer niemals endenden Weisheit hatte Werner entschieden, die Prozesse gegen die ARGE und die Wasserwerke nicht zu führen, da der Ausgang nach ihrer Einschätzung ungewiss war. Und da die Prozesskosten aus dem Massetopf hätten bezahlt werden müssen, was wiederum die Auszahlung ihrer Honorarforderungen möglicherweise gefährdet hätte, ließ sie die Verfahren lieber ruhen. Georg erhielt eine entsprechende Mitteilung vom Gericht, dass auch die gegnerischen Parteien mit einem „ruhenden" Verfahren bis auf Weiteres einverstanden waren.

Schon lange wunderte ihn nicht mehr sehr viel, was die Handhabe mit seinem Insolvenzverfahren betraf, doch wurde er jedes Mal aufs Neue überrascht, wenn es um eine Entscheidungen der Frau Dr. Werner ging. Wahrscheinlich hatte sie ihre Logik auf dem zweiten Bildungsweg erfahren und hatte ein paar Stunden gefehlt, als es um rationales Denken ging. Wieso in aller Welt lässt jemand einen Prozess sausen, wenn die gegnerischen Parteien mit einem ruhenden Verfahren einverstanden sind? Würden sich die Beklagten ihrer Sache sicher sein, nämlich das Georg keine Forderungen gegen die ARGE hätte und die Wasserwerke tatsächlich noch Ansprüche geltend machen könnte, so würden sie doch mit aller Gewalt die Prozesse zu Ende führen, um die Verfahren abschließen zu können, bzw. um etwaige Ansprüche auf die gerichtliche Forderungsliste setzen zu können. Sie waren sich aber nicht sicher. Die ARGE wusste sehr wohl, dass sie noch einiges zu berappen hatte und die Wasserwerke mussten auch zu der Erkenntnis gekommen sein, dass nach der Ortsbesichtigung ihre Berechnungsgrundlagen falsch waren und sie niemals die Wasserversorgung hätten einstellen dürfen.

Wie bescheuert, minderbemittelt und arrogant kann man denn als Insolvenzverwalterin noch sein, dass man dieses Einnahmepotential im Sinne der Gläubiger nicht erkennt? Wäre Georg auf der anderen Seite als Gläubiger gewesen, hätte er Werner strafrechtlich belangt. Grob fahrlässig folgte sie nicht ihrer vereidigten Verpflichtung alle Maßnahmen zu ergreifen, um möglichst viel Geld für die Gläubiger einzutreiben. Im Grund genommen, hätte auch Georg sie anzeigen können, da ihm durch ihre Versäumnisse potenzielle Möglichkeiten genommen wurden seine Schulden abzubauen. Und dabei wollte er sich doch so „Wohlverhalten".

Aber letztendlich war Werners Dummheit ja nur zu seinem Vorteil. Die ruhenden Prozesse könnten über Jahre ruhen und würden erst dann wieder aufgenommen, wenn eine der Parteien dazu Veranlassung hatte - und eine Verjährungsfrist gab es nicht, da es laufende Verfahren waren, die lediglich ruhten. Sobald Georg das Projekt „Alibaba" abgeschlossen hatte, so seine Strategie, würde er sich ganz in Ruhe an die Fortsetzung dieser Odyssee geben und die ARGE, als auch die Wasserwerke auf Schadenersatz in Millionenhöhe verklagen, denn letztendlich waren sie es, die maßgeblich dazu beigetragen hatten, dass Georg unverschuldet zahlungsunfähig wurde.

„Also Werner - nur weiter so", dachte sich Georg und konzentrierte seine Kraft auf das, was noch vor ihnen lag.

Im Januar 2017 wurde es dann langsam Zeit, das Haus im Sauerland zu retten. Ein Versteigerungstermin war für Mai angesetzt und der veranschlagte Preis des Gerichts war wieder einmal so lächerlich, dass es einem die Worte verschlug.

Die damaligen Erstellungskosten des Hauses beliefen sich nachweislich auf 689.000 Euro – ohne Außenanlagen. Natürlich gab die allgemeine Marktlage nicht annähernd diesen Preis her, doch wäre ein realistisch erzielbarer Preis von 450.000 Euro durchaus möglich gewesen. Das Haus war über die Euro-Hyp jedoch „nur" mit 350.000 beliehen. Bei einer Versteigerung käme auch hier die zweidrittel Regelung zum Tragen, d.h., dass schöne Landhaus würde für ein Mindestgebot von 220.000 Euro weggehen.

Die zahlreichen Interessenten überschlugen sich förmlich mit ihren Bestrebungen, die Villa „freihändig", d.h. außerhalb der Versteigerung zu kaufen. Es wurde also allerhöchste Eisenbahn, wenn Löffel und die Pegasus GmbH das Rennen gewinnen wollten. Wie auch im richtigen Leben – wer zuerst kommt, malt zuerst.

Löffel gab also im Februar ein Verbindliches Angebot über 225.000 Euro ab. Er war damit erster und gleichzeitig höchster Bieter und wurde von dem fetten Makler als Käufer abermals Frau Werner vorgestellt. Die roch natürlich so langsam den Braten. Was wollte ein Professor aus der Schweiz, der im Fichtelgebirge wohnte, mit einem Haus in Dresden und einem weiteren Haus im Sauerland? Beide Häuser waren keine Vermietungsobjekte und es machte keinen bis gar keinen nachvollziehbaren Sinn für Löffel, diese Häuser zu kaufen. Sie erkannte so langsam die Verbindung zu Georg, zumal dieser ja auch einen Beratervertrag mit Löffel hatte, den er vierteljährig Werner vorlegen musste.

Aus welchem Grund auch immer, sie versuchte alles Mögliche um zu verhindern, dass Löffel auch noch dieses Haus kaufen konnte. Die erste Maßnahme war, dass sie eine Angebotsfrist setzte. Bis zu einem festgesetzten Tag im März, konnten also alle Interessenten ihr Angebot abgeben und der Höchstbietende würde der glückliche Gewinner der Werner-Tombola sein – so ihr Plan.

Obwohl sie wusste, dass Georg die Spielregeln kannte, versuchte sie alles, um Löffel aufs Glatteis zu führen. Sie mussten ihm zum Beispiel sagen, wenn jemand ein höheres Gebot abgegeben hatte, da er der erste Bieter gewesen war und somit als erster Anspruch auf das Haus hatte. Nur wenn ein anderer Bieter einen höheren Preis anbot, den Löffel nicht mitgehen wollte oder konnte, würde er von seinem Vorkaufsrecht verdrängt werden können.

Werner und der fette Makler versäumten mehrmals einen neuen Interessenten anzuzeigen und nur aufgrund aggressiven Drängens und täglicher Anrufe, blieb ihnen nichts weiter übrig, als Heiner den Stand der Dinge mitzuteilen. Der Preis war inzwischen auf 232.000 Euro „gestiegen". Löffel war Erster und keiner der anderen Bieter hatte bis dahin eine gesicherte Finanzierung vorlegen können. Die Zeit der Fristsetzung verstrich und Heiner bekam den Zuschlag für das Haus im Sauerland. Finanziert wurde die Villa über seine Hausbank im Fichtelgebirge mit einem Darlehnsvertrag über 310.000 Euro für Kaufpreis und Umbauten.

Werner hatte aber noch einen kleinen Trumpf in der Hand, den sie versuchte zu spielen. Nachdem Löffel den Kaufvertrag unterschrieben hatte, musste Werner als Verwalterin den Verkauf binnen einer bestimmten Frist freigeben. Die verkaufende Bank, also die Euro-Hyp, hatte üblicherweise eine Zahlungsfrist für den Kaufpreis gesetzt, was heißen sollte, wenn der vereinbarte Kaufpreis bis zu diesem Tage nicht bei der Bank eingegangen wäre, sie das Recht hatten vom Kaufvertrag zurückzutreten. Und Werner versuchte genau diesen Tag verstreichen zu lassen, indem sie die Freigabe des Kaufvertrages immer weiter verzögerte.

Löffel zog alle Register und setzte sich mit dem beurkundenden Notar in Verbindung. Dieser sagte ihm, dass die Löschungsbewilligung der Bank über die eingetragene Grundschuld schon längst vorläge und lediglich die Unterschrift von Werner fehlte. Heiner erklärte ihm die Situation und fragte was zu machen wäre. Der Notar erklärte ihm, dass er ihn natürlich nicht vertreten dürfe, aber dass es auch für eine Frau Werner gesetzliche Vorgaben gab.

Der Worte waren genug gewechselt und Löffel machte sich auf den Weg zur Werner. Er erklärte ihr, dass er nunmehr unverzüglich die Anwaltskammer informieren und das Insolvenzgericht einschalten würde, wenn sie nicht sofort die Freigabe des Verkaufs veranlassen würde. Des Weiteren, so Löffel, würde er eine entsprechende Schadensersatzklage gegen Werner vorbereiten und sie noch am gleichen Tage beim Gericht einreichen. Natürlich war das alles Georgs Idee gewesen, denn Erfahrungen in solchen Angelegenheiten konnte er inzwischen vollumfänglich behaupten.

Zwei Tage später lag dem Notar die Freigabe von Werner vor. Er informierte die Euro-Hyp vorab per Fax und überwies den Kaufpreis von 232.000 Euro noch am gleichen Tag. Hätte Werner diese Angelegenheit weitere 48 Stunden verzögern können, wäre die Zahlungsfrist bei der Euro-Hyp abgelaufen und die Bank vom Kaufvertrag zurückgetreten. Ein verbindliches Angebot eines anderen Bieters in Höhe von 420.000 Euro lag nämlich inzwischen vor. Schweinepriester. Sie gönnten Georg nicht sein Haus zu retten. Aber es war vergebens - Löffel hatte es doch geschafft.

Gemäß den Auflagen der Amis, war auch dieses Kapitel abgearbeitet und zu den Bedingungen und Kondition wie vorgegeben abgeschlossen worden. Die monatliche Rate für das Haus in Höhe von 1.750 Euro war für die kommenden Jahre durch die Überfinanzierung gesichert und verursachte erst mal keine laufenden Kosten. Was sie letztendlich mit dem Haus anstellen würden, war noch zu überlegen.

„Heiner, wir futtern jetzt aus einem Napf", sagte Georg metaphorisch. „Wir gewinnen zusammen oder wir verlieren zusammen. Ein Zurück gibt es nicht mehr und nur gemeinsam werden wir ans Ziel kommen. Und als nächstes kaufen wir dein Haus im Fichtelgebirge - dann bist du zumindest deine überhöhte Hypothek los. Wenn's die Banken nicht anders wollen - bitte schön".

Georg war mehr als zufrieden, dass sein Plan, zumindest bis jetzt, aufgegangen war und Heiner war zufrieden, dass er eine Zukunftsperspektive außerhalb der Schweiz hatte. Sie würden noch für viele Jahre zusammenarbeiten. Auch Sabine, die treue Seele, würden sie nicht vergessen. Sie half, als Hilfe dringend nötig war und sich alle anderen sogenannten

„Freunde" abgewendet hatten. Sie war ein Teil der Pegasus-Familie – und das würde auch immer so bleiben. Einer für Alle und Alle für Einen.

Teil drei seiner Zielsetzung – Heller in die Eier zu treten – war nicht weiter schwierig. Er bekam sein Fett. Die Staatsanwaltschaft in Bad Kreuznach ermittelte gegen ihn wegen Betrug und Steuerhinterziehung im mehreren Fällen. Georg sollte noch als Zeuge geladen werden und Heller ein paar Jahre auf Staatskosten Urlaub zu machen.

Charlotte und Georg hatten es indes geschafft – Teil vier – sie hatten ihr Leben zurück. Sie hatten sich gegen ein Bollwerk von Korruption und Verrat behauptet und wären fast dabei auf der Strecke geblieben.

* * *

So tragisch und verletzend, wie dieses Drama für die Protagonisten auch gewesen sein mag, so verwerflich ist es für einen demokratischen Rechtsstaat, dass diese verbrecherischen Machenschaften durch gesetzliche Mankos und Unbedarftheiten überhaupt erst möglich sind. „Die Würde des Menschen ist unantastbar"! Ist sie das? Oder sind es nur ihre Verfechter und Hüter der staatlichen Ordnung, die im Ermessen ihre Amtsgeschäfte ausführen und unantastbar geworden sind? Freundschaftsverträge, Vetternwirtschaft und Korruption sind nicht die Ausnahme in diesem unserem Lande, sie liegen wie ein Gespinst über einer Gesellschaft, die sich nicht zu wehren vermag. Korrupte Bürgermeister halten ein ganzes Dorf als Geisel ihrer perfiden Machenschaften, unterhalten privatfreundschaftlich durchtränkte Auftragsbeziehungen, Banken und ihre Pflicht zur Sorgfalt – zwei Welten prallen aufeinander, unterste Sachbearbeiter öffentlicher Einrichtungen lassen, mit Rückendeckung ihrer Vorgesetzten, Unternehmer ins wirtschaftlichen Verderben entgleisen, Finanzbeamte, denen jedwede Spur von Intelligenz, Menschlichkeit und Ratio abhandengekommen sind, betreiben mit kolossalstem Elan die größte Geldvernichtungsmaschine aller Zeiten und

Verfehlungen ungeheuerlichen Ausmaßes werden mit Beförderung und vorzeitigem Ruhestand, unter Beibehaltung voller Bezüge, belohnt. Sie zahlen kleinste Steuersätze und werden weder an Leistung noch Produktivität gemessen, sie sind die angeblichen Beschützer und Hirten unserer sozialen Ordnung und vernichten dennoch die Menschen und Unternehmen, die ihre eigene berufliche Lebensberechtigung überhaupt erst ermöglichen.

Und wer bezahlt die Rechnung? Natürlich der deutsche Michel, der Steuerzahler, die Milchkuh der Nation. Ist es daher verwunderlich, dass Unternehmer und Privatiers gleichermaßen, ihre Vermögen auslagern, um sie vor Raub und Scharlatanerie des Staates schützen? Natürlich nicht. Und solange keine gerechte Besteuerungsgrundlage gegeben ist, solange „Ermessensspielräume" der legale Weg zur staatlichen Vernichtung von Existenzen und Vermögen sind, solange nicht die Kontrollen über gewählte Mandatsträger verschärft und geahndet werden, solange wird die Kreativität zur Vermögensoptimierung auf dem jetzt globalen Parkett der Finanzwirtschaft nicht nachlassen.

Charlotte und Georg hatten mit Hilfe ihrer Freunde in Amerika und ihren treuen Gefährten Sabine und Heiner, den Weg aus einer verzweifelten und schier ausweglosen Situation gefunden.

Gegen die Windmühlen der staatlichen Ungerechtigkeit können sie allein nicht ankommen, doch können sie die schmerzlich erlernten Schwachstellen im System der Ungerechtigkeit an Gleichgesinnte und Betroffene weitergeben. Sie haben sich auf die Fahnen geschrieben und versprochen alles zu unternehmen, um so viele Menschen wie möglich aus ihrem Dilemma der staatlichen Finanzwillkür zu befreien. Sie stellen ihre eigenen Erfahrungen, Verbindungen und Strukturen zur Wiedererlangung der menschlichen Würde und wirtschaftlichen Resurrektion für Personen und Unternehmen zur Verfügung. Sie haben den Kampf gegen Goliath aufgenommen, den Kampf gegen Kommunen, Klügel und Kaos.

The End

Oder doch nicht...?

Wie wenig ahnten sie nur davon, dass die vergangenen drei Jahre nur „ein Spaziergang durch den Park“ im Vergleich zu dem war, was noch vor ihnen liegen würde.

Durch ein fehlgeschlagenes Experiment einer von Pegasus finanzierten Technologie im Bereich der Erdwärmeforschung, entdeckten sie die Lösung zur Bewältigung der Energiekriese. Unendlich förderbare Mengen an Energie, direkt unter unseren Füßen.

Ein unvermeidbarer Kampf gegen eine weltweit agierende Energiemafia warf seine Schatten voraus. Korruption, Mord und Totschlag waren vorprogrammiert und Teil Zwei dieser unglaublichen Begebenheiten bedurfte es nur noch geschrieben zu werden.